U0051381

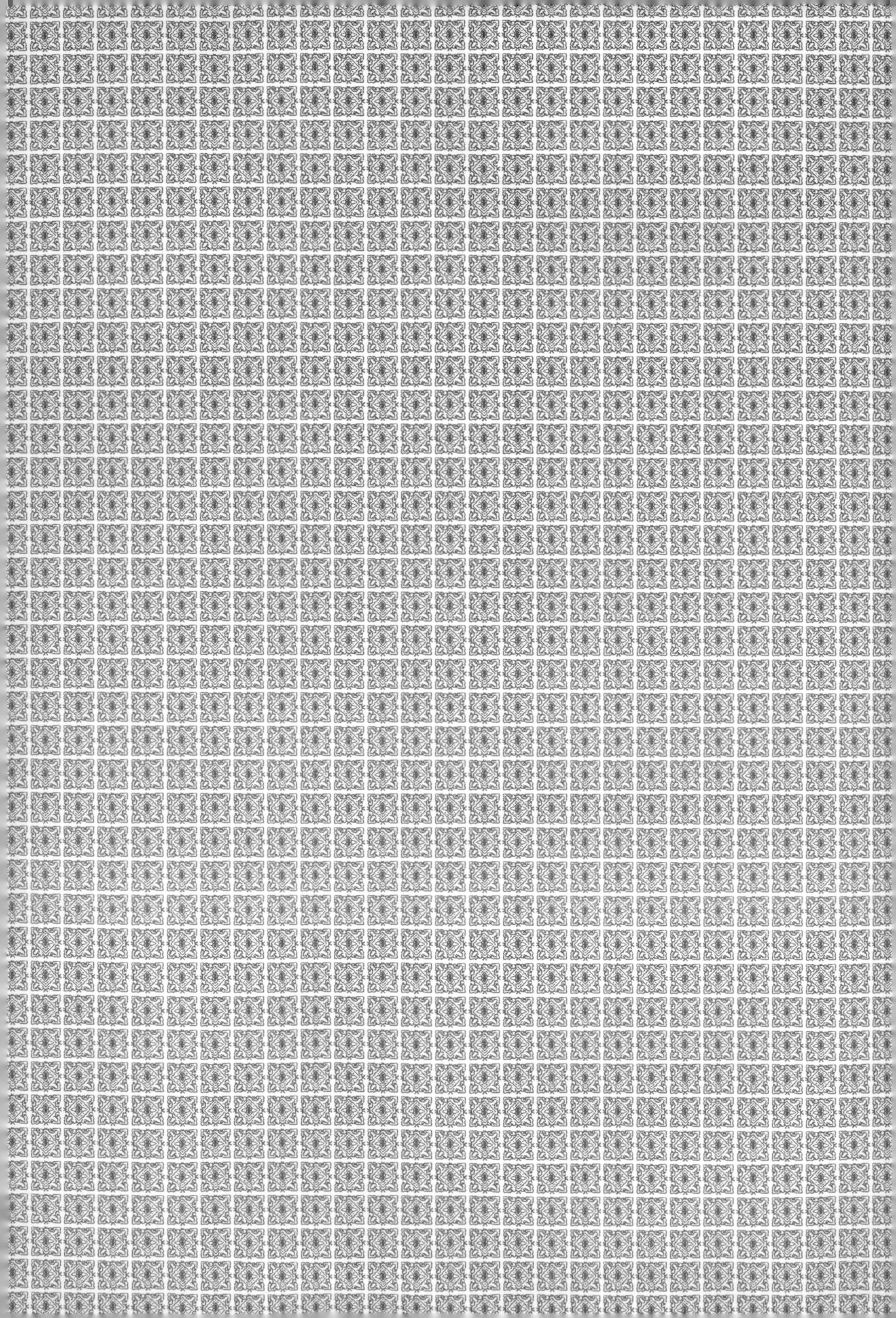

ISBN 978-986-6431-17-3

以離念靈知心爲眞如心者，是落入意識境界中，與常見外道合流，名爲佛門常見外道；以六識之自性（見性、聞性、嗅性、嚐性、觸知性、警覺性）作爲佛性者，是與自性見外道合流，名爲佛門自性見外道。近代佛門錯悟大師，不外於此二類人之所墮。

以六識論而主張蘊處界緣起性空者，與斷見外道無二；彼等捨壽時若能滅盡蘊處界而入無餘涅槃，彼涅槃必成斷滅故，名爲佛門斷見外道。此類人恐生斷見之譏，隨即益以「意識細心常住」之建立，則返墮常見之中；一切粗細意識皆「意、法因緣生」故，不脫常見外道範疇。此等人，皆違聲聞、緣覺菩提之實證，亦違佛菩提之實證，即是應成派中觀之邪見也。

《楞嚴經》既說眞如心如來藏，亦同時解說佛性之內涵，並闡釋五蘊、六根、六塵、六識、六入全屬如來藏妙眞如性之所生，附屬於如來藏妙眞如性而存在及運作。如來藏心即是第八識阿賴耶識，妙眞如性即是如來藏心體流露出來之神妙功德力用，諸菩薩目之為佛性。

此經所說法義，迥異諸經者，謂兼說如來藏與佛性義，並將蘊處界入等一切法攝歸如來藏妙心與其功德力用之中。其中法義甚深、極甚深，謂言詞古樸而極簡略，亦謂其中妙義兼含地上菩薩之所證，絕非明心後又眼見佛性之菩薩摩訶薩所能意會，何況尚未實證如來藏之阿羅漢？更何況未斷我見之應成派及自續派中觀師？其餘一切落入意識境界之當代禪宗大法師，皆無論矣！有大心之眞學佛而非學羅漢者，皆應深入熏習以求實證之。

# 目次

**第十五輯：**

# 自序

《楞嚴經講記》是依據公元二〇〇一年夏初開講《楞嚴經》時的錄音，陸續整理爲文字編輯所成，呈獻給讀者。期望經由此經的講經記錄，利益更多學佛人，藉以生起對大乘法教的仰信，願意景行景從而發起菩薩性；亦藉此書熏習大乘法義，漸次建立正知正見，遠離常見外道意識境界，得斷我見。同時可由深入此書中所述法義的如實理解，了知常住眞心之義，得離斷見外道邪見；進而可以明心證眞，親見萬法都由如來藏中出生，成爲位不退之實義菩薩，親自觀察所證如來藏阿賴耶識心體，絕非常見外道所墮之神我。並能現觀外道所墮神我，實由其如來藏所出生之識陰所含攝，不外於識陰範疇。乃至緣熟之時可以眼見佛性，得階十住位中，頓時圓成身心世界如幻之現觀，不由漸修而成，一時圓滿十住位功德，或能得階初行位中，頓超第一大阿僧祇劫三分有一。如是利益讀者，誠乃平實深願。

然而此經之講述與整理出版，時隔九年，歲月淹久，時空早已轉易；當時爲令學人速斷我見及速解經中如來藏妙義而作簡略快講，導致極多佛性義理略而未說，亦未對部分如來藏深妙法義加以闡釋，已不符今時印書梓行及流傳後世之考量，不符大乘法中菩薩廣教無類及顯示勝妙眞如佛性義理之原則。是故應當加以深入補述，將前人所未曾言之如來藏深妙法義中，可以梓之於文者，以語體文作了大幅度增刪，令讀者（特別是已悟如來藏者）得以前後再三閱讀思惟而深入理解經義。由此緣故，整理成文之後，於潤色之時特地作了補述及大幅度增刪，令讀者得以一再閱讀深思而理解之，藉以早日轉入菩薩位中，遠離聲聞種性；並能棄捨聲聞法義之侷限，成眞菩薩。此外，本講記是正覺同修會搬遷到承德路新講堂時所講，當時新購講堂之錄音設備尚未完善，更無錄影設備，是故錄音時亦有數次漏錄情況，只能在出版前另以語體文補寫，一併呈獻給讀者。

大乘經中所說法義，單說如來藏心體者，已經極難理解，是故每令歷代名聞諸方之大師難以理解，更何況《楞嚴經》中非唯單說如來藏心，實亦兼涉佛性之實證與內涵。如來藏心體對六塵離見聞覺知，而如來藏的妙眞如性—佛性—則對六塵不離見聞覺知，卻不起分別，亦非識陰覺知心之見聞覺知；欲證如來藏心體及眼見佛性者，修學方向與實證條件差異極大，苟非一一實證者，縱使讀懂此經文義，亦無法實證之。何況此經文句極爲精鍊簡略，今時人之文言文造詣亦低，何能眞實理解此經眞義？而欲證知經中所說如來藏心與佛性義，欲求不起矛盾想者，極難、極難矣！特以佛性之實證、內涵、名義，古今佛教界中所述紛紜，類多未知佛性、或未實證眼見佛性現量之凡夫所說者；如斯等人或讀此經，必然錯會而誤認六識之見聞知覺性爲常住之佛性；以是緣故，亦應講解此經而令佛教界廣爲修正舊有之錯誤知見。

然而此經中有時亦敘述如來藏具足令人成佛之體性，如同世親菩薩所造《佛性論》之意涵，並非《大般涅槃經》中 世尊所說十住菩薩眼見佛性，亦非此經中所說佛性—妙眞如性—現量境界之實證眞義；由是緣故，凡未親證如來藏又未眼見佛性者，往往誤會此經中所說十八界六入等境界相即是佛性境界，墜入六識之見聞知覺性中。是故九年前講述此經時，已依此經所說佛性眞義而略述之，並依此經所說第二月眞義，略加旁述佛性之理；然未盡說，預留讀者將來眼見佛性之因緣，故已隱覆佛性密意而略述佛性之義。藉此覆護佛性密意之宣演佛性方式，促使讀者將來明心之後更有眼見佛性之因緣，得以漸次成熟；或於此世、或於他世，得以一念相應而於山河大地之上，親見自己的佛性，頓時成就世界身心如幻之肉眼所見現量境界，不由漸修而得，一念之間頓時圓成第十住滿心位之身心世界如幻現觀。

又，地上菩薩由無生法忍功德所成就之眼見佛性境界，能由如來藏直接與眾生心相應；雖然凡夫、賢位眾生之心仍不知已被感應，但地上菩薩往往已經於初次相見之時，即已感應其如來藏所流注之種子，由此而知彼眾生往世曾與菩薩結下善緣或惡緣。未離胎昧之已入地菩薩眼見佛性時，具有如是功德，故能由此直接之感應，作出對彼凡夫位、賢位等菩薩應有之開示與因應，此即是三地以下菩薩隨順佛性以後，在無宿命通、天眼通之情形下，仍能妥善因應眾生根性之緣由所在。如是，諸地菩薩於眼見佛性之後所得智慧，迥異十住菩薩之眼見佛性境界智慧，非十住位至十迴向位菩薩所知。一切未眼見佛性而已明心之賢位菩薩，更未能知此。

至於尚未明心而長處無明長夜中之意識境界凡夫菩薩，更無論矣！皆名凡夫隨順佛性。聲聞種性僧人及諸外道，總將識陰六識之見聞知覺性錯認為佛性，據以誣謗十住菩薩之眼見佛性境界，何況能知諸地菩薩所隨順之佛性智慧境界？唯能臆想而妄加誹謗爾。然諸佛所見佛性，又異於十地、妙覺、等覺；謂諸佛眼見佛性後，成所作智現前，能以五識各自流注而成就無量利益眾生之事，化身無量無邊，非等覺及諸地菩薩所能臆測。故知眼見佛性者，層次參差不一，各各有別，少聞寡慧者並皆不知，乃至已經眼見佛性之十住菩薩仍不能具知也！如是眼見佛性境界，則非此經之所詳述者；故我 世尊已於別經再作細說，以令圓滿化緣，方得取滅而以應身方便示現進入涅槃。如斯佛道意涵，深邃難知，苟非已有深妙智慧者，難免誤會而成就大妄語，或因難信而生疑，以致施以無根誹謗，未來捨壽後果堪憂；是故平實於此序文中預爲說之，以警來茲，庶免少聞寡慧凡夫閱後惡口謗法，捨壽之後致遭重報。

此外，時値末法，每有魔子魔民身披佛教法衣演述常見、斷見外道法，轉易佛門四眾同入常見外道、斷見外道知見中；更有甚者，身披法衣而住於如來廟堂之中，實行印度教外道性力派—坦特羅「佛教」—譚崔瑜伽男女雙身合修之意識貪觸境界，夜夜乃至白晝公然宣淫於寺院中，成爲彼等眾人寺院中的公開祕密，唯獨淺學信徒不知爾。如是邪說邪行，已經廣行於末法時代之學密佛教寺院中，台灣海峽兩岸亦皆已普及，極難扭轉其勢，豈符世尊法教眞義而不違佛制戒律？身披僧衣而廣行貪淫之行，墮落識陰境界中，豈能相應於眞心如來藏離六塵貪愛之清淨境界？眼見如斯末法現象，平實不能不喟嘆末法眾生之福薄：屢遇如是宣揚外道法之邪師而不自知，更隨之暗地實修雙身法而廣違佛戒，日日損減自己每年布施眾生、供養三寶所得福德。

更有甚者，一心追隨邪師而認定邪法爲正法，不知邪師每每身現好相，佯爲實證及清淨之人；學人由無明所罩故，以護法之善心而與邪師共同造下破法之愚行，將了義勝妙之正法謗爲外道神我、外道自性見；亦將弘揚正法之賢聖謗爲外道、邪魔，坐令邪師勢力增廣，導致邪法弘傳益加普及。是則因於無明及名師崇拜，以善心而造惡業；然猶不能自知眞相，每以**壞法**及**謗賢聖**之惡行得以成就，而沾沾自喜爲**護法大功**焉，實可憐憫。今此經中，佛陀對此廣有開示，讀者若能摒棄以前追隨名師所聞之先入爲主觀念，客觀地深入此書中，一一比對佛語而能深細檢驗；然後一一加以深思，並依本經所說蘊處界功能本質及生滅性之現量加以現觀，即可遠離既有之邪見而轉入正知正見之中；若能正確了知之後，益以正確之護法善行而積功累德，何愁此世無有實證如來藏而悟入大乘菩提之機緣？乃至福厚而極精進者，亦得眼見佛性而圓滿十住位之世界身心如幻現觀。

末後，令平實不能已於言者：對於中國佛門中已存在百年及密宗已存在數百年之宗喀巴外道法因緣觀及菩提道次第，亦應由此經義而廣破之。謂百年來常有大法師遵循日本學術界中少數人的錯誤觀點，一心想要以學術研究所得取代佛法特重實證的經中教義；而日本近代此類所謂佛學學術研究者，本質仍屬基督教信仰者急於**脫亞入歐**而提升日本在國際上之學術地位，想要與歐美學術界分庭抗禮；於是出之以嘩眾取寵方式而極力批判佛教，冀離中國佛教而且上於中國佛教，於是乃有批判中國傳統佛教如來藏教義之舉——三十年前日本「批判佛教」學派於焉誕生。於是專取四阿含文字表相法義，並扭曲四阿含法義，宣演外道六識論為基調之因緣觀，取代佛教四阿含所載八識論之因緣觀，自謂彼之謬論方屬眞正佛法，主張一切法**因緣生**故無常，誣指中國傳統佛教如來藏教義為外道神我。然而，如來藏屬第八識，能出生外道神我，而法界中亦無一法可破壞之，此是一切親證如來藏者皆可現觀而證實之現量；外道神我則屬第六意識或識陰六識，被如來藏所生，乃生滅法；一主一從，二者天差地別，焉可等視齊觀？由此證知日本袴谷憲昭、松本史朗創立批判佛教之學說，純屬無明所言戲論，並無實義。

六十年來台灣佛教則由印順及其派下門人，奉行印順源自天竺密宗之宗喀巴六識論應成派中觀，採用基督教信仰者反對實證之西洋神學研究方法，曲解四阿含中所演八識論因緣觀正理，刻意否定中國禪宗法教之如來藏妙義，貶為野狐禪及外道神我；藉此表相建立其不落「俗套」而異於傳統佛教之「超然、不迷信」假象，然後佛光山、法鼓山、慈濟追隨印順而奉行之。

然而印順派之思想本質，乃外道六識論之因緣觀，近承日本不事修證之學術研究學說，遠紹宗喀巴、阿底峽、寂天、月稱、佛護等六識論諸凡夫論師；謂彼等因緣觀外道如是主張：**純由根、塵作爲因緣，即能出生六識：不必有本識如來藏持種，只藉六根六塵作爲因緣即能出生六識**。又主張意識常住不壞，公然違背聖教。如是外道因緣觀，全違法界現量—違背現象界中可以現見之事實—諸法不自生、不他生、不共生、不無因生之事實，全違龍樹中觀之教示。

　　而印順派所闡釋之因緣觀、應成派中觀，正屬龍樹所破之**他生**與**共生**之外道因緣觀；復又違背四阿含中處處隱說、顯說之八識論因緣觀——由第八識如來藏藉所生根塵爲因緣，出生識陰六識（詳見拙著《阿含正義》七輯之舉述），本質正屬外道六識論邪見之因緣觀。今此《楞嚴經》中更出之以**五蘊、六入、六界、十二處、十八界皆屬如來藏妙眞如性所出生**之深入辨正，以九處徵心八還辨見之細膩法義，令知「**識陰六識不能自生**，**根不能獨生識**，**塵不能獨生識**，**根塵不能共生識**，**虛空不能無因生識**」等正理，完全符契四阿含諸經所說義理，而更深入闡述正義。如是深入辨正已，阿含聲聞道所述佛門因緣觀正理即得以彰顯，突顯佛門八識論因緣觀異於印順及宗喀巴之外道六識論因緣觀所在，則佛門學人即可遠離外道因緣觀邪見，疾證聲聞菩提乃至佛菩提，終不唐捐諸人一世之勤修也！

佛法特重智慧，是故成賢證聖而入實義菩薩位中，世世悅意而修菩薩道；或者捨壽後速入三塗永爲凡夫而受苦難，多劫之中常與眞實菩提絕緣，世世苦修仍不得入門，茫然無措；如是二類迴異之修學果報緣因，端在當前一念之中：**是否願意客觀分辨，及實地理解諸方名師與平實所說法義之異同所在，不依道聽塗說而盲從之，實即憑以入道或下墮之樞紐及因由也！**願我佛門四眾弟子皆能冷靜客觀而深入比較及理解，然後理智而不盲從地作出抉擇。審能如是，則此世即已建立修學佛道之正確方向；從此一世開始，佛道即能快速而悅意地修學及實證，非唯永離名義菩薩位，亦得永斷三塗諸惡因緣，眞成實義菩薩，何樂不爲？

此書既然即將開始潤色而準備梓行，於潤色前不免發抒感想、書以爲文；由是而造此序，以述平實心中感慨，即爲此書印行之緣起。

佛弟子　平實　敬序於竹桂山居

時值公元二〇〇八年　春分

第十一輯：

# 《大佛頂如來密因修證了義諸菩薩萬行首楞嚴經》卷七

【「阿難！若有眾生，從無量無數劫來所有一切輕重罪障，從前世來未及懺悔；若能讀誦書寫此咒，身上帶持，若安住處莊宅園館，如是積業猶湯銷雪，不久皆得悟無生忍。復次阿難！若有女人未生男女，欲求生者，若能至心憶念斯咒，或能身上帶此悉怛多缽怛羅者，便生福德智慧男女；求長命者速得長命；欲求果報速圓滿者，速得圓滿；身命色力亦復如是；命終之後，隨願往生十方國土，必定不生邊地下賤，何況雜形。阿難！若諸國土州縣聚落饑荒疫癘，或復刀兵賊難鬥諍，兼餘一切厄難之地，寫此神咒安城四門，并諸支提或脫闍上，令其國土所有眾生奉迎斯咒，禮拜恭敬，一心供養；令其人民各各身佩，或各各安所居宅地，一切災厄悉皆銷滅。」】

講記：「阿難！如果有眾生，從無量無數劫以來所造的一切輕重罪障，從前世以來一直沒有機會懺悔，如果能讀誦或書寫這個勝妙的心咒，放在自己身上帶持著，或者是書寫好了安放在自己所住的處所、莊宅、園館，那麼這一些多劫累積的惡業將會猶如熱湯銷溶冰雪一般滅除，不久以後都可以悟得無生忍。不但是如此，阿難啊！如果有女人還沒有出生男孩女兒，而想要求生男孩女兒的時候，若能至心憶念這個大白傘蓋如來咒心的內容，或者只是能在身上攜帶這個大白傘蓋如來心咒，便可以出生具有福德與智慧的男孩或女兒；佩帶這個大白傘蓋如來心咒，想要求長命的人，也可以很快就獲得長命；想要尋求佛法實證或世間善法果報快速圓滿的人，也可以快速獲得圓滿；若是在色身壽命或色身的健康與力氣上用心追求，也是一樣可以滿願的；而這個人命終之後，隨著他的願望可以往生十方諸佛國土，必定不會出生於邊地，也不會成爲身分下賤的人，何況是出生於畜生與餓鬼道中。阿難！如果各處國土中的州、縣、聚落中有饑荒或傳染病，或者更有戰爭、賊難、鬥諍等事情，乃至其餘一切遭逢厄難的地方，只要書寫這個神咒安放於城牆四門，以及各處寺廟、石窟、塔廟，或者寶幢、幡、旗上面，教令那個國土中的所有眾生都奉迎這個大白傘蓋如來心咒，共同禮拜恭敬，一心供養；並且要使所有人民各各都在身上佩帶，或者各各安放於所居住的宅院土地，那麼一切災厄將會全部銷滅。」

**「阿難！若有眾生，從無量無數劫來所有一切輕重罪障，從前世來未及懺悔；若能讀誦書寫此咒，身上帶持，若安住處莊宅園館，如是積業猶湯銷雪，不久皆得悟無生忍。」**如果有眾生從無量無數劫以來所造一切惡業，由於胎昧的緣故，這一世都不記得了；但不管是輕的罪障、重的罪障，因爲從前世以來都是死時果報現前才知道那些都是惡業，但都已經來不及懺悔；這都是前世的每一世死時才知道，因爲業相都是在死時那一刹那才會現前，所以都來不及懺悔補救。人們一生的業相現前時，都是臨死前的事，也都不會超過半秒鐘，就好像幻燈片從上往下一張又一張拉過去，速度很快；可是那時的覺知心很伶俐，每一片幻燈片的影像是顯示什麼業，自己都很清楚，就像人家說的**「瞞得了別人，瞞不了自己」**，那時一生所作的善惡業相，半秒之內全都看見、也都知道了。但這時已經來不及懺悔及補救，隨即捨報轉到下一世去，但在轉到下一世去以後又記不來，也都沒有機會懺悔、補救。

所以修行人往往都有前世以來未及懺悔的輕罪障或重罪障存在，如果能夠歸依三寶依教奉行而書寫大白傘蓋如來心咒（最好是自己親自書寫下來），然後自己帶在身上；因爲是自己書寫的，也已經細心理解而大約知道心咒的內容是指眞如佛性的功德，效果會比較好。寫好以後帶在身上或安在所住處所、莊宅園館，不論大莊或小宅院或者有園林別館的，乃至小小的館舍都好，好好安放起來以後，前面所說一切往世累積下來的輕重罪障，都將猶如熱湯淋到積雪一樣全都銷溶掉，並且不久以後就可以悟得無生忍。換句話說，至少可以斷除我見，斷我見就算無生忍了。如果斷我執，當然也是無生忍。但還沒有開悟明心，只是二乘菩提的解脫果，或者滿證、或者分證。

**「復次阿難！若有女人未生男女，欲求生者，若能至心憶念斯咒，或能身上帶此悉怛多鉢怛羅者，便生福德智慧男女；求長命者速得長命；欲求果報速圓滿者，速得圓滿；身命色力亦復如是；命終之後，隨願往生十方國土，必定不生邊地下賤，何況雜形。」**這是換到世間法上來說了：如果有女人還沒有辦法生兒育女，可是心中想到「不孝有三，無後為大」，如果公公婆婆又是急性子，每天嘮叨：「你到底要不要為我們生孫子？」那就趕快歸依三寶依教奉行，書寫大白傘蓋如來心咒，每天佩戴在身上，並且藉此向觀世音菩薩祈求。如果還能夠至心憶念這個如來心咒，身上也佩戴著這個心咒來求佛菩薩，也可以出生有福德而且有智慧的兒子或女兒。

有福德，是說這孩子自己有福德，父母出生了他就可以沾他的光，享受孩子自己帶來的福德。意思就是說，這樣求來的孩子都是有福德的，若是沒有福德的孩子就不會生到這個人家裡來。只要依法而求，不管家裡多貧窮，還是會出生這種有福德的兒女；所以他一生到家裡來，家裡就開始有物資可以用，有食物可以吃，都不虞匱乏，因爲他帶來福德了。他既然有福德，家裡就開始會賺錢，各種物資就開始具備了，這就是有福德的男女。而且他將來還會學佛，也會證悟之後回過頭來度化父母同樣證悟「金剛三昧」，這就是有智慧的子女。

如果求長命，也可以因此而得長命。如果有人要求善法果報趕快圓滿，不論是求世間法上的果報，或者出世間法的果報，也可以迅速得到圓滿。「身命色力亦復如是」，是求色身健康、命根長存，也求色身有氣力、一世健壯，一樣可以達成心願。命終之後還有一項果報：「隨願往生十方國土」，心中希望往生到某一個佛世界去，都可以如願；但這不包括嚴重破法的大惡業，所以印順法師即使依照經文的說法去做，也無法達到目的，除非他公開聲明：「我以前否定極樂世界，否定十方諸佛國土的說法都是錯誤的；我以前否定如來藏，也是謗法，從今以後盡未來際永不復作。」然後他再來書寫大白傘蓋如來心咒，並且每天唸誦，才能出生於諸方佛土，「必定不生邊地下賤」。但印順的爲人是多疑經法而不信受的，所以他是不可能這樣做的。依照經文如法實行的人，尚且不會出生成爲邊地下賤的人身，當然更不會生爲「雜形」之身。雜形是指出生於畜生道或餓鬼道中。

**「阿難！若諸國土州縣聚落饑荒疫癘，或復刀兵賊難鬥諍，兼餘一切厄難之地，寫此神咒安城四門，并諸支提或脫闍上，令其國土所有眾生奉迎斯咒，禮拜恭敬，一心供養；令其人民各各身佩，或各各安所居宅地，一切災厄悉皆銷滅。」**如果某一國、某一州、某一縣、某一村落中，有饑荒或傳染病等流行病，或者有征戰以及賊難鬥諍等事，或者在一切有厄難的地方，只要書寫了這個神咒，安置在城牆四門「**并諸支提**」，「**支提**」是指寺院。「**支提**」有時翻作「招提」，都是指寺院；但有時也是指塔寺，比如大塔是兼有寺院本質的，譬如菩提迦耶有一座正覺大塔，裡面是可以有少數出家人住在其中，那也叫作招提，就是塔廟的意思。或者寫於「**脫闍**」上面，脫闍就是寶幢、寶幡或者寶旗。如果能夠這樣做，並且還要這個國土中的所有眾生都要奉迎這個咒心，同樣都禮拜恭敬以及一心供養，「**一切災厄悉皆銷滅**」。看來這在末法時代是做不到的，因爲單單是一神教的信徒，他們是一定不肯的，這段經文中說的是要「**國土所有眾生奉迎斯咒**」，是要所有眾生都信受奉迎才行。如果每一個人都能依教奉行而書寫了，各在身上佩帶「**或各各安**

所居宅地」，所有一切災厄就都可以銷滅了，也就是把共業銷除掉。

【「阿難！在在處處國土眾生，隨有此咒，天龍歡喜，風雨順時，五穀豐殷，兆庶安樂；亦復能鎮一切惡星隨方變怪，災障不起，人無橫夭，杻械枷鎖不著其身，晝夜安眠常無惡夢；阿難！是娑婆界有八萬四千災變惡星，二十八大惡星而為上首，復有八大惡星以為其主，作種種形，出現世時能生眾生種種災異。有此咒地，悉皆銷滅；十二由旬成結界地，諸惡災祥永不能入。是故如來宣示此咒，於未來世保護初學諸修行者入三摩提，身心泰然得大安隱，更無一切諸魔鬼神及無始來冤橫宿殃舊業陳債來相惱害。汝及眾中諸有學人及未來世諸修行者，依我壇場如法持戒，所受戒主逢清淨僧，持此咒心不生疑悔，是善男子於此父母所生之身不得心通，十方如來便為妄語。」說是語已，會中無量百千金剛，一時佛前合掌頂禮而白佛言：「如佛所說，我當誠心保護如是修菩提者。」】

講記：「阿難！不論是在什麼處所的國土與眾生，只要是依教奉行而有這個大白傘蓋如來心咒存在，也被誦持著，那麼諸天與天龍八部都很歡喜，因此而使風雨隨順時節而不錯亂，五穀也都豐產而殷實，無量的庶民都獲得安樂；這個神咒也能鎮壓一切惡星，不讓他們隨處在不同方所變異作怪，各類災禍與障礙就不會再生起，人們都不會有橫難與夭損，各類刑具也都不會無故加諸於人民身上，大家睡眠時不論晝夜，都可以安眠而始終不會有惡夢；阿難！這個娑婆界共有八萬四千製造災變的惡星，其中以二十八大惡星作爲八萬四千惡星的率領者；此外還有八大惡星，作爲二十八惡星的率領者，他們作出種種變化形狀，一旦出現於世間時，就能產生危害眾生的種種災況變異。然而只要是有這個大白傘蓋如來心咒的地方，這些災星的變怪都將全部銷滅；在這個神咒所在地的十二由旬範圍中，都成爲結界的地方，各種惡災的徵兆永遠都不能進入。由於這個緣故，如來宣示這個神咒，於未來世保護初學佛菩提道的所有修行者，都可以進入金剛三昧的境界，色身與覺知心都泰然無憂而獲得大安隱，再也沒有一切諸魔鬼神以及無始以來的冤枉橫逆和宿殃舊業陳債來加以惱害。你阿難以及大眾之中一切還在有學位中的人，以及未來世所有修行佛菩提的人，依照我所說的壇場來建立而如法持戒時，在受戒時所求傳授戒律的傳戒者，也正好逢遇了清淨僧，而自己受持這個咒心的時候也不曾出生懷疑或懊悔；具足這些條件時，這個善男子若是於這個父母所生之身上不能獲得心通——證悟明心而入金剛三昧中，十方如來便是說不誠實語的人。」世尊說完這些話以後，楞嚴法會中的無量百千金剛，都同時在 佛陀面前合掌頂禮而稟白 佛陀說：「如同佛所說的一般，我們未來將以至誠心保護如佛所說這樣修學佛菩提道的人們。」

**「阿難！在在處處國土眾生，隨有此咒，天龍歡喜，風雨順時，五穀豐殷，兆庶安樂；亦復能鎮一切惡星隨方變怪，災障不起，人無橫夭，杻械枷鎖不著其身，晝夜安眠常無惡夢；阿難！是娑婆界有八萬四千災變惡星，二十八大惡星而為上首，復有八大惡星以為其主，作種種形，出現世時能生眾生種種災異。有此咒地，悉皆銷滅；十二由旬成結界地，諸惡災祥永不能入。」**

接下來這些部分，是在世間相上來說的；這目的是爲了要讓眾生對楞嚴咒、《楞嚴經》（咒是總持這個《楞嚴經》的法）中的大法生起正信，這樣大家才會去探究其中的眞義，自然就會種下將來證悟金剛三昧的因緣。所以只要有這個神咒存在，就會有人去探究這個咒中的道理，知道是這一部經中所說的咒，接著就會探究這一部經典中講了什麼妙法？那麼這個咒和經典就不會失傳，這也是護持這個神咒的目的。只要這個神咒和經典存在，就會有這些功德；所以龍天護法、密跡金剛等，都會來護持，惡星自然不能再作怪，這時當然也就免掉災厄了。

不論是哪一個國土中的眾生，只要有這個神咒存在，諸天和龍神都歡喜。諸天與龍神都歡喜時，當然就「**風雨順時**」，該下雨時就下雨，該吹微風時就吹微風，不會顛倒錯置，民眾就能種植五穀而能有好的收成。如果是在該颱風時不颱風送雨，或者該下雨時不下雨，只颱大風，常常顛三倒四變來變去，不照時節來，民眾又怎能知道什麼時候可以種植呢？於是五穀瓜果就不能豐殷；五穀不能豐殷，當然兆庶就不安樂。兆是指京城比較富裕的民眾，也可以說是無量數的民眾。京城中的達官貴人、國王皇帝就稱爲兆，庶是指升斗小民。但一般而言，兆是指稱數目眾多。也就是說，只要家家戶戶都有此神咒安置著，城內城外無量無數的人民，大家都可以獲得安樂。如果風雨不調、災星作怪，就沒有好收成，當然民不聊生；一旦饑荒遍地的時候，當然就會暴動；有暴動時，京兆也不可能安樂的。所以只要能夠有大白傘蓋神咒一直存在，大家信受、供養、奉行，諸天龍神都歡喜，自然就「**風雨順時**，**五穀豐殷**」，當然是「**兆庶安樂**」了。

有此神咒所在之處，諸天及護法眾神都會隨從擁護，也能夠鎮壓一切惡星。據說這二十八星宿，是逐日輪值而「**隨方變怪**」的；某月某天若是由哪個惡星隨方變怪，就得加以制化，所以道家常常要行「制」，台灣話有時稱之爲「祭」，其實只是同音而已，應該寫作「制」才對。又譬如犯太歲，太歲就是惡星，流年之中若是犯太歲，就得制化，所以每年年初都有人去道教寺廟中「制」太歲。但如果學佛人家中有這個大白傘蓋神咒，這些災障就不會現起，家人不會橫夭，也就是不會短命夭折，也不會有橫禍。「**杻械枷鎖不著其身**」，現在民主時代，這種無端產生冤枉的情況比較少，古時杻械枷鎖突然落在自己頭上、手上、脖子上，這都很平常；因爲只要誰看你不順眼，花錢去官府疏通，就可以把人弄進去了。

這在古時候很平常，現在民主時代比較難，但也做得到，只是比較困難。因爲現在有民意代表可以運用，一位使不上力，兩位、三位聯合起來也可以弄成一大篇新聞，藉著輿論壓力就使治安機關不能強行亂來，所以現在治安機關比起古時的縣衙門捕快等，眞的是好太多了。「**杻械枷鎖不著其身**」，表示橫禍不加其身，邪神惡鬼不能挾著往世怨恨橫加報復。如果所有人民都歸依三寶信受眞如佛性妙法，又能不偏不倚詳細理解，雖未親證也能遠離種種惡緣；當大家都如此的時候，天下可就太平了。如今〈大同禮運篇〉中所講的承平盛世，現在似乎是越來越沒希望了！如今家家戶戶得要設鐵窗，因爲宵小橫行，還眞令人沒有安全感。以前有一位大官說：「**我要讓鐵窗業蕭條**

**下來，三個月後都關門。」**結果根本就沒有哪一家鐵窗業關門，因爲人性就是這樣，本來就參差不齊，所以無可奈何。如果所有人都歸依三寶、奉持此咒心，惡鬼災星也無處使力，人間就不會有害人之事，也不會有人被惡人橫加冤枉，**「杻械枷鎖不著其身」**，當然大家都可以安眠無憂；心中全無憂心與壓力，當然不會有惡夢。

所以說，如果大家都能夠這樣奉迎大白傘蓋如來心咒，這個娑婆世界八萬四千災變惡星雖然數目眾多，但他們以二十八大惡星爲上首；這二十八星就叫作災星，率領八萬四千災變惡星，另外還有八大惡星率領二十八星宿。世尊說，八大惡星是二十八災星的主人，當他們在世間出現的時候，會對眾生產生種種的災禍和變異。但如果大家能夠齊心一致持此咒心來唸誦，也都各各安放這個如來心咒於家宅中，所有惡星都會全部消失於這個結界之處；也就是安放這個神咒的所在之處，十二由旬範圍之內都成爲結界之地。一由旬大約是四十華里，相當於二十公里；十二由旬相當於二百四十公里。如果大家有這樣在持誦，也書寫誦持供養，這個神咒所在地的十二由旬之內，諸惡災祥永遠都進不來；於是大眾平安，就可以好好修學佛法了。

**「是故如來宣示此咒，於未來世保護初學諸修行者入三摩提，身心泰然**

**得大安隱，更無一切諸魔鬼神及無始來冤橫宿殃舊業陳債來相惱害。汝及眾中諸有學人及未來世諸修行者，依我壇場如法持戒，所受戒主逢清淨僧，持此咒心不生疑悔，是善男子於此父母所生之身不得心通，十方如來便為妄語。」說是語已，會中無量百千金剛，一時佛前合掌頂禮而白佛言：「如佛所說，我當誠心保護如是修菩提者。」**接下來說，由於上面所說的這些緣故，所以如來宣示了這個楞嚴心咒，可以在未來世—譬如二千五百年後的現在—保護初學佛菩提道而修菩薩行的人們，可以進入三摩提。這個「三摩提」講的就是明心開悟的智慧境界，也就是住在「金剛三昧」的智慧境界中。進入「金剛三昧」以後，身心便可以獲得大安隱，也就是說，從此以後不必再擔心：「**萬一出門時不小心出車禍被撞死了，我都還沒開悟證道，該怎麼辦？**」從此以後再也不必擔心了。也不必再擔心晚上這一覺睡著以後，半夜裡突然息脈俱停而捨壽了，那該怎麼辦？都不必擔心。因爲接下來只是要怎樣進入到更高的層次去而已，既然都不必擔心了，所以「**身心泰然得大安隱**」。

因爲證得《楞嚴經》中說的這個「金剛三昧」，就常常可以爲大眾說一點法；當你說法時，旁邊的護法神、鬼神們聽了以後心生歡喜，因爲發覺你說的法跟大法師、大居士們不一樣，都是有實證而且是深妙的，也有許多都是聞所未聞法，講得眞有道理，可是他們總是聽不懂。正聽的時候覺得眞是有道理，等你講完了，他們又忘記你講的是什麼法義，又無法記憶與轉述。這就是因爲他們還沒有證悟，才會產生這個狀況。既然是這樣，當然就會有很多的護法神想要跟在你身邊，因爲不知道你什麼時候會爲人說法，所以當然要時時跟在身邊，免得漏失了聽聞妙法的機會，因爲他們也很想證悟「金剛三昧」呀！爲什麼在有正法弘傳之世，會有很多鬼神想要當護法神？除了韋陀菩薩是發大願護持賢劫九百九十九佛成佛（註），以及其他因爲別願專門要護持正法的少數護法神以外，大部分的護法神都是還沒證悟的，當然也希望趕快求悟；所以如果有一個證悟的人，爲什麼不來護持呢？當然要跟在你身邊，特別是你如果常常爲人說法，像我們這些親教師常常在說法，護法神當然要跟隨的。（註：賢劫千佛本是往昔無量劫前一位轉輪聖王所生的一千位兒子，後來一起學佛；歷經無量劫後，在賢劫中前後相繼成佛。韋陀菩薩當時是最小的弟弟，發願要護持所有兄長都成佛以後，他最後成佛，所以是賢劫最後一佛。）

護法神既然都跟在身邊，當然諸魔鬼神就不能再來惱亂了！無始劫以來的怨家以及往世曾經被欠債的債主們，或者過去世的一些親朋師長等等，若是有緣前來遇見了，當然不會再惱亂；因爲護法神有那麼大的威德都來擁護了，可見你如今眞的不是凡夫可比，他們當然也會這樣想：「如果過去世因爲你得罪了我，現在我當然可以有權利跟在你身邊聞法乃至成賢成聖。」那也是很好的機緣與選擇，他們當然就會選擇學法而不惱害了。所以如果悟了，除非像緣覺一樣整天都不說法，否則當然你會常常爲人隨宜說法，同時也小心保護密意，卻又能把眞如佛性的正理來爲大家說明。這樣一來，當然那些人不會再來惱亂，那你不就是「身心泰然得大安隱」了嗎？於是往世結怨的冤親債主反而成爲你這一世的徒弟了。

也許他們剛開始沒想到，但是過一段時間以後心裡總是會想：「過去世他欠了我的債，想不到這一世我正是因爲想要討債而有因緣來跟他學法；人家說『一日爲師，終身爲父』，雖然他過去世欠了我，我這一世倒是因禍得福，有這樣一位師父可以幫我出離三界，倒也是不錯的因緣。」他後來這樣想，念頭一轉，不就前債都一筆勾銷了？都不叫你還了，還想要供養你而培集大福德呢！哪裡還會來惱亂？他們如果在你說話開示的當下，一旦破參明心，就永離三惡道了，這是千萬美元也買不到的機緣。不信的話，你們去問問看：「有誰能以一千萬美元買到眞正的開悟？」買不到的，我絕對不賣的；不論是誰想要證悟，都一樣要兩年半共修。就算是捐了一億美元來，我還是要求共修兩年半，等禪三時錄取了再說，我是不賣人情的。同樣的道理，他們心中想：這麼勝妙的法，一旦悟了，不但是聲聞初果，而且立即明白法界實相而有般若智慧了；那我在他的座下得法，過去世他欠我的就全都不值一提了。所以，他們當然就把往世的欠債積怨全都丟了，自然不會再來跟你惱亂，當然更不會害你。

所以 佛這麼開示以後又說：「你阿難以及大眾之中一切還在有學位中的人，以及未來世所有修行佛菩提的人，依照我所說的壇場來建立而如法持戒時，在受戒時所求傳授戒律的傳戒者，也正好逢遇了清淨僧，而自己受持這個咒心的時候也不曾出生懷疑或懊悔，具足這些條件時，這個善男子若是於這個父母所生之身上不能獲得心通——不能證悟明心而入金剛三昧中，十方如來便是說不誠實語的人。」世尊在這些開示中，點出一個很重要的道理：末法之世不容易獲得戒體，於是證果就更加困難了。所有人想要實證佛菩提之前，一定要具足菩薩戒；但是去求受菩薩戒時，所遇到的、爲你傳菩薩戒及聲聞戒的戒和尚，必須是個清淨僧；如果那位戒和尚是曾經修過雙身法的人，或是曾經毀謗第八識如來藏的人，或是曾經大妄語的人，他們都是毀破重戒而成爲地獄人了，當然都已經沒有戒體，那他們爲你傳戒就成爲不能獲得戒體的兒戲了！若是沒有獲得菩薩戒的戒體，卻想要證得諸佛不傳之祕的根本大法如來藏，可就成爲妄想了。

如果受戒時是遇到破戒僧而不是清淨僧，那麼隨後的如法設壇行道，而且受持這個心咒，心中縱使一點都沒有懷疑、沒有後悔，也是無法證悟「金剛三昧」的，所修都是唐捐其功。佛的意思很清楚：一定是菩薩才能獲得這個無上法。若沒有菩薩戒的戒體，就不具有眞正菩薩的身分，就不該得無上法「金剛三昧」。當然，有的人獲得眞正的菩薩戒了，也都如法建立道場壇城而努力修習；但是修到十天、二十天以後有了懷疑，懷疑以後當然會後悔：**可能這一、二十天我都是白修了吧？**然後也許想：**我一百二十天以後可能也是白修的，我眞是迷信的傻瓜。**當然他是沒有證悟機會的。如果不生懷疑也不後悔，那麼這位善男子就可以在父母所生身上（也就是在這一世）一定可得「心通」。「心通」是對於眞實心能夠通曉，所以「心通」就是明心開悟了。佛說，如果這位善男子能夠如實依法而修，在這個「生身」之中若還沒辦法通達心地，那麼十方如來就全都是妄語。意思就是說，如果有如法這樣去做，這一世一定可得「心通」，也就是可以明心而證「金剛三昧」。

可是剛剛有一位師兄問：我持楞嚴咒心這麼久了，怎麼都沒有悟？問題是他所逢遇的戒和尚，也就是求受菩薩戒時（他如果出家了，包括求受聲聞戒時）的戒師本身是沒有戒體的。不曉得諸位師父們有沒有這麼思惟過？已經如法受持大白傘蓋如來心咒那麼多年了，爲什麼還是沒有絲毫消息呢？問題在哪裡？都是因爲戒和尚不夠清淨，他們不具足戒體、或是根本就沒有戒體，主要問題就出在這裡。既然持了這個心咒，不必入壇也視同入壇，就等於你已經有設壇，可是受持那麼多年以後竟然都還沒有辦法明心，就表示你的戒和尚不夠清淨，沒有達到 佛所要求的清淨標準。否則就是自己持戒不清淨，不是戒和尚的問題；再不然就是跟你同住共修的人之中，有人不清淨。

若是這些過失都不存在，那就只剩下唯一的原因：所修學的佛菩提道知見全都錯誤。譬如被教導在意識境界中執著，或是針對意識自己加以執取，或是落入一切法空的六識論邪見中，當然永遠都無法悟入「金剛三昧」，這怎能怪 世尊說法不實呢？因爲問題都出在自己身上：自己被邪師誤導了，向黃銅中尋找眞金，當然只能找到黃銅而找不到眞金。所以如果眞的有如法去做，我不信這個人不得「心通」。可是有人懺悔了以後，還是不得「心通」，因爲繼續在抵制如來藏正法，只是爲了名聞、利養、眷屬恐怕會流失。繼續在抵制如來藏正法的人，哪裡有機會證悟如來藏而獲得「心通」？當然不可能！且不說所有金剛護法都要遮障他，他自己早就遮障自己了。

現在毀謗如來藏的人有多少呢？最著名就是印順法師，接下來是星雲、證嚴、聖嚴、昭慧、傳道等法師；當他們毀謗如來藏正法以後，所有金剛護法一定會遮障他們實證如來藏。如果他們有一天起心動念說：「**我來參禪，看能不能找到如來藏。**」護法神一定會讓他們頭昏腦脹；因為他們縱使能夠參出來了，也一定會毀謗，並且會把密意公開而且加以毀謗，正法就很難繼續弘傳。所以，凡是毀謗如來藏正法、抵制如來藏正法的人，已經落入《楞伽經》所說的「**誹謗見**」中，全都不允許讓他們證悟，以免後患無窮，因此所有護法神都必須遮障他們。除非他們公開懺悔，改為大力護持如來藏正法，才會悟入如來藏而獲得「**金剛三昧**」。若不是如此，受持楞嚴咒再久，都不可能證悟。

現在有個問題了，有許多寺院每天早上課誦，都在大殿中佛像前誦楞嚴咒，到底他們在誦什麼意思？諸位如果遇到他們，無妨請教一下：「**你們誦楞嚴咒的目的是什麼？楞嚴咒講的是如來藏，可是你們卻每天都在否定如來藏，那你們每天清晨誦楞嚴咒有什麼意義呢？乾脆別誦了！你們如果還要課誦楞嚴咒，就得要接受如來藏，然後去參禪尋覓如來藏，這樣才是正法。**」

而且他們也是每天晚課要誦《阿彌陀經》，也要誦往生咒的，然後再問他們：「請問，你們信受印順法師的看法，他既不相信有極樂世界，更不相信有阿彌陀佛，請問你們晚課持誦《阿彌陀經》是為了什麼？你們誦往生咒是要誦給那一些鬼神往生到哪裡去？」這都是大問題。

所以說，有許多人根本就不在佛法道理上面用功，完全沒有符合經典所說的道理，卻要求經典上所應允的證悟果實。他們不檢討自己有沒有依照　佛所說的大前提去實修，都只怪　佛陀沒有幫他們實證。譬如密宗的創古仁波切，他們要求　釋迦佛加持開悟，可是他們極力主張雙身法可以成就報身佛，這樣以外道法取代眞正的佛法，當然　佛陀不會加持他們。沒有得到　釋迦佛的加持，於是他們乾脆說：「我們上師有能力加持弟子，可是釋迦佛沒有加持的能力。」問題是他們都在破壞佛法，佛陀加持他們以後不是更有能力來破壞正法嗎？所以末法眾生總是不檢點自己，只要求　世尊加持，都不檢討自己到底有沒有符合　佛所說能夠證得「金剛三昧」的條件。

所以密宗總是以意識常住的六識論邪見作基礎，也是在常常修習雙身法的破戒基礎下，自己隨便持誦一、二年以後，就說：「你看！《楞嚴經》是假造的，因為我已經照做了，仍然沒有應驗。」他們卻都不想想看：自己有沒有受清淨戒？有沒有得到戒體？有沒有修雙身法而破戒？同住共修的人有沒有清淨？戒和尚有沒有清淨？這些全都沒有考慮。所有人都應當要如實依照 佛陀所宣示的條件去達成，如法修習數年以後仍然沒有悟入時，才可以見怪說：「佛說話不算數。」如果自己應該完成的基礎條件沒有達到，就不能責怪 佛陀說話不算數。所以說，如果有如實一一做到，此世一定可以證得「心通」——一定可以明心開悟，否則十方如來所說的法就全都是妄語。意思就是說，如果有符合這些條件而精進修持楞嚴心咒的人，一定可以開悟。佛說完之後，楞嚴會上的無量無數金剛菩薩們，就同時在佛前合掌頂禮，又向 佛稟白說：猶如 佛所說的那個樣子，所以我們都應該要很誠心來保護如 佛所說眞正在修行佛菩提的人。意思是說，如果沒有像 佛所說的這樣修持，所有金剛護法們都不會加以護持。

至於藏傳的假佛教密宗，他們自稱金剛乘，其實根本沒有金剛法性的本質，只能稱爲玻璃乘。可是星雲法師卻在各種法會中，把藏密中專門搞雙身法的喇嘛們，擺在所有僧眾的前頭，以這種方式特別尊重喇嘛們，這眞是其心顚倒！佛光山把佛舍利請到台灣來的時候，我們有去台大體育館禮拜，卻看到那些破壞正法專搞雙身法的藏密喇嘛，被星雲法師排在所有僧眾裡的最重要位置，我們看了只能搖頭。不但如此，佛光山還把邪淫的喇嘛們安排在佛舍利的四周來守護，還向新聞媒體介紹說：「那些喇嘛們是金剛法師。」我們有一位師兄看見這種景況，忍不住傷心痛哭起來：「為什麼佛法會被他們搞到這個樣子！」然後再看看淨心法師辦齋僧大會時，是哪些出家人擺在最重要位置？還是西藏密宗那些專搞雙身法的喇嘛們。佛教就是被這些大法師們這樣搞壞了！

那些喇嘛們都沒有資格使用金剛二字。什麼金剛法師？電視新聞報導說：「佛指舍利來台灣的過程中，有許多金剛法師保護著。」都是被佛光山誤導而亂報一通！喇嘛們都是一天到晚跟鬼神混在一起的人，也是每天都在搞雙身法的，都是暗中破壞自己信徒家庭的惡人，這怎麼叫作金剛法師呢？我們在座的這一些法師才能稱為金剛法師，因為是修證金剛三昧法門的人。密宗喇嘛們修的是雙身法，包括觀想中脈明點、氣功，全都是為了雙身法而作準備，全都是生滅法，沒有絲毫金剛性；所以密宗本質上是一塊鉛電鍍了以後，變成閃閃亮亮的假黃金；實際上是金玉其外、敗絮其中，不堪檢驗。我也只能寫在書中，公開講經時對於密宗法義的詳細內容，還是不堪啓齒。所以我交代你們說：「你們讀了《狂密與眞密》以後，不要來問我密宗樂空雙運的內容。」因爲我寫到那些地方，有時耳朵都會熱起來而覺得不好意思，你們讀了應該也會覺得不好意思，所以都不要來問我，免得雙方尷尬。

那樣邪淫而且破壞 釋迦佛的清淨戒法者，怎麼能叫作金剛法師？喇嘛們正是欲界人類中層次最低的人，因爲所修的是欲界人類中層次最低的法。只有原始宗教裡才會以性交作爲神聖的法，才會崇拜性器官。凡是崇拜性器官，把性交作爲最高指導原則的宗教，都是原始宗教。所以密宗應該歸類到原始宗教去，當然沒有資格稱爲佛法中的金剛，因爲大乘佛法所證是超越三界的金剛心如來藏，不可能還會落入欲界中的最低層次。眞正的金剛護法，則是被 佛陀攝受，歸依了三寶修學大乘的金剛法如來藏，而且這一些護法神以及金剛密跡們有大威力，全心保護金剛妙法如來藏妙義，才能說是金剛護法。密宗所有喇嘛們尚且不是佛教中的法師，全都毀破佛教戒律而另行施設雙身法的戒律，佛光山如何可以公開讚歎說喇嘛是金剛護法？然而星雲法師、淨心長老，卻同樣把邪淫的喇嘛們，同樣把最下賤、最邪淫、常常暗中勾引密宗信徒女眷屬的喇嘛，把這些完全沒有正確佛法知見的藏密喇嘛，尊崇爲最高層次的佛教法師，眞的只能說是其心顚倒！諸位在這方面有了正知見，若是遇到有學佛人討論起來時，諸位都有義務要告訴他們眞相。如果他們完全不瞭解藏密的性質，你應該把《狂密與眞密》送一本給他，讓他們瞭解藏密究竟是什麼本質。

**【爾時梵王并天帝釋、四天大王，亦於佛前同時頂禮而白佛言：「審有如是修學善人，我當盡心至誠保護，令其一生所作如願。」復有無量藥叉大將、諸羅剎王、富單那王、鳩槃茶王、毘舍遮王、頻那夜迦諸大鬼王及諸鬼帥，亦於佛前合掌頂禮：「我亦誓願護持是人，令菩提心速得圓滿。」復有無量日月天子、風師雨師雲師雷師并電伯等，年歲巡官諸星眷屬，亦於會中頂禮佛足而白佛言：「我亦保護是修行人，安立道場，得無所畏。」復有無量山神海神、一切土地水陸空行萬物精祇、并風神王、無色界天，於如來前同時稽首而白佛言：「我亦保護是修行人，得成菩提，永無魔事。」爾時八萬四千那由他恒河沙俱胝金剛藏王菩薩，在大會中，即從座起，頂禮佛足而白佛言：「世尊！如我等輩所修功業，久成菩提、不取涅槃，常隨此咒救護末世修三摩提正修行者。世尊！如是修心求正定人，若在道場及餘經行，乃至散心遊戲聚落，我等徒眾常當隨從，侍衛此人；縱令魔王大自在天求其方便，終不可得；諸小鬼神去此善人十由旬外，除彼發心樂修禪者。世尊！如是惡魔、**

**若魔眷屬欲來侵擾是善人者，我以寶杵殞碎其首，猶如微塵；恒令此人，所作如願。」】**

**講記**：這時大梵天王以及忉利天的天主釋提桓因、四王天的四大天王，也都在 佛陀面前同時頂禮，而且稟白 佛陀說：「**假使眞的有這樣修學楞嚴勝法金剛三昧的大善人，我們將會盡心至誠加以保護，使他一生所作都能如願成功。**」還有無量數的藥叉大將、所有羅剎王、熱病鬼王、甕形鬼王、厭魅鬼王、豬頭使者、象鼻使者等諸大鬼王，以及所有鬼帥們，也都在 佛陀面前合掌頂禮發誓說：「**我們也發誓願意護持這樣如法修習楞嚴金剛三昧的人，使他們修證菩提心時沒有遮障而快速獲得圓滿。**」還有無量的日天子、月天子、風神、雨神、雲神、雷神、電光神等，以及年歲巡官、諸星和他們的眷屬，也都在楞嚴法會中頂禮 佛陀足下而稟白 佛陀說：「**我們也保護這樣的修行人，讓他們順利安立道場，保護他們安心修道而無所畏懼。**」還有無量山神、海神、一切土地神、水陸空行萬物精衹，以及風神王、無色界天人，共同在 如來面前同時稽首而稟白 佛陀說：「**我們也保護這樣的修行人，使他們安心無慮修成佛菩提，永遠不會有魔事來干擾。**」這時八萬四千那由他恒河沙數俱胝的金剛藏王菩薩，同在大會中，他們全都從座位上起身，頂

禮 佛陀足下而稟白 佛陀說：「世尊！如同我們這些人所修的功德淨業，很久以來已經成就菩提而不取無餘涅槃，常常追隨這個大白傘蓋如來咒心，救護末法之世修學金剛三摩提的正修行人。世尊！像這樣子修習眞實心而尋求眞正智慧三昧的人們，如果是在道場中及其他處所經行時，乃至於有時散心而遊戲於市井或聚落之中，我們所有金剛藏王的徒眾們，都會常常隨從而侍衛這個修習楞嚴金剛三昧的人；縱使天魔之王大自在天，處處尋求方便想要危害這個人，終究不可能成功。其餘種種小鬼神更不能靠近這個人，必須遠離這個善人十由旬以外；除非那些小鬼神已經發心樂於修習金剛三昧禪法。世尊！就像是這樣子，惡魔或者魔眷屬若是想要來侵擾這個修習楞嚴金剛三昧的善人，我們將以寶杵擊碎他們的頭顱，使他們的頭顱破碎猶如微塵一般；永遠令這個修習金剛三昧的人，所作如願。」

**爾時梵王并天帝釋、四天大王，亦於佛前同時頂禮而白佛言：「審有如是修學善人，我當盡心至誠保護，令其一生所作如願。」復有無量藥叉大將、諸羅剎王、富單那王、鳩槃茶王、毘舍遮王、頻那夜迦諸大鬼王及諸鬼帥，亦於佛前合掌頂禮：「我亦誓願護持是人，令菩提心速得圓滿。」復有無量日月天子、風師雨師雲師雷師并電伯等，年歲巡官諸星眷屬，亦於會中頂禮佛**

**足而白佛言：「我亦保護是修行人，安立道場，得無所畏。」復有無量山神海神、一切土地水陸空行萬物精祇、并風神王、無色界天，於如來前同時稽首而白佛言：「我亦保護是修行人，得成菩提，永無魔事。」**

這時梵王以及天帝釋、四王天大王（梵王是初禪天的天主，有時稱爲大梵天王。天帝釋是忉利天的天主，道教中稱爲玉皇上帝，就是經中的釋提桓因，所以叫作天帝釋提桓因，簡稱天帝釋。四大天王都由釋提桓因所管轄。忉利天的下一天是四王天，四王天分爲東西南北四區，所以有四大天王），他們也在 佛前同時禮佛而稟白說，如果眞的有這樣的人，眞的在修學楞嚴心咒而想要求證「金剛三昧」，他們也要盡心並且很至誠保護，使修習者在這一生中想要求悟時都能夠如願。當然他們不是保證可以開悟，而是保證可以安心修習，不受鬼神打擾。又有無量的藥叉（藥叉又叫作夜叉）以及諸羅剎王、熱病鬼王、臭惡鬼王、啖精氣鬼王和厭魅鬼王與鬼帥等，都在 佛前合掌頂禮，也發誓願意護持照顧在正法中修習如來藏「金剛三昧」的人，使他們的菩提心可以趕快圓滿。

然後又有無量的日天子與月天子（因爲娑婆世界是三千大千世界，那就是說有三千大千數目的日、月，當然就會有很多的日、月天子），又有風師、雨師、雲師、雷師以及電伯，就是管風雲雷電的神祇。年歲巡官就是每年輪值的太歲，以及諸星眷屬就是二十八星宿和他們的眷屬；這些惡鬼神們聽了佛陀開示以後，都不敢再來造惡，他們只能對世俗人作惡：今年該我輪值太歲，你們沒有安奉供養，我就搗蛋。可是只要修學如來藏「金剛三昧」，就不用安太歲，他們也不敢跟你搗蛋，反而發願要護持。假使有人問：「我今年犯太歲，要不要安太歲？」你既然學這個三昧，連年歲巡官太歲都要來擁護你了，你還要顧慮什麼？又譬如有人告訴你說：「你今年的流年是惡星罩頂。」你不用問我需不需要去制，你每天早上早課誦七遍楞嚴心咒就夠了。連大梵天王、忉利天主都發願了，手下的大鬼王、鬼帥也發願了，其餘的下屬們哪敢違背呢？所以你只要誦楞嚴心咒就夠了，就不必再去宮廟麻煩了。他們都同樣發願要保護修學楞嚴如來藏「金剛三昧」的人，使大家都不需恐懼鬼神干擾，可以安心修行。

無量的山神、海神以及一切土地，「一切土地」是指各處的土地公；「水陸空行萬物精祇」，是指水中居住、陸上活動的、空中飛行的所有神祇，以及風神王乃至無色界天，他們都發願要保護修學如來藏「金剛三昧」的人，可以順利無礙去證取「金剛三昧」，永遠不會受到魔擾。也許有人這樣想：「無色界天不是沒有色身嗎？他們怎麼能有色身來這楞嚴會上聞法？」無色界天固然沒有色身，但他們若是想要聽經聞法，就會變出色界身來人間聞法，因爲上地能做下地事，所以無色界天在深妙法的聚會中出現也是正常事。

**爾時八萬四千那由他恒河沙俱胝金剛藏王菩薩，在大會中，即從座起，頂禮佛足而白佛言：「世尊！如我等輩所修功業，久成菩提、不取涅槃，常隨此咒救護末世修三摩提正修行者。世尊！如是修心求正定人，若在道場及餘經行，乃至散心遊戲聚落，我等徒眾常當隨從，侍衛此人；縱令魔王大自在天求其方便，終不可得；諸小鬼神去此善人十由旬外，除彼發心樂修禪者。世尊！如是惡魔、若魔眷屬欲來侵擾是善人者，我以寶杵殞碎其首，猶如微塵；恒令此人，所作如願。」**接下來，八萬四千無量無數的恆河沙數不可計數的金剛藏王菩薩，也起身禮佛發願護持。爲什麼他們叫作金剛藏王？因爲他們早就證得「金剛三昧」破參明心了，所以叫作金剛藏；而他們又專門從事護持如來藏金剛法，所以成爲金剛藏菩薩；金剛藏菩薩中的牽領者，就是金剛藏王。無量無數的金剛藏王菩薩們，一樣是從座而起，頂禮佛足，然後稟白說：如同他們這一類的金剛藏王菩薩，所修種種功德與福業，都是很久以前便已經成就佛菩提而明心了，而他們發願不取無餘涅槃，常常隨從這個楞嚴心咒，救護諸佛滅度以後在末世中修證「金剛三昧」的眞正修行人；如

果有人像 佛陀所說這樣努力修行「金剛三昧」，不管他是在道場中專修，或者在其他地方修行或者經行時在尋覓金剛心，乃至有時不是專心在參禪覓心，而只是以散亂心遊戲於聚落之中；譬如在家人都有職業，平常還要做很多事情，這就是「遊戲聚落」；而金剛藏王菩薩們也是每天保護著，就算是大自在天的天主魔王波旬，想要尋覓這個參禪人的過失，想要毀壞修行者身心，終究無法達成。

金剛藏王菩薩的威德力是遠勝過天魔波旬的，終究不會讓魔王波旬達成心願。如果是小鬼神，金剛藏王菩薩們以及手下的鬼帥等，根本就不可能讓那些小鬼神靠近這個受持楞嚴心咒修學「金剛三昧」的人。這就是說，你如果是正在尋找楞嚴咒心如來藏的人，這些小鬼神都要離你十由旬以外。一由旬如果算作四十華里，十由旬則是四百華里。如果那些小鬼神敢強行靠近時，金剛藏王菩薩們就用寶杵「殞碎其首」。除非某些小鬼神是跟在這個善人身邊希望學法，是以善心隨從護持而不是要來惱亂的；如果是這樣，才不會加以障礙。這時親近在修學者身邊的小鬼神，如果萬一看到有惡鬼神時，自然會勸告他們離開，多少都要幫修行者做一些事。所以金剛藏王菩薩們說：如果有小鬼神敢靠近來惱亂，「我以寶杵殞碎其首，猶如微塵」；要保護修習如來藏「金剛三昧」的佛弟子，可以不受打擾而更快速「入三摩地」。所以正在參禪求證「金剛三昧」時，小鬼神及天魔們當然不敢來搗亂，想要證得「金剛三昧」就容易多了。只有一個狀況例外，就是自己的知見不正確，把證得「金剛三昧」當作是神通等外道法，所以打妄想：「我在這邊參禪，我快要發起神通了。」那就很快會獲得精神病了。如果是這樣，想要破參獲得「金剛三昧」的因緣還早著呢！因爲他的知見根本都還不夠，表示他對「金剛三昧」根本就不懂，他想要的是有爲法的境界，當然無法證得無爲法性的「金剛三昧」，這種人是一直在招徠鬼神的愚癡人。就好像家家戶戶有門神一樣，門神的職責是幫屋主擋住外面的鬼神；可是屋主偏偏要找一些鬼神，帶著鬼神的符回家，鬼神就跟進來了；門神想要擋也沒有理由擋，因爲是屋主請鬼神進門的，那就是引鬼入室。

學佛的人要有智慧，不要在外面宮廟到處亂拜；若拜的是正神就無所謂，若是山精鬼魅所住持的鬼神一類宮廟，可就少去爲妙；譬如有人喜歡求五仙師，其實就是蛇精、蜈蚣精、蛤蟆精……等五種精靈，南洋的降頭就屬於這一類，都是極凶狠的角色；那可就請神容易送神難，從此以後家裡就不得平安了。所以學佛人要有智慧，別胡亂招惹鬼神進門；否則，金剛藏王菩薩固然想辦法保護，可是有人偏偏要自己招惹鬼神進屋裡來，金剛藏王菩薩也得要講理，就無法擋住鬼神進門了；那就是他自己的問題，不能怪菩薩不保祐他。如果自己不去招惹鬼神，不求有爲法、有境界法，金剛藏王菩薩恆令此人所作如願，讓他可以安心一意修學如來藏「金剛法門」。

**【阿難即從座起，頂禮佛足而白佛言：「我輩愚鈍，好為多聞；於諸漏心，未求出離；蒙佛慈誨，得正熏修；身心快然，獲大饒益。世尊！如是修證佛三摩提未到涅槃，云何名為乾慧之地？四十四心至何漸次，得修行目？詣何方所，名入地中？云何名為等覺菩薩？」作是語已，五體投地，大衆一心佇佛慈音，瞪瞢瞻仰。爾時世尊讚阿難言：「善哉！善哉！汝等乃能普為大眾及諸末世一切眾生，修三摩提求大乘者，從於凡夫，終大涅槃，懸示無上正修行路。汝今諦聽，當為汝說。」阿難大衆，合掌刳心，默然受教。】**

**講記**：阿難隨即從座位上起身，頂禮 佛陀足下而稟白 佛陀說：「我們這些人愚癡暗鈍，喜好作種種與多聞有關的事；對於種種有漏性的心行未曾勤求出離；承蒙佛陀慈悲教誨，得以正確地聞熏修習；如今身心都很輕快，因爲在法上已經獲得大饒益了。世尊！像這樣子所說，修證佛菩提的智慧三昧境界還沒有到達佛地大般涅槃以前，如何是所說的乾慧之地？而四十四心的到達，是依什麼順序內容而獲得各個階位修行的綱目？應該是到達什麼樣的地位，才能說是已經進入諸地之中？又是什麼內涵而名爲等覺菩薩？」阿難稟告了這些話以後，又五體投地禮求 世尊開示；於是大眾一心佇待 世尊的慈音教誨，大家都張大眼睛瞪著 世尊而一起瞻仰著。這時 世尊讚歎阿難說：「善哉！善哉！你們竟然能普爲大眾以及所有末世一切眾生，修三昧智慧境界而求證大乘的人，始從凡夫位，最後到達大涅槃爲止，請我明顯地開示無上菩提的眞正修行道路。你們如今就詳細聽著，我即將爲你們解說。」阿難以及所有大眾，全都合掌虛心寂靜無聲地等待領受 世尊的教誨。

阿難又爲大家挖寶了，他再三禮佛，不斷地請法。他現在已經不像以前只想多聞，而是想要一一實證的了。我說那些專做佛學研究的人，就好像在銀行櫃檯專門幫人家數錢一樣，數來數去都是別人的，終究不是自己的錢。佛學研究也是一樣底道理，專門研究經論，卻往往只是誤會一場，所以都是說食數寶，每天只是進入寶山以後連一件寶貝都得不到，空手而出。那些佛學專家們，讀了很多經論，做了許多研究，然而有用嗎？有很多佛學家把大藏經讀了好幾遍，佛教界也有很多人閉關專門讀經；縱使全部讀完了，依舊是佛菩薩的修證內涵或祖師的修證內容，與他們都不相干。所以，眞正有智慧的人應該趕快培植福德資糧持守佛戒，建立這個福德基礎然後設法尋找自己的如來藏；如果是自己參究而不是去向別人打聽密意，不是聽人明說的，自己找出來以後再重新讀經，所讀過的就全都是自己的，不再是佛菩薩與祖師的了，這樣才能夠眞正挖到寶。

那些研究佛學的人，研究最久的是印順老法師，他二十五歲出家，一生研究佛學到現在，應該說是遊心「法海」六十幾年了（作者案：此書出版時印順已亡，總共遊心「法海」八十年），結果落在哪裡呢？既落在斷滅見、無因論中，也落在常見中；這樣研究佛學的眞實例子，大家可以引爲殷鑑，所以單有多聞其實並沒有用。阿難尊者將三藏十二部，背得滾瓜爛熟，在大乘法中卻始終是多聞者而不是實證者；自從楞嚴法會開始，他才正式轉爲實證者。然而只憑多聞所得，必須要有很好的記憶力；但我的記憶力很差，凡是要死記的，我都沒辦法；好在佛菩提的內容不需要死記，只要是實證的，就能憑著現觀而同時爲人解說，所以我可以滔滔不絕說法。這就是說，我不是從多聞得來的，我這一世所讀的經論很少，但是每一部經論只要我讀過了，它的內容就是我自己的了。《楞嚴經》，我在破參前讀過一遍，老實講，根本讀不懂。四阿含，我破參前也讀過一遍，可是現在重新再讀一遍，發覺當年有好多斷句都斷錯了。但是現在重新再讀一遍，它的內容就是我自己的了。

因此，好樂多聞而不肯實修，其實不是聰明人。他可以表面上顯得很聰明：我讀過某某論，論中這麼講。其實他大部分講錯了，因爲他並沒有眞懂論中的意思。但也有可能他是故意曲解來籠罩你，但你沒有讀過，只好由著他講。以前就有人很喜歡這樣籠罩我，當他正在講的時候，我就默不吭聲，我都不講話；但是等到有一天，當他出來跟我唱反調，故意曲解第一義諦的法義時，我就把他講過的論找出來，證明他是斷章取義，一一舉證出來辨正。通常，如果不是來跟我唱反調，就算講錯了，我也都是聽過就算了，都不想當面指正、讓對方難堪，這是我個人的涵養。可是有些人看我默不作聲，就開始張牙舞爪說：「你看！我講的那個法，蕭老師不懂。」如果認爲我不懂，寫成文字來破我，等我回答出來時，他就曉得我懂不懂了。

所以，好樂多聞其實沒有大用，那是世俗法上的聰明人，不是眞正有智慧的人。有智慧的人不在多聞上用心，有智慧的人是像廣欽老和尚一樣，不識字也沒關係，只要破參明心就行了！當別人正在課誦時，他就等於識字的人一般聽懂了！只要有人唸出來，他聽了就是他的了；可是認得字的人每天課誦時，那些內容卻仍然是佛菩薩的，與他們無關。所以不要好樂多聞，經論讀很多，又有什麼大用呢？

以前有人推廣月溪法師的見解，當著我的面說：「這個書架從那邊牆壁到這邊，總共五千多冊，我們都讀過了。」我聽了還是不吭聲，讓他們一直自誇；誇到後來，我看看時間，已經談了大約四十分鐘了，再過三十分鐘，我就得要去上課講論了！於是我就開始講：「經論讀得再多，如果沒有眞正破參實證，讀了都沒有用。」我又說：「讀了很多書，當然很好。但是要自己有慧眼能夠分辨什麼才是正確的，要能夠用經典去檢驗。」他們問：「用什麼經？」我說：「《維摩詰經》。《維摩詰經》是佛門照妖鏡，你要是想要印證自己有沒有悟，就用《維摩詰經》檢驗。《維摩詰經》講：『不會是菩提，諸入不會故。』對六塵都不會，這『不會』的才叫作眞實的菩提；如果所悟的心是會六塵的，那就是妄心，不是菩提。可是同時又反過來說：『知是菩提，了眾生心行故。』這時又說能知的才是菩提，因爲祂可以知道眾生心中在想什麼。如果所悟的同一個心，是這兩邊都通的，才可以說是眞的開悟。」他們聽我這麼一講，臉都黑了半邊，不敢再講話。

所以有些人不知道內情，以爲我《護法集》的出書延誤時間了，就問我說：「老師！您不是說《護法集》要出版嗎？怎麼拖到現在還沒有出版？」我說：「我答應他們要晚半年出版，因為他們手裡還有很多有關月溪法師的書；既然他們約見我，見面三分情，所以我就賣個人情。」他們約見我的時候是勸我不要出版《護法集》，他們先告訴我說：「你寫的書，我們可以幫你出版。」可是那時我已經有些學乖了，不再像以前那麼憨直了，我心中想：「你們要為我出書，大概有什麼條件吧？」所以我並沒有很高興地答應，我淡淡地說：「你們要印我的書，當然我也歡迎，我沒有意見。」他們聽我說「沒有意見」，緊接著條件就提出來了，就是要求我不出版《護法集》。因為我已經先把稿子印給樂崇輝老先生（他答應為《護法集》寫序，後來食言了，也沒有向我說明原因。但我知道原因，因為他當時也是月溪法師邪見的主要弘傳者；我與那些人相見，也是樂老出面邀約的），而樂老與他們非常相熟，所以他們知道我要辨正月溪法師的錯誤，這就是條件交換。

我說：「對不起！我沒有辦法答應。」他們又說：「你的法很深，就像是金字塔最頂尖那一塊，所以佛教徒能夠學你這個法的人，大概只有百分之五；那剩下百分之九十五的人，與其讓他們在紅塵道場打滾，不如讓他們在月溪法師的法中打滾。」初聽好像很有道理，但是我說：「其實不然！因為，如果他們在紅塵道場打滾，就不會毀謗、抵制如來藏正法；可是一旦學了月溪法師的錯誤見解，就會把如來藏正法推翻，仍然會以月溪法師的法爲主，所以我無法答應。不過你們既然印了那麼多書，所謂見面三分情，我可以延遲半年出版，這半年中你們就趕快去賣。」所以我們的《護法集》比原定時間晚了半年出版，原因就在這裡。所以我出來弘法時，一向都是忍讓、忍讓，只是人家不肯相對忍讓，反而運用他們龐大的佛教界勢力暗中抵制、打壓；所以我後來就只好直接面對，當然就得作法義辨正了。這意思是說，他們讀了那五千多冊書籍，確實可以對任何人炫耀；可是在我面前不能炫耀，因爲那些說法大部分是錯誤或依文解義，讀了也是白讀。就算其中也有經典，並且也有註解，但註解仍然是錯誤的，或是凡夫古人依文解義；所以在法戰時全都沒有用武之處，這就是好樂多聞而不求實證者所得到的結果。

因此，我們學佛第一件事情，特別是學大乘佛法的第一件事情：破參明心。印順有講過一句話，他這一句話是正確的：「學佛之人當務之急，就是見道。」這可能是他最早時期講的，而這句話是正確的。因爲一旦破參明心了，既通二乘法，也通大乘法，隨你要走哪一條路都通，這才是眞的見道。但是如果還沒有破參明心，二乘法有可能走得通，如果有善知識指導；可是大乘法就保證他不通，因爲若是還沒有破參明心，就一直都進不了佛法內門。所以不要單求多聞，單有多聞並沒有用；多聞若要有用，就得配合證悟明心。所以我們新開禪淨班時要記得報名共修，若只是每週來聽我講經，聽上十年還是不能實證的，因爲我會把密意隱藏得很好，不會輕易洩漏。我會把正確的知見告訴你，讓你不會走上岔路，但密意一定不會公開洩漏。上回禪三也有很多人每週二來聽，七處徵心聽完以後以爲自己眞的知道了；可是去到禪三道場一勘驗下來，全都不對。所以有時往往會以爲已經聽懂我在說什麼，其實可能沒有眞的聽懂，只是對於開悟明心會有幫助。如果要眞的聽懂，得要破參明心，看你悟後起修多久，你就能夠攝受多少。想要全部吸收則是不可能的，所以悟後還得要多聞熏習。

所以阿難來到這個地步時，知道自己以前好樂多聞而不肯實修，並不是正確的行門。所以他當眾發露出來，說自己是直到楞嚴會上蒙 佛慈誨才能夠正確熏修，所以他承認以前「諸漏心」一直都在，沒有勤求出離之道，如今才算證悟佛菩提——證「金剛三昧入三摩地」了。菩薩固然是不斷煩惱而證菩提，但這只是依破參明心時從理上來講的；因爲思惑煩惱都還沒有斷除，就先證得佛菩提，這只是破參明心。但是破參明心證得「金剛三昧」之後，思惑煩惱仍須進而修斷，一直斷到四果向，剩下四果的最後一分思惑留著不斷，用來滋潤未來世的受生願。並不是教你明心以後不要斷除思惑煩惱，所以明心之時於「諸漏」還是未求出離的狀態，當然必須繼續進求出離。

要住到四果向—離開三果進入四果向—讓性障永伏不現如阿羅漢，才有辦法進入初地心，才有辦法地地進修，所以「諸漏心」還是要設法修斷；但最後一分思惑卻是故意保留下來，是能斷而不斷，所以明心後還是要求出離。所以說，如果明心以後性障不肯漸漸斷除，這個人就不能用，我只能說他是鈍根菩薩。這種人往往是聰明伶俐的人，但他若是想要出離三界，如果從解脫道來講，他得要喝七喜汽水—一定要七次人天往返—否則無法成就解脫果，他無法在此世取證頂級三果或四果向。這樣，每天都在人我是非上面用心，思惑始終具足而不能少分斷除，想要圓滿三賢位的別相智都很難，如何能在佛菩提上有進一步的修證？所以對「諸漏心」還是要求出離。

阿難尊者說，如今「蒙佛慈誨」，不但曉得如何在「諸漏心」上面勤求出離，而且在佛菩提上面也能眞正開始熏修；因爲佛菩提的熏修，得要明心見道證得「金剛三昧」而「入三摩地」才行，如果不明心不見道而沒有「金剛三昧」，是沒辦法繼續熏修的。每天不斷地行善、聞法、做早晚課，也只是修集資糧而已，只是熏習知見而已，得要破參明心了，才算是開始眞正的熏、修。因此到了這個地步，阿難菩薩說今天眞是「身心快然」，因為既明心了，隨後又可以斷「諸漏」，當然心中歡喜，所以覺得色身也輕快起來，眞是「獲大饒益」。

接下來阿難菩薩就開始挖寶了。如果有人來稱讚我：「老師！您眞有智慧。」我現在知道說：「他又要來挖寶了。」但我始終不曾吝惜，我知道人家要來挖寶，我就給寶；因為我給了以後自己的並不會減少，而我給得越多，正法的未來就越有希望。所以阿難菩薩開始問了：像這樣修證「金剛三昧」，也就是明心開悟「金剛三昧」，在還沒有到達佛地大涅槃境界以前，如何叫作乾慧之地？而且進修以後四十四心的達到過程中有什麼漸次？也就是說這四十四心有很多的層次差別，各個階段中應該有什麼實證，才算是眞正獲得各階段修行的綱目？獲得修行綱目就是證得每一個階位的綱要。如果有人來問佛法，你從這個綱要一提，那個階位中的所有法就全部在那裡面，就可以具足為人解說，這就是「得修行目」——獲得那個階位的修行綱目。

接著是繼續進修之後，要到達哪一個地步才算是進入初地？初地以後地地進修到什麼地步，才算是進了等覺菩薩的階位了？阿難菩薩請問以後，又

五體投地請 佛開示。這麼懇求，佛也希望大眾快速上進，基於大慈大悲的緣故，根本不會吝惜妙法。阿難菩薩五體投地之後，與大眾一心不亂等待 佛陀的慈音，大眾都把眼睛張得大大地看著 佛、瞻仰 佛，期待 佛陀解說。悟了以後當然想知道，如何次第進修可以到達佛地。

破參明心之後，一定會很清楚知道自己現在還不是佛，仍然是菩薩，因為經中諸佛的境界跟自己現在明心的智慧境界，相差還是那麼遙遠；所以只有悟錯的人，才會說他已經成佛了，才會主張一悟就成佛了，才會主張說：「**講悟後起修的人都是還沒有開悟的人。**」（編案：詳見《生命實相之辨正》中針對此一問題的解說）如今明心證得「**金剛三昧**」了，當然要繼續問清楚：怎麼樣可以成佛？弄清楚了，才能算是具足佛菩提的見道——到了通達位，才能說是入地了。阿難尊者有福報，佛陀住世可以讓他直接請問。我在十幾年前明心見性時是弄不清楚的，又沒有佛住世可問；後來我從經典中開始尋找明心見性後應該如何成佛的過程與內容，整理了四、五年才弄清楚：原來明心到佛位之間是要修什麼才可以成佛，原來還有多少深妙法要修學及實證，我獨自摸索了四、五年。你們很有福報，如今我在書上都為你們列得清清楚楚；佛菩提道的次第、解脫道的次第，都為你們表列出來了，你們都不必再請問。

所以你們明心以後，很清楚知道自己如今正在某一個階位中，接下去應該怎麼進修，還需要修集哪些福德資糧。我都已經一步一步列出來了！當年我是自己去摸索的。好在我有一些往世的淨業種子，所以自己從經中摸索出來了。這樣說起來，你們是比我有福報的，因爲有人爲你們準備好了。

阿難菩薩爲自己也爲大眾請問以後，佛陀讚歎阿難尊者，也應允爲大眾解說，這表示 佛陀沒有一絲一毫私心。然而不能因此就主張「師父應該幫助所有徒弟都開悟」，因爲各人的因緣互不相同，不可一視同仁。有的人必須慢慢來，有的人還必須讓他等到未來世才悟入，這都要依各人的因緣來幫助，不許一切人統統有獎。古代的禪師，往往是跟著眞正開悟的師父，跟了十幾年才開悟的。譬如香林澄遠禪師，他跟隨的師父就是雲門禪師，香林禪師當侍者，雲門禪師看他每天清晨上來服侍後，就叫喚：「遠侍者！」香林遠就答應：「諾！」雲門禪師就問他：「是什麼？」這樣每天叫喚一次，也這樣問一遍；前後問了十八年，香林禪師才悟入。那你說：香林遠出世度人時，他會不會像我這樣爽快說：你來了，我三、兩天就給你。他當然不會這樣。「老子十八年才明心，你三、兩天就想要得這個法？沒這回事！」

我以前總是很容易把法送給別人，因爲我覺得明心這件事是很簡單的事，見性也是很簡單的事，為什麼要讓大眾等那麼久呢？早期辦禪三時，凡是到了第四天參不出來的人，全都叫去小參室中明講眞如心。第一次禪三時甚至於連見性也是一樣明講：到了第四天還參不出來、看不見，「來！來！來！」我就把他們七、八個人都喚到山溝旁邊，告訴他們佛性的內容，又教他們怎麼看。那時就這樣不觀根器一律奉送，眞是亂搞一場，所以現在眞的很後悔。我那時眞的是無知，也是因為胎昧而忘了以前 佛陀對這件事情的開示。其實佛法密意眞的不可以這樣明傳，所以我連著三次禪三時，護法神都找我麻煩，三次都很痛苦。後來我想：連著三次這樣痛苦，一定不是偶然，應該是要保護佛法密意。所以第四次開始，我就收起濫慈悲，不再這樣明傳了，從此每一次禪三就都平順了（上一回禪三倒不是有什麼問題，只是不愼跌倒；而我這個內耳有個遺傳下來的毛病，我們兄弟都有這個遺傳，只是輕重有別，而我特別嚴重：一受到碰撞或大震動，就會天旋地轉，然後就悶絕。後來才知道這叫作梅尼爾氏症）。

因此，香林禪師傳授密意時是極嚴謹的，但不能說他是私心；因為密意必須保護，所以來學法以後，非得要十年、八年才會讓徒弟開悟，才不會退轉，也才不會洩露了佛法密意。那不是因為私心，是因為知道當年他師父如果不是那樣每天問，他也承擔不起來——不敢承擔。何況古時禪師不像我，悟了以後還爲明心者講解《成唯識論》、講解某些特定經典，讓你們印證所悟的眞假，讓你們可以現前比對所悟是不是第八識如來藏；古時的禪師很難得有這樣子做的。你如果請論師來，他每天都會爲你講很多的論；你請來的住持若是法師，他就每天爲你講經說法；如果你請禪師來當住持，他每晚才一上座，撫尺往桌上一拍：「啪！」就下座了！禪師就是這樣呀！所以有人向師父埋怨說：「師父啊！您怎麼這樣？才一上座，又不說法就下座了。」他說：「你怎麼可以怪我？你既然請我來當禪師，禪師就是這樣說法的。」所以禪師最好當。最難當的是我，又要寫書、又要講論、又要講經、又要當禪師，這樣最難、最辛苦。禪師是最好當的，日子過得很寫意；不過那樣當禪師，只要一年下來，門前草深一丈，要找個人爲他遞一杯茶也難。

那意思就是說，世尊讚歎阿難沒有一絲一毫私心，所以讚歎說：「善哉！善哉！你阿難竟然能夠普遍的爲大眾請問，也能夠普遍爲未來世一切眾生想要求證『金剛三昧』、想要求入大乘法的人們而請問。你爲大眾請問：『從凡夫地如何到達最後佛地大般涅槃，這個菩提道是怎麼進修的？』想要讓我釋迦牟尼把這個無上的眞正修行道路鋪排出來，你眞是慈悲，能夠爲眾生這樣問。」這表示　世尊沒有一絲一毫吝法，從來只怕有緣眾生不能獲得正法，只怕有緣眾生明心以後還沒有到初地之前，不曉得進修佛道的路要怎麼走。

當你自己去摸索，能夠了知明心以後如何到達佛地，就是修學初地的智慧滿足了，即將進入初地心中了；如果也有性障永伏如阿羅漢的實證——有能力斷五上分結而留惑潤生，也有初禪滿分的實證，也有入地所必須的大福德，只要在佛像前至心發起十無盡願，就能入地了。如果還沒有初地的智慧，就無法了知這些內容；因此，初地就稱為通達位，表示他對於成佛之道的次第與內容已經通達了。明心以後要怎麼樣成佛的次第和內涵已經知道了，才能叫作實相般若的通達位菩薩，才能叫作初地。如果不曉得明心之後成佛的路要怎麼走，絕對不是初地菩薩。所以那些否定如來藏，或者不否定而錯認意識離念靈知為如來藏的人，宣稱成佛或幾地的菩薩，都是大妄語人。

然而即使入了初地，初地滿心位的猶如鏡像現觀，還是不懂的；因為那是初地滿心底事，不是初地入地心或住地心所能了知。所以入地以後還有很多妙法要修學，當然更不是明心以後就沒事了，明心時還入不了初地呢！所以外面那些大師們一天到晚亂講：「正覺同修會說他們明心開悟了，笑死人了！明心開悟就是成佛了，他們又沒有成佛，是悟個什麼？」這表示他們根本不懂佛法。所以，佛陀如此讚歎阿難，當然是有原因的；因爲明心之後想要到達初地的入地心中，還有很遠的路要走。因爲從初住位到初地的入地心是一大阿僧祇劫，明心不退時只是完成第一大阿僧祇劫三十分之七，只是進入第七住位而已；接下去想要到達初地，還有大約五分之四個無量數劫，得要繼續進修實相般若的別相智；並且還有其他的配合條件，等著你去完成，才能進入初地（編案：入地的條件，請詳平實導師著《明心與初地》）；這裡面要學、要修的還很多，並不是像那些大法師們亂講的「明心了就成佛，見性了就成佛」。所以這時 佛陀讚歎阿難，當然是有原因的。因此 佛讚歎完了，阿難和大眾都合掌刳心（「刳」讀作「哭」音，就像熟透的葫蘆或胡瓜，把裡面挖空就叫作刳，所以刳心就是虛心的意思），就是合掌虛心默然受教。

**【佛言：「阿難當知：妙性圓明，離諸名相；本來無有世界眾生，因妄有生，因生有滅；生滅名妄，滅妄名真，是稱如來無上菩提及大涅槃二轉依號。阿難！汝今欲修真三摩地、直詣如來大涅槃者，先當識此眾生世界二顛倒因；顛倒不生，斯則如來真三摩地。阿難！云何名為眾生顛倒？阿難！由性明心，性明圓故，因明發性；性妄見生，從畢竟無，成究竟有；此有所有，非因所**

**因，住所住相，了無根本；本此無住，建立世界及諸眾生；迷本圓明，是生虛妄，妄性無體，非有所依，將欲復真？欲真已非真真如性，非真求復，宛成非相。非生非住，非心非法；展轉發生，生力發明，熏以成業，同業相感；因有感業，相滅相生，由是故有眾生顛倒。」】**

**講記**：佛陀於是開示說：「阿難！你們應當知道：妙眞如性是本來已經圓滿光明的，也是本來就遠離種種名言法相的。本來沒有世界與眾生，卻因爲虛妄想而有世界與眾生的出生，接著就因爲有出生的緣故而有了壞滅；凡是有生有滅的都稱爲虛妄法，滅除了所有虛妄法以後剩下唯一不生不滅的就名爲眞實，這是指稱如來無上菩提以及大涅槃等二個所轉依的名號。」

「阿難啊！你們如今想要修習眞正三昧境界、直接進向如來大涅槃境界的人，首先應當瞭解這個眾生世界中的兩個顛倒原因；瞭解了以後，顛倒見不再出生了，這就是如來所說的眞實三昧境界。」

「阿難！如何我說是眾生顛倒呢？阿難啊！由妙眞如性本來光明顯耀的如來藏心，祂的妙眞如性本來光明圓滿的緣故，因爲這樣的光明而發起了各種功能性；就在這些妙眞如性所發起的功能性之中，不知道這些功能性自己的虛妄而有錯誤的見解出生了，於是就從畢竟無之中，出生了諸法而成就身心世界等究竟有；這些現象界中確實存在的所有法，眾生總是把並非出生這些有的法錯認爲是出生身心世界的根本因，於是把心安住於所住的無常身心世界法相中；若是推究這些身心世界諸法，其實都是生滅無常、了無根本。其實是本著這個本來就於諸法都無所住的常住不壞如來藏心，來建立世界以及所有眾生；但由於迷失了本來圓滿光明的如來藏妙眞如性，由這個緣故而出生了身心世界等虛妄法；這些虛妄有生的身心世界的法性並無眞實不壞的金剛體性，不是可以被認定爲諸法所依的常住金剛法性，竟然有人想要把住於六塵境界的有所住心意識，要把這個屬於有生而無常的身心世界中的某一些法，認定爲對一切法都無所住的常住不壞金剛心，想要拿來復原爲本來就眞實不壞的金剛法如來藏，怎麼能成功？」

「當他們想要把有生滅的虛妄法，復原爲本來就已常住不壞的金剛心如來藏；而這個生滅法本來已經不是眞正的眞如法性，卻想要把本來非眞的生滅法進求復原爲常住的不生滅法；努力修行以後的結果，就是曲曲折折地成就非法之相，卻仍然無法成爲本來金剛不壞性的如來藏妙眞如性。眾生不知道如來藏本來不生而於一切法都無所住，既不是三界中的覺知心，也不住於三界世間種種六塵萬法中；於是將有所住而貪愛六塵諸法的六識自性，錯認爲眞實法，於是由於這種虛妄想而引生的我見與我執，而從如來藏中展轉發動了出生蘊處界及山河大地等諸法的勢力；這個出生諸法的勢力發動以後就出生六識自性了；然後眾生就在六識自性中不斷地熏習而成就了業力，相同的熏習業力當然會互相感召；然後就會由於三界有的勢力而感得在三界中出生的業果，然後就互相死滅也互相出生，由於這樣的緣故才會有三界眾生顚倒生死、輪迴不斷。」

佛言：「**阿難當知：妙性圓明，離諸名相；本來無有世界眾生，因妄有生，因生有滅；生滅名妄，滅妄名真，是稱如來無上菩提及大涅槃二轉依號。阿難！汝今欲修真三摩地、直詣如來大涅槃者，先當識此眾生世界二顛倒因；顛倒不生，斯則如來真三摩地。**」佛說：你們應當要知道，眞心如來藏的妙眞如性是本來就圓滿而時時散發出光明的（光明是指功能作用的意思）。爲什麼是本來圓滿呢？因爲如來藏由於有妙眞如性，所以能出生一切世間法，也能夠顯示一切無爲性的出世間法，因此說祂「圓明」。明，又叫作明性，這個「明性」不是密宗講的明性，他們都把佛法的修證名相，改用自己的想像而胡亂解釋。他們說什麼是明性呢？就是明明白白、清清楚楚，跟惟覺法師講的一樣，說覺知心能對六塵了了分明就是明性。但這其實不是明性，而是妄覺性；這在《大乘起信論》中，馬鳴菩薩已經明明白白指出這是妄覺：落入六塵中的明白覺知境界就是凡夫境界，成爲對佛菩提「不覺」的人。

明性，是說從來不昏昧、從來不被遮障；即使有情悶絕、昏迷了，他的如來藏的妙眞如性也沒有悶絕，還是保持了了分明的體性繼續運作不斷。當你睡著了，祂還是繼續運作，從來沒有昏昧。當你清醒過來，祂也不跟著你清醒，仍然不了知六塵，卻繼續在祂自己的明性中了了分明地運作不斷。你清醒時是落在一邊，昏昧、悶絕時則是落在另一邊，但如來藏從來不落於這兩邊，所以祂既不清醒、也不昏昧，祂永遠都是這樣子。還沒有找到如來藏以前，怎麼想都想不通；但是已經明心的人，你們想想看：如果還沒有破參，這個理，自己想不想得通？當然想不通。既不落在清清楚楚、明明白白中，又不落在昏昧裡面，那是什麼境界？怎麼想也想不通的。

有人不瞭解這個道理，一天到晚在那邊清清楚楚、明明白白，修到「萬里無一片雲」時，心中洋洋得意，長沙景岑禪師認爲這只是證悟的基礎，還不是開悟境界，就指示說：「百尺竿頭須進步，十方世界是全身。」寶壽沼和尚也罵這種自以爲悟底人：「青天也須吃棒。」即使是把覺知心修到如同青天白日、萬里無雲時，都還是要吃寶壽禪師的痛棒。老趙州就說：「老僧不在明白裡。」明明是分明了知眾生前來請問時的每一句話，卻說他不住在明白裡；那麼惟覺法師到這裡，該怎麼解釋？無法自圓其說了！如果住在明白裡，那你就錯了。惟覺法師也許說：「不在明白裡，那就是昏昧了。」如果他說那樣就是住在昏昧裡面，咱家就說：「咱也不在昏昧裡！」如來藏有這樣的明性，不是意識覺知心的清清楚楚、明明白白、了了分明，更不是覺知心眠熟了都無所知。就是說，如來藏有妙眞如性時時現前，從來不昏昧，從來不悶絕，更是從來不死，卻又對六塵外法時時了了分明，所以祂從來都有明性。不過這個明性是在很多體性上說，不是只有「了眾生心」一種而已，因此叫作明性如來藏。如來藏的妙眞如性是絕妙的體性，而且有這種明性，也是本來就已經圓滿而不是修行得來的。

「離諸名相」，如來藏是遠離種種名相的。各種名言法相，全都只能與覺知心相應，從來都不與如來藏相應；如來藏自己根本就不需要與語言名相相應，縱使有人悟後想要把語言名相帶進如來藏的境界中，也是帶不進去的；因爲如來藏自無始以來就不曾與語言名相相應，在祂運作的所有境界中，也都不必用到語言名相。所以第二轉法輪經中與禪宗祖師才會這樣說：「言語道斷。」一切言語之道，都無法進到如來藏的運作過程中；一旦進入如來藏的運作過程中來觀察時，一切言語之道就全部斷滅了，所以「**離諸名相**」。而覺知心是永遠都會與言語之道相應的，永遠都不是言語道斷的心，所以悟得離念靈知心的人都是錯悟者。

從另一個層次來說「名」，什麼叫作「名」？受想行識謂之「名」。請問大眾：清清楚楚、明明白白、了了分明，這三句話的境界，是不是受想行識的境界？（眾答：是）每一句都沒有離開受想行識，那就是全部落入「名」的境界中。可是惟覺法師卻說一念不生了了分明時就是開悟了！那他的意思是不是說：開悟的境界是「名」裡面的境界？那麼開悟就應該是悟得三界中的生死法了。也有人說：「**如果在一念不生的境界中可以坐很久，那就是大悟徹底。**」結果還是落在「名」裡面，依舊不離「名」的法相——依舊落在受想行識的法相中，始終不離「名相」。所以，這些大法師們所謂的開悟，都是假悟、錯悟；如果他們繼續以證悟者的身分弘法，就是繼續在大妄語，這是犯了菩薩戒的十重戒之一，在聲聞戒中也是犯重戒的。所以他們都是犯了重戒的人，而且是「根本罪、方便罪、成已罪」都具足的，這其實是波羅夷罪，當然他們都應該是沒有聲聞戒與菩薩戒的戒體了，那就成為穿著僧衣的世俗人而不再是僧寶了。

話說回來，如來藏在尚未出生色身及受想行識之前，本來無有世界，也沒有眾生；因爲需要出生有情的色身，這個勢力成熟了才會出生了世界。追根究柢，世界是從哪裡來的呢：「**因妄有生，**」都是因爲如來藏中一直藏著眾生無始劫以來虛妄熏習的種種無明——虛妄想，由於虛妄想而有種種法出生：出生了三界世間。於是無始常存的物質世間出現了，這就是最先存在的第四禪天；這也是因爲眾生的無明妄想而有的，錯把第四禪境界當作是不生不死的涅槃境界。在三禪天以下的物質世間還沒出現以前，眾生就先住在第四禪天以及無色界裡。但因爲四空天及第四禪天等眾生，以及他方世界與此界有緣眾生的無明業感，就產生了這裡三禪天以下的器世間；三禪天以下的器世間開始次第出生，然後有人間，最後才有地獄。這裡的三界境界都具足之後，在他方世界的眾生捨報時，以及這裡四禪天以上的眾生捨報時，就往生到這裡的三禪天以下諸天以及人間來了—共業的眾生都會生到這裡來—所以「**因妄有生**」。世界會出生是因爲共業眾生有虛妄想，若沒有虛妄想就不會有世界出生；有世界出生了，當然就會有壞滅，所以「**因生有滅**」。

有生有滅，就是虛妄法。凡是有生滅的法都是虛妄法，這是很簡單的道理；但是到了末法時代的今天，所有大法師們都弄不清楚了！所以他們率領一大群徒眾每天從早到晚打坐，求住於清清楚楚、明明白白、了了分明、一念不生之中。可是他們都沒有想到：等一下身體累了、睡著了，清清楚楚哪裡去了？明明白白又哪裡去了？了了分明也消失了。等到人家香板打下來，嚇一跳以後又出現了清清楚楚、明明白白，這不是「**時有時無**」的無常法嗎？那麼晚上打了安板以後，上床睡著了，他們白天坐了一天而達到的清清楚楚、明明白白，睡著以後又到哪裡去了？又不見了！這不正是生滅法嗎？到明天早上打了起板，醒過來以後又清清楚楚、明明白白。從這個過程事實中，已經確定是有生也有滅的無常生滅法。因爲都是受想行識等「名」所攝的有「相」法，是有「名相」也有「生滅」的虛妄法，世尊也說「**生滅名妄**」。

那些大法師們都弄不清楚，全都落入「名相」之中。然而有智慧的人就「**滅妄名眞**」：把這些生滅法全都否定掉，否定了所能找出來的全部「名相」以後，最後剩下眞實而不生不滅的法，才能叫作眞實法。可是，有一位大法師輾轉聽人傳說我這麼講，於是他又開始瞎說：「**禪宗就是否定再否定，否定到最後，唯一被肯定的，就是眞的。**」結果他是把什麼肯定下來？只是把生滅性的意識心肯定下來，說那就是眞的：把所有的貪著、瞋恚全都排除，剩下自己清清楚楚明明白白、迴無雜念，肯定下來時就說是眞的。怪不得他後來會教導徒眾說「要把握自己」，依舊是落在「名相」之中。你們看，當代聞名四海五大洲的大法師，都能把佛法誤會到這麼嚴重的地步，怪不得要說現在是末法時代！不是因爲學人根器而說現代是末法，而是大法師們的根性是末法：都是因爲這些悟錯了的大法師們強出頭，由他們代表了當代的佛教，所以才會使現代學人都落入名色的「名」中，於是成爲末法。正因爲這些凡夫大師到了這個節骨眼，都會強出頭、未悟示悟而籠罩天下人，所以才會演變成爲末法時代。所以我還是說：凡是想要證得《楞嚴經》所說「金剛三昧」而「入三摩地」的學佛人，一定要不斷地把錯誤的否定；在還沒有找到可以確認爲眞實不壞心的如來藏以前，就是要一直否定；直到觸著如來藏時，才能承擔起來。但當代所有大法師們卻是把未到最後、也是可滅的離念靈知承擔起來，把「名相」內的生滅法意識心肯定起來；然後爲了名聞、利養、眷屬的考慮，把我們所證最後的不可壞滅的如來藏眞心否定或抵制，眞是其心顚倒、戕害眾生法身慧命。

「滅妄名眞」，還有一個層次，並不是在見道上面講的，而是在修道上面來說的。也就是說，明心之後要一直不斷歷緣對境，在四威儀中把虛妄心七轉識的不好習性分分修除掉；一直除到最後轉依成功了，不再落入「名相」

中考慮任何事情時，七識心完全都依如來藏妙眞如性的清淨性來安住，才能叫作轉依成功了。唯識學中的「轉依」並不只是名詞，而是悟後要確實去做的事。但是當代有一些人研究唯識時說：「『轉依』只是名相，沒有辦法轉依。」因爲他們都是六識論者，都沒有找到如來藏，都不曉得如來藏在哪裡，更不知道如來藏體性，始終無法親見如來藏永遠眞實與如如的法性，要如何轉依呢？當然只能轉依一個想像中的清淨性，當然會落入意識覺知心壓抑自己不起貪厭的境界中；但這種清淨性是修來的，是有生之性，當然是虛妄想；這樣而說轉依，當然也是假名轉依，也是自我安慰式的轉依。

眞正的轉依，得要先證得如來藏，現前觀察祂的所在，祂是如何運作的，祂的體性如何，證實如來藏時時而且永遠都是眞如法性，是從來不對六塵諸法稍動其心的本來清淨性，然後依這個體性去把七識心自己的虛妄心性修除掉，這樣才叫作「滅妄」。還沒有「滅妄」之前，就是還沒有進行「入流亡所」觀行的人，如何能實證「金剛三昧」而「入三摩地」呢？如果悟後能再把所有虛妄性都滅掉了，永盡無餘了，最後剩下的就是佛地的清淨性，名爲清淨法界，那時才是究竟的「滅妄名眞」。所以見道時講「滅妄名眞」，修道中也講「滅妄名眞」，而究竟的眞實只有佛地。但這並不是當代大法師們所說把意識心的妄想消滅掉，而是否定意識覺知心，不依止覺知心自己，把十八界全都否定了，就是「入流亡所」完成了；然後改為依止虛妄法十八界背後的如來藏，這樣就稱為如來乘無上菩提的轉依，這就是佛菩提的見道，就是證得「金剛三昧」而且已經「入三摩地」了。究竟「滅妄名眞」的轉依，則是第二個大涅槃的完成，就是如來藏心中的一切種子都已經究竟清淨了，這才是佛地大涅槃的轉依完成。以大乘見道與成就佛果這二種轉依的成功，來作為轉依的稱號；佛菩提道中的二種轉依名號，就是這樣說的。

所以 世尊又說：阿難啊！你們如今如果想要修證這個眞正的金剛三摩地，想要直接的而不是彎彎曲曲地走上佛菩提道，是想要直接往如來地大涅槃的境界去修證，就應該先要認識這個娑婆世界兩種顚倒的原因——要先了知兩種顚倒的因由。這二種顚倒就是「眾生顚倒」與「世界顚倒」，接下來就會立即解說。如果這兩種顚倒不會再出生了，才可以說已經證得如來所說眞正的「金剛三昧」。

**「阿難！云何名為眾生顚倒？阿難！由性明心，性明圓故，因明發性；性妄見生，從畢竟無，成究竟有；此有所有，非因所因，住所住相，了無根本；」**首先說明「眾生顚倒」：由於每一個眾生都有各自唯我獨尊的「性明心」，如來藏絕對不會昏昧，對於祂所運作範圍中的一切諸法應該如何，祂就如何運作，從來都不昏昧。如果如來藏會昏昧，可就天下大亂了！譬如某人某一天造了業，他的如來藏可能因爲昏昧而忘了記錄下來，因果就被毀壞了！如果祂會分別：**我的五陰今天造了一件護持正法的大善業，卻因爲這個五陰常常在否定如來藏，我不想記下這件大善業**。祂就沒有幫他記下這件護法的大善業，那他不就白修世間善業了？那麼惡人也可以這樣想：「**我現在幹這件大惡業，可以獲利無數，希望我的如來藏現在正好昏昧，沒有幫我記下來。**」然而，如來藏終究不會這樣，因爲祂從無始劫以來都不曾昏昧過一剎那，所以祂永遠都是「**性明**」之心，永遠都不會昏昧。不管有情做了什麼善惡事，祂始終都記得清清楚楚的，一絲一毫都不會遺漏。

有一些小法師以爲說：「**我在背後毀謗你蕭平實，你也不知道。**」然而他自己的如來藏都知道，根本跑不掉！而且他們身邊的護法神也都看著整個無根毀謗的過程，當他們起心動念時，難道如來藏不曉得？老實講：他們也無法完全瞞得了，我的如來藏或多或少也會顯現出來，我不就知道一些了？有一些事情我都不願明講，有些大的、嚴重的事情，我常常突然一念出現就知道了！但是，我也知道因緣就是如此，而且也是我成就功德的因緣，就不必去講那些事情了。並且這些也都是事相上的法，何必起心動念追求名聞利養？有的人不曉得，就打妄想，希望自己可以修成這樣的能力，想要觀察未來的因緣；其實根本就不必修它，只要心地清淨了，這種能力自然就會產生，何必事倍功半拼命去修呢？只要心地清淨了，功德就會一點一滴出現。而眾生貪愛世間法的習性，咱們一時也轉不了他們，罵也沒用，當頭棒喝也是沒有用的，所以乾脆就隨順因緣吧！

然而「**性明**」之心如來藏，體性一直都是明；在祂自行運作的範圍中，從來不曾昏昧，能夠隨緣應物而不錯亂。會錯亂的心，永遠都是妄心自己、七識心自己，如來藏絕對不會錯亂。如果認為祂有時錯亂了，絕對不能怪祂，因為都是妄心錯亂才會使人誤以為是祂錯亂，祂的錯亂依舊只是履行妄心的錯亂意志罷了，祂其實還是沒有錯亂的。這意思，還沒有破參時是聽不懂的。如果祂有時錯亂，全都是因為覺知心錯亂而使祂亂，祂還是完全照著覺知心的意思在實行，所以實際上錯亂的是覺知心自己而不是祂，所以祂依舊「**性明**」。而這種性明是本來就圓滿的，不是修來的，所以祂是「**性明心**」。

「**性明圓故，因明發性；**」如來藏本有這種明性，而且圓滿具足，所以能夠發明六種體性：能見、能聞、能嗅、能嚐、能覺、能知。當六種體性從如來藏「性明心」中出現了，就叫作「因明發性」。如果不是如來藏有這種恆而永不中斷的明性，有情們的見聞覺知性是不可能出現的；因爲祂有這種明性，所以有情的見聞覺知性才能發起，然後才能清清楚楚、明明白白、處處作主。可是當你見聞知覺性發起了以後，接著就是「性妄見生」，都因爲六識出生了，六識自性開始運作了，然後在六塵諸法中廣作虛妄分別，於是妄見便出生了：由於不如理作意的分別，就以爲其他的外我所全都是假的，而清清楚楚、明明白白的自己才是眞實法，這就是「性妄見生」。這就是末法時期所有大法師們的落處。

「從畢竟無，成究竟有；」妄見出生以後就開始輪迴生死，於是完成最後階段的三界有，一切三界境界全都具足了，這就是「從畢竟無，成究竟有」。實際理地本來無一法，都因爲虛妄見不肯死滅，只好一再去投胎；投胎以後就從「畢竟無」開始，從執取一個受精卵，開始了細胞分裂，最後色身具足時就出生了，於是「哇！」一聲，也就十八界具足了！這種「從畢竟無」而「成究竟有」，正是顯示「眾生顚倒」。眾生都不知道十八界的每一界都是生滅虛妄，妄想其中某一個法是眞實常住、性如金剛；密宗更將色陰與身識結合了意識覺知心，堅持說雙身法中的樂空雙運淫樂境界中的覺知心與淫樂觸覺是常住法，把男性器官持久不洩的堅硬性，強指爲金剛，已經是無明到極點了，是比世間的俗人都更顚倒的。因爲世間俗人都知道色陰與樂觸虛妄，所以才說人生無常、諸法無常嘛！然而密宗竟將依色陰與識陰而有的樂空雙運境界說是常住不壞的報身佛境界，眞是愚癡到極點了！

眾生總是不知十八界的虛妄，誤認爲其中的覺知心眞實，因此就由於這種妄見，「從」本來的「畢竟無」，譬如在中陰階段把自己滅了也就算了，就成爲無餘涅槃了；那時就只剩下眞實法如來藏離見聞覺知而存在，其他十八界都消失了，眞正的無我，這就是「畢竟無」。可是眾生都因爲妄見而不肯死滅，心中這樣子想：「我全部消失掉了，那還得了！都沒有見聞覺知，那還得了！」不肯消滅自己。不肯修行消滅自我的結果，於是心想：「我若不去投胎，就斷滅了。我去投胎以後，我就會有下一輩子，我還是會繼續存在。」就好像有一西方哲學說的「我思故我在」，眾生都怕無我，這種妄見出生了，就「從畢竟無」之中再去投胎，執取一顆眼睛都看不到的受精卵，十個月後就「成究竟有」；眞的又十八界都具足，又是煩惱具足的博地凡夫一個，這不就「成究竟有」了嗎？

……。（講經前的當場答問，因與本經法義無關，故移轉到《正覺電子報》〈般若信箱〉，以廣利學人，此處容略。）接著繼續回來講《楞嚴經》，上週說，由於「性明」的如來藏心，從來具有明性，永遠不昏昧、不睡著、不死亡；有這種明性的緣故，所以對祂所相應的一切法都能完全了知，所以稱爲「明」。祂不在六塵中了知，但是祂所應該了知的一切法，包括大種性自性等，祂是完全了知的，所以說祂有明性。由於這種明性圓滿的緣故，所以就因明性的關係而流注出七轉識等染污種子，「因明發性」就有了眼見之性、耳聞之性、鼻嗅之性乃至意識的能知之性，這個就是「因明發性」。換句話說，因爲如來藏有這種明性，不是像木頭石塊一樣完全無知、無作用；經中說祂離見聞覺知，是離六塵中的見聞覺知，但是祂仍有自己所了知的範圍，不屬於六塵中的事，這不是七識心所了知的，這就是「明性」。因爲有這個明性，所以使祂所含藏的七識心種子及業種、無明種現行了，於是發起見聞知覺性。

這表示有情的見聞知覺性，是由於「妄見」的虛妄想而出生的，是本無今有的，所以是從本來只有如來藏而無蘊處界的「畢竟無」（因爲如來藏非形非色，不是三界有，當然是畢竟無、畢竟空）；卻從畢竟空、畢竟無之中，由於眾生的虛妄想，藉祂的明性而出生色陰，也發起識陰六識等知覺性，所以便「成究竟有」。這個「究竟有」是說，可以確實去體驗其存在。然後五陰十八界出生之前，獨有如來藏離見聞覺知，卻是「畢竟無」：只有如來藏空性，除此以外一法也無。現在變成究竟有，全都是因爲虛妄想而產生的。

「**此有所有，非因所因，住所住相，了無根本；**」有情的見聞知覺性是三界有，這三界有所有的一切法，都不是眞實常住不壞的法界因；因爲一切法並不是以見聞知覺性作爲生因，但有情眾生乃至末法時錯悟的修行人，都把見聞覺知性作爲一切法的生因，所以叫作「非因計因」。所有應成派中觀師，從當代的印順、達賴，上溯到宗喀巴、蓮花生、阿底峽、寂天、月稱等人，到達應成派中觀的創始者佛護，莫非如此，全都是**非因計因**的顚倒想眾生。可是眾生們並不瞭解，就把並非法界因的識陰作爲一切法的「所因」。不是現在才這樣，古時天竺就已經這樣了！而 世尊是早就預見了，所以在《楞嚴經》中這麼講。

古時的外道們，接受自古以來的傳說：人人身中都有自心如來。如同自古以來就一直傳說人間可以證得阿羅漢，可以入涅槃而出離三界生死一般；於是就有許多外道在佛教出現之前，自行發展理論與行門而自稱爲阿羅漢。自心如來的法義也是一樣流傳下來，至於要如何親證這個自心如來？他們就各自發展出一套理論與行門，當然也都如同宣稱證得阿羅漢的外道們一樣，全都是錯會的。所以如來這個名詞，是無量劫以來就一直存在人間的；因爲當佛法末法時期過完以後，依舊常常會有天人、天神來人間說法，就會講到「**人人身中皆有自心如來**」。可是佛法正脈已經失傳了，眾生都不瞭解，所以大家各自猜測臆想，各自揣摩自己的自心如來。

這是從人類有宗教信仰以後，因爲有些人因緣成熟了，就會有天神、天主來人間示現說法：你們要實證自己的自心如來。所以 佛陀出現在人間之前，印度就有無量無數的外道宣稱證得阿羅漢果，也都在求證自心如來。這種觀念本來是正確的，但知見與方法卻都是錯誤的；卻因爲這樣而使得 世尊降生人間的因緣漸漸成熟了，所以等到 佛陀來人間示現及開示之後，才能有人證得自心如來；這就是進入第二轉法輪時期而開始的大乘佛教中的菩薩們，就是由迴心大乘而親證自心如來的阿羅漢們組成大乘菩薩僧團，由 文殊、普賢、彌勒幫忙世尊攝眾。所以，自古以來就有很多人在猜測法界萬法的根本因，就是我們說的法界因。這個法界因只有一個，就是第八識如來藏，祂才是山河大地、宇宙萬有、一切有情的「所因」。

在 世尊示現之前，外道有種種說法：有人說有一個冥性是法界因，就是數論外道。有人說有一個極微能量在我們身中很快速來去，你如果想要點個頭，它就跑到頭來；你想要拿個東西，它就跑到手中去，都因爲有這個極微能量迅速動轉，這就叫作極微外道。還有其他的說法，大略歸類起來就稱爲四大外道。其實細說起來是非常多的。然而如今佛門之中最普遍的說法是：**我們這個一念不生的覺知心就是自心如來，當我捨報時，這個一念不生的覺知心就入無餘涅槃。**或者如同世俗人說的：**一念不生的覺知心再去投胎到下一輩子去，而身體是由媽媽製造給我們的。**古時有很多外道這麼說，今天末法時期當然更免不掉，所以中台山、法鼓山、佛光山，他們都是想要用一念不生的覺知心入住涅槃中，他們心裡都是這樣想的。慈濟的證嚴法師更在書中公開主張說：「**意識卻是不滅的。**」公然與　佛陀唱反調。

《楞嚴經》在稍後也會講到外道的五現涅槃，仍然是意識心的生滅境界。我不曉得當代諸大法師們有沒有讀過《楞嚴經》？如果讀過了，就不應該繼續那樣講。可是他們如今還是那樣講，連堂頭和尚都是這麼說的，而且還落實到文字上。這些都是「**非因計因**」，把「**非因**」當作一切法出生的「**所因**」。由於「**非因所因**」，當然「**住所住相**」而不是住於如來藏的無相境界中；於是每天一定要盤腿打坐，一定要住在一念不生的境界中，認爲這樣子就是住於不分別中，就是證得不分別心了。

他們認爲如果覺知心中一念語言出生了，就是起分別，都不知道一念不生時還是了然分別的。所以你們如果有一天遇到大師們，就問他們：「您宣稱開悟了，請問您：開悟是什麼境界？」他說：「就是一念不生呀！」你說：「一念不生時還是分別呀！」他們會強辯說：「一念不生時是不分別的。」這一段話已經確立下來了，你就要求他們：「請您現在一念不生、不要分別，好不好？當您正住在不分別境界的時候，我們來作一個實驗。請您現在開始一念不生而不分別。行不行？」他們說可以，那你就說：「好！現在三分鐘內請您不分別。」然後你就開始看著錶，十秒鐘以後就一巴掌打過去，他們一定氣起來：「你怎麼打我？」你就問他們：「您不是正在不分別中嗎？」（有人說：太狠了！）這不是狠，這叫作金剛手段；只有這種金剛手段，才能警醒他們以及他們的徒弟離開大妄語業。菩薩從來都不作鄉愿，這樣才是大慈悲。古時學人去參訪禪師，才一進門，一棒就打下來了，頭上就腫一個包，那才是大慈悲！如果當下破參了，可就人天有眼，大眾斫額佇待。當你打了他一巴掌，他當然會大聲斥責：「你怎麼突然打我？你幹什麼！」你就好整以暇問他：「您既然住在不分別境界中，怎麼會知道我打了您？」他們都不知道「了知就是分別」，其實了知時就已經分別完成了！所以我說他們都是

「住所住相」，住於一念不生自以爲無分別的分別相中，都是有分別相。

像這樣子稱之爲悟，「了無根本」；自己各種法界的根本在哪裡呢？全都不知道。因爲都沒有證得根本，當然是「了無根本」。一切法的根本因，只有一種，就是第八識如來藏；但當代所有大法師們卻都把如來藏所生識陰的見聞知覺性—特別是意識覺知心的了知性—當作是諸法的根本，當作是法界因，這正是「非因所因」。因爲「非因所因」，就一定會「住所住相」，不能無於住相，當然會住於一念不生、制心一處的欲界定中。像這樣「住所住相」，當然「了無根本」；因爲是虛妄法，沒有常住的根本性可說，也沒有能生諸法的根本因可說。而且只要打上一巴掌，他們就不再一念不生，覺知心中的語言就馬上出現了！甚至嘴裡都罵出來了，還能說是一念不生嗎？

所以一念不生的心境是變異法：有時一念不生，有時又生起許多妄念。既是變異法，怎麼能說是法界因呢？法界因不可能是變異法，如果法界因是變異法，那麼三界一切法都應該是無因唯緣而起，就必然因果錯亂，眞實因果就不可能存在，而人間的家庭生活以及一切事務，同樣都將無因唯緣而亂生亂滅，不再有家庭與社會秩序可說了。所以六種自性「此有所有」都是「非因所因」，都是三界法的緣故，當然一定是「住所住相」，永遠無法相應於出三界的涅槃，也永遠無法相應佛菩提的見道智慧，這樣的修證都是「了無根本」的，所以都不堪檢驗。

「**本此無住，建立世界及諸眾生；迷本圓明，是生虛妄，妄性無體，非有所依，將欲復真？**」但是愚癡無明眾生，總是本於這個「無住」——不能常住——的虛妄心意識，來建立世界及諸眾生，當然無法發起實相智慧，更不可能了知成佛之道。應該要本於常住心，才能眞實建立世界及諸眾生；而如來藏於六塵中的諸法卻又無所住，於無所住之中又因為常住不壞而能出生萬法運作不斷，這才是「**應無所住而生其心**」。這個如來藏心是不論怎麼推究，都無法斷滅的；也是一切實證者都能確定是出生萬法的眞實心，才是法界因，才是萬法的根本。所以那些大法師們錯將意識認定為眞實心，以此生滅性的意識當作根本，「**本此**」意識心的「**無住**」不能常住不壞，而「**建立世界及諸眾生**」，眞正推究起來時，當然是「**了無根本**」。如果不是常住不變的如來藏心，根本就無法建立眾生，也就無法建立世界了！因為世界將不會由於眾生如來藏心中的共業種子感應而出生，於是眾生也不可能會有色身出生，所以世界及諸眾生都要本此常住的如來藏心才能建立。

凡夫眾生都是「**迷本圓明**」，總是迷惑本來就圓滿光明的如來藏心，由於這個緣故而出生了虛妄想。如果證得如來藏以後再來讀經，就不會再有虛妄想。但是眾生迷惑而不知如來藏的所在，所以產生了無量虛妄想。產生了種種虛妄想以後，當然就錯認見聞之性，也就是錯認「因明發性」而生的六識見聞知覺性，當作是眞實常住法。可是虛妄生的六識心尚且虛妄生滅，何況六識的自性，當然更是「妄性無體」：這六識的能見之性乃至能了知性，有哪一種自性是可以常住不斷的？都是晚上睡一覺時就中斷了，白天裡打一記悶棍也會中斷，都不是可以常住不壞的金剛心，所以「妄性無體」。只有一個即使入了無餘涅槃以後也不會中斷的，當你悶絕了、死了，祂也不會中斷的，才是眞實不壞的金剛體性，才是金剛心，才能說有眞實體性而成爲眞實常住心。而見聞知覺等自性，都沒有眞實不壞的體性：「妄性無體」。

「非有所依，」六識自性並沒有可以作爲一切法所依的功能性，因爲自己就是生滅不住的心性。既然自己是生滅而無法常住的心，又不肯承認另外還有一個常住不壞的金剛心如來藏，那麼落在這六識自性中的人們「將欲復眞」？還能夠從哪裡把生滅的六種自性回復到眞實常住的金剛性中呢？六識自性連自己都不能常住，還有哪一個法能夠依祂而存在？若不承認有第八識如來藏，離了如來藏就沒有一法可以存在，「將欲復眞」？而末法時代的大法師們都想要把虛妄生滅的六識自性，努力修行而回復到常住不壞眞心的狀態，從來都是虛妄想，也是不可能成功的；因爲有生則必有滅，所以世尊斥責說：「將欲復眞？」憑什麼把「無住」（不能常住）而有生滅性的六識自性回復爲眞心呢？這句話已經斥盡了當代全球多數佛門大師，不論是在家人或出家人，全都斥責了。

可是當代的大法師們還是想要把「無住」，也就是不能常住的生滅性的能見之性乃至能了知性，藉著修行而回復到眞心常住不滅的狀態，他們在演講時以及書中都是這樣講的。但是 佛陀已經責備了，說這是虛妄法、虛妄心，是無能永住的妄心，他們卻還想要藉修定的一念不生而變回常住的眞心，全都是妄想。因爲如果眞的可以變成功，那麼他們將來死時，一定是清清楚楚而不會昏昧的；乘願再來而受生於母胎中的時候，也應該都是了然分明的，而下一世也應該沒有胎昧才對。然而事實上並不可能，以後四大法師死時，你們都可以證實我的說法絕對正確，他們死時都會證明自己的說法是錯誤的。如今他們想要把生滅的六識自性轉變成眞實常住心，「將欲復眞？」要怎樣回復成眞實常住的？生滅法既然有生，則必有滅，這是法界中的正理，不可能經由修行而轉變成不生滅心。必須是本來就眞的，不需要你藉著修行去回復成眞的，這才是眞正的金剛心。所以法界中，眞是眞，妄是妄，涇渭分明；眞心並不需要大師們把祂回復成眞心，而妄心本來是妄，也永遠無法回復成眞心。

「**欲真已非真真如性，非真求復，宛成非相。**」如果有人不理會 世尊的聖教，執意要將生滅性的虛妄心自性，回復爲常住不壞底眞心，世尊又說「**欲眞已非眞眞如性，非眞求復，宛成非相**」；他們想要把生滅的六識轉變成眞心，那六識本來就已經不是眞正的妙眞如性了，愚人卻想要把非眞而且無能常住的法性回復成眞實法而求常住，將來自認爲回復以後一定不免「**宛成非相**」；那就是「**取非相爲相**」，所取就是假相，不是眞相。所以凡是想要把意識心經由一念不生的修行來變成眞心，就是「**非眞求復**」，當然結果一定是「**宛成非相**」。

「**非生非住，非心非法；展轉發生，生力發明，熏以成業，同業相感；因有感業，相滅相生，由是故有眾生顛倒。**」六識覺知心的見性、聞性乃至知覺性，都是「**非生非住，非心非法；展轉發生，生力發明**」，這意思是說，其實是因爲常住的金剛心如來藏本來無生，於三界六塵萬法又都無分別而無所住，也不屬於三界中的覺知心與法性；但因爲這個「**非生非住，非心非法**」

的金剛心如來藏常住的緣故，才能藉著眾生的無明妄想，於是出生名色及萬法的力量就從金剛心中發明出來，才會有眾生的身心世界出生及流轉生死，這是「**展轉發生**」而不是一時俱生的。從證悟實相的智慧來看，眼見之性、耳聞之性乃至意識了知之性，其實本就是如來藏妙眞如性中的一部分，不是自己獨存不壞的法性。當這六識自性被攝歸如來藏時，已經屬於如來藏妙眞如性中的法性時，如來藏常住而不生不滅，怎麼可以說六識自性有出生或者有壞滅時？譬如水晶球的表面總是有影像來來去去，影像本身當然是生滅法；然而後來有人看見影像非相而見到水晶球本身以後，把影像攝歸水晶球時，就不再說水晶球表面的影像是生滅的，因爲水晶球始終存在的緣故，所以影像始終在，怎麼可以說影像有出生？六識的見聞知覺性也是一樣的道理，當如來藏常住不壞猶如金剛時，如來藏表面的六識自性始終都存在如來藏的表面；始終都在，這時怎麼可以說如來藏表面的六識自性有生滅？所以說「**一切法不生不滅**」。但這六識自己卻無法單獨常住，必須依如來藏才能常住，所以六識自性依如來藏而說的時候也是「**非住**」。這六識自性並不是心，而是六識心顯現出來的自性；而且這六識連同自性都不是眞實常住的心，都是生滅法，不是常住法，轉依金剛心如來藏以後也是「**非心非法**」。

六識覺知心的見性乃至知覺性，全都是展轉發生的，並不是可以直接從如來藏中發生出來的；還得要有假藉的因緣，如來藏才能自然出生這六識心以及六識自性，所以前面五章之中已經說過六識自性「非因緣生、非自然生，本如來藏妙眞如性」。這是說，如來藏無法直接出生六識心和這六種自性，要先出生意根，再出生五色根，然後再出生六塵相分，然後才能出生這六識和六種自性，所以 世尊說是「展轉發生」的。如來藏有出生六識心與六種自性的功能，如來藏假藉因緣就能自然而然出生六識及六種自性，不必經由觀想才出生。但如來藏還得要有無明與業力作爲助緣，才能出生六識與六種自性。但如來藏擁有儲存業種、七識種、無明種、五陰種的功能，所以如來藏擁有「生力」，也就是擁有出生諸法的力量；一切諸法都是因爲如來藏的「生力發明」而出生的，所以六識以及六種自性也都是因爲如來藏「生力發明」而出生的。但也都是由如來藏「展轉發生」的。

所以「眾生顚倒」的原因是什麼呢？當然是因爲迷於本明，就是不知道自己金剛心本有的光明自性；又不知道六識自性是生滅法，妄認爲眞以後「非眞求復」，想要把非眞的生滅心修行以求復原爲常住的眞心；一世又一世與諸眾生共同重複作了這樣的熏習，熏習無量劫以後「熏以成業」，於是「同業相感」就世世同在一個世界中生活。並且每天早上出生了以後，就在六塵當中繼續感業。每天早上都是一個出生，每天晚上睡著了就是一個死亡；所以每天早上「嘩！」的一聲，六識都具足了；既然接觸了六塵，當然就在六塵中熏習種種法，把有漏有爲法、無漏有爲法、無記法，全部都熏習。熏習以後便成就了業種，所以「熏以成業」。接著造了同一個業行的眾生，比如同樣造作謗法地獄業的眾生，他們「同業相感」就會一起生到地獄中；正因爲「同業相感」於是地獄世間形成了，他們就往生地獄去。當大家都擁有同一個業，應該生到別的世界去當人，某一處虛空中就會出生一個新世界，這些同業的人互相感應就陸續生到新世界去，這也是「同業相感」。

接著就是「因有感業，相滅相生」；都是因爲造作了三界有等業行，業種成熟了就是因緣法中說的「有」，有了這個「有」就一定會重新出生於人間。於是欠債的有情出生爲動物，擁有債權的有情出生爲肉食的人類，所以就開始「相滅相生」：我殺了你，吃了來增長我的色身；你死後下一輩子來當我的孫子、兒子，繼承所有財產而索還被欠的一切。或者我殺了你，下一輩子去當羊，下一輩子換你來當人，換我給你煮了吃。寒山大士有一首偈說：「牛羊席上坐，六親鍋裡煮。」就是依據這部《楞嚴經》而造的。因爲那一頭豬、那幾條魚、那幾隻雞鴨，過去世和你同爲六親，因爲過去世他們一起吃了今天席上坐著的人們（當然那些人前世曾經是動物而被吃了），一起欠了那些人的債，所以現在要還債而被那些人吃，所以案上被煮來吃的全都是自己前世的六親。這眞是「相滅相生」，可是眾生都不瞭解而繼續互相吃來吃去。也由於往世常常結爲親眷的緣故，所以就在同一個世界中互相作爲藉緣，一世又一世互相擔任父母子女的角色，這也是「相滅相生」，卻都不知道要斬斷情絲、勤求出離。就由這些緣故，說「眾生顚倒」。這就是第一種顚倒，叫作「眾生顚倒」。世界的第一個成因，就是「眾生顚倒」；如果不是先有「眾生顚倒」，就不會有物質世間出現。可是物質世界的出現，還得要有另一個原因，叫作「世界顚倒」：

**【「阿難！云何名為世界顛倒？是有所有，分段妄生。因此界立，非因所因，無住所住，遷流不住，因此世成。三世四方和合相涉，變化眾生成十二類；是故世界因動有聲，因聲有色，因色有香，因香有觸，因觸有味，因味知法；六亂妄想成業性故，十二區分由此輪轉。是故世間聲香味觸，窮十二變為一旋復，乘此輪轉顛倒相故，是有世界卵生、胎生、濕生、化生、有色、**

無色、有想、無想、若非有色、若非無色、若非有想、若非無想。」】

**講記**：「阿難！如何我說是世界顛倒呢？這個『有支』所含攝的一切三界有，都是分成一段又一段地虛妄出生。因爲這個緣故而有四方界限的建立，於是眾生錯將非身心之因，誤計爲身心的所因，被不能常住的五陰所留住，由此而繼續遷移流轉不能停住，因此而有前世、今世、後世等三世的成立。如是三世時間的流轉相與四方範圍的界限相，互相和合而互相涉入，就變化眾生成爲十二類；由此緣故，於世界之中因動心而有聲音生起，因聲音而有色塵出生，因色塵而有香塵出現，因香塵而有觸覺產生，因觸覺而有味塵出現，因味塵而引生了知諸法的功能；由這六種亂相而產生的虛妄想成就了業性的緣故，六根與六塵等十二個功能界限便被區分出來了；由於這樣的區分，眾生便如同旋輪一般繼續流轉下去。由於這個緣故，世間的聲香味觸等六塵諸法，即以窮盡十二變作爲一次旋復；於是藉著這個輪轉顛倒相的緣故，在這裡面產生了世界中的卵生、胎生、濕生、化生、有色、無色、有想、無想、若非有色、若非無色、若非有想、若非無想等十二類眾生相。」

「眾生顛倒」說完了，接著講「世界顛倒」：由於眾生有了緣起法中的「有」支，也就是「熏以成業」的業種成熟了，所以如來藏蘊藏了出生後有的種子，有了後有種子就一定會去受生。由於這個「有」存在而去受生的緣故，所以「**分段妄生**」。「分段」是說三界中的每一生、每一世都是分成一段又一段的，所以又名「**分段生死**」。譬如人類前世死亡後，前世便告終了！接著入胎了，如來藏藉父精母血製造五色根；具足五色根時就出生了，新的一世就開始了！出生以後成長、年老、死亡捨身，這樣從出生到死亡是一段時間與過程，這就是一段生死；生死輪迴就是在一段又一段的從生到死的過程中，所顯示出來的。

在人間死後出生到欲界天去，也是一段生死，乃至生到無色界也是一段生死，只是每一段生死都有些不一樣。比如生到無想天去，那一世的一段生死其實只有幾個刹那，那五百大劫只有幾刹那就過完了！因爲剛生到無想天時，第一刹那知道覺知心與四禪天中的無想天身的存在，第二刹那認爲應該趕快入無餘涅槃中，第三刹那決定留著無想天身而入無餘涅槃，以免斷滅，接著就以涅槃想而滅除覺知心，進入無想定中去了！然後整整五百大劫中（假使沒有中夭而存活到最長壽命的五百大劫），都不知不覺如同睡覺眠熟一般，只有無想天身住在無想天中，從來都不曾動一下。等到五百大劫過完而壽命終了時，第一刹那是意識覺知心出現了，第二刹那認知到：「**我不是入**

無餘涅槃了嗎？現在怎麼又在涅槃外而有覺知了？」然後第三剎那知道無想定中並不是無餘涅槃時，已經下墮而不在無想天中了。所以整整五百大劫中都沒有意識覺知心存在，猶如睡眠五百大劫一般，都沒有任何意義。這樣看來，最長壽的無想天人五百大劫的覺受，總共就只有六個剎那，就過完五百大劫了！這樣子有意義嗎？

有智慧的人都會說：「這樣太無聊了，我還不如每個晚上睡八個鐘頭、十個鐘頭，第二天早上起來還可以做很多事；在無想天中就等於睡五百大劫，那有什麼意思？」所以他們即使都不中夭而活過五百大劫，其實也只有六個剎那之中是有知覺的；但那五百大劫的生命一樣是一段生死，因爲生到那邊五百大劫壽盡了，接著下墮時就到另一種不同的方界中受生，成爲另一段生死過程，所以說是分段生死。但是無想天人下墮以後不一定還能回到人間，因爲他的福報已經因爲生到無想天中全部享盡了，只剩下較小的惡業種子，所以大部分會下墮到畜生道中，又開始另一段生死過程，顯示出「界」的差別：人間法界、畜生法界、餓鬼法界、地獄法界、欲界天法界、色界天法界、無色界天法界，於是「世界」的「界」便成立了。

由於這些都是業種與虛妄我見、我執、我所執的熏習所導致的生死，因此說爲「分段妄生」；有「分段妄生」就顯示出一段又一段的生死，就依一段又一段的不同五陰身分，建立一世又一世的生死，所以世界的「世」便成立了！但也是因爲一世又一世的「分段妄生」，因此而有不同的「界」建立起來了！就在世與界建立以後，又因爲「分段妄生」的關係，或者有十八界，或者有十二界，或者總分爲欲界、色界、無色界等三界，一切界就都建立了。如果不是因爲「分段妄生」，就不會有「界」的建立。

「界」也可以解釋作三界，因爲眾生「分段妄生」的緣故，就有欲界、色界、無色界被歸類出來，因此三界也就建立了！所以十八界、十二界、三界，或者說欲界、色界、無色界等三界，全部得以建立。而無色界眾生的十八界種子，也只有三種界能夠流注出來，所以他們的十八界法只剩下意根、意識、定中的法塵等三界，其他十五界都不現行而不存在，所以他們的十八界就只有三界。一般所建立的三界，是講欲界、色界和無色界；在三界中，都因爲「分段妄生」而依有欲或無欲、有色或無色，來建立三界；然後再依欲界法而建立十八界，於是建立色界有情十八界法中的十二界或三界，也建立無色界有情十八界法中的三界。有了欲界、色界、無色界等三界建立的緣故，當然界限就存在了！於是種種界都可以建立了。由於界的緣故，於是一世又一世受生而使前後世的五陰不相聯結，卻因本住法金剛心如來藏而又互相有關，所以就有前世、今世、後世的建立，於是「世」也建立了！這就是「世、界」成立的因由，而眾生對世界有顚倒想，不能遠離「界」與「世」，因此而有「**世界顚倒**」。有了「**眾生顚倒**」與「**世界顚倒**」，於是世界山河大地與有情五陰身心就不斷地出生與輪轉了，這就是「世界」的由來。

因爲這二種顚倒的緣故，眾生繼續不斷輪轉；都是因爲還沒有悟入法界因，不知宇宙萬法的生因，當然會繼續「**非因所因**」，繼續以生滅無常所以「**無住**」的六識自性作爲可以「**常住**」的自己，因此而有「**所住**」。他們以爲六種自性是可以常住不滅的，其實都是「**無**」能常「**住**」的「**無住**」法，就以不能常住的六種自性作爲可以常住的眞我，住於這個無能常住的六種自性中生存及執著，所以稱爲「**無住所住**」；也就是被生滅無住的法所留住了，於是不斷地流轉生死。這樣不斷流轉生死的原因，全都是因爲「**非因計因**」而成爲「**非因所因**」；全都肇因於錯將不是世界因、不是身心因、不是法界因的六種自性，認爲是萬法的生因；就在「**非因計因**」的前提下，成爲「**非因所因**」，於是永遠無法了知法界因，也永遠無法證得涅槃，當然就要在十方三界不斷流轉生死而有一段又一段的生死，於是三世建立，方界也建立，世界就具足生起了。

然而凡夫眾生各自以「無住」的六種自性而住的時候，其實他們眞實的自己依舊是常住的，因爲他們自己都有如來藏；雖然都還沒有證悟，但他們的如來藏還是繼續無所住於六塵而常住。這個對六塵諸法都沒有所住的眞實自己，卻是**常住法**而不是**無住法**，只是凡夫眾生都沒有證得這個對六塵無所住的**常住眞實法**。菩薩摩訶薩則是證得**常住法**如來藏，而在六塵萬法中利樂眾生時，卻是無所住的，就反過來成爲「**常住無住**」。這不是在繞口令，實際上確實是這樣；等你破參了，自然懂得我在講什麼。所以，眾生因爲「**非因所因**」，然後被六種自性「**無住所住**」的緣故，就必須一再受生來保持六種自性的存在，當然就世世受生而「**遷流不住**」，於是就有界的不同而建立各種界。推究眾生永遠三世遷流於不同法界的原因，就是因爲「**非因所因**」而產生「**眾生顚倒**、**世界顚倒**」，以致於「**分段妄生**」，於是「界」與「世」就產生了，這就是「世界」的由來。

談到世界時，通常都先建立「界」。「界」是橫面的，是針對現在這一世的橫剖面來說十方的三界；有了界以後，分段生死而出生在不同的界之中，於是就有三「世」差別而建立了「世」，世界就因此而存在了。然而，由於

「非因所因」而有「分段妄生」，於是世界建立完成時，從現前的分段妄生來推究世界形成的最根本原因時，仍然是以「非因所因」爲最根本原因；全都是因爲「非因所因」才會「無住所住」，於是就「遷流不住」，世界就因此而建立。所以「非因所因」的緣由必須要弄清楚：正是因爲「非因計因」才會成爲「非因所因」。都因爲錯誤認爲六種自性是可以常住不滅，而不知道六種自性是「無住」的；於是錯將無住而非常住的六種自性執著爲眞實的自我，這就是「非因計因」。「非因計因」成立了，就被「非因計因」的錯誤見解所繫縛而落入非因之中，成爲「非因所因」；於是爲了將無住的六種自性變成常住，在中陰身階段中由於中陰身只有七天的生命週期，當然會知道必須擁有色身才能長期保持六種自性繼續存在；於是知道只有重新受生才能繼續擁有六種自性，當然會再去受生，於是「分段妄生」的現象便繼續存在，三世與方界的差異就具足了，「世界」就存在了。

對六識的六種自性如是認知的人—錯認六識自性即是常住佛性的人—一定會爲了想要保持凡夫「佛性」的繼續存在而不斷地受生，於是永遠都會有「分段妄生」而繼續「無住所住，遷流不住」，因此世界就建立了。這都是因爲「非因計因」而落入「非因所因」之中，當然不能離開世界，當然要繼續生死；這正是被身見所繫縛而不得不繼續生死，與菩薩摩訶薩能入涅槃而不入涅槃，乘願再來受生受苦，與眾生同甘共苦而同事利行，來救度眾生而示現有生死，是迥然不同的生死：一是「分段妄生」，一是「正知受生」，不可同日而語。

諸地菩薩都知道世界的定義：凡夫每一世的生活空間都不相同，每一世的五陰身心都不相同，即使三世都生活於同一個空間，身分與五陰都不相同，所以生活上的身分與空間就會有一些差異。但菩薩都能將三世種子聯結起來，一世又一世在各種法界中自度度他，不受限於一世之中；推究菩薩這種智慧的背後，其實就是遠離「非因計因」而不再落入「非因所因」之中，才能如此。但凡夫眾生都是落入五陰之中，錯將五陰十八界中的某一部分執著為常住法，而不知道那些法都是無能常住的「無住」法；無住的一定有生滅，有生滅就會有三世，永遠都無法避免，於是三世的差別就成立了。錯認一念不生的覺知心，或如大陸元音與徐恆志等人，都是錯認離念靈知與六種自性為眞如佛性的凡夫；錯將無住法認定為常住法，錯將對六塵有所住的離念靈知六種自性認為是對六塵無所住的常住不壞法，於是由於這個「無住所住」，捨壽後當然必須重新再受生，永遠都沒有取證涅槃的機緣。因為離念靈知六種自性全都是不能常住的無住法，不能貫通三世，正是錯認生滅無住的法性爲不生不滅的常住法性；於是必須世世受生而取得世世不同、世世不能互通的離念靈知六種自性，一定「遷流不住」；只能世世流轉而繼續錯認只能存在一世的離念靈知六種自性爲常住的自我，由此而生死不斷。

凡是「非因所因」的人，一定每一世都落入生滅無住的離念靈知六種自性中，與自性見外道爲伍。然而見聞覺知心不論是有念或離念，六種自性不論是有念或離念，都是此世新生的，都不是從過去世轉生而來的，所以都是只能存在一世的生滅法、無住法，不該錯認爲常住法。元音與徐恆志錯認存在一世的生滅無住法爲常住的眞如佛性，問題眞的很大；我只簡單地說出兩個大問題就好：第一、離念靈知六種自性若是從過去世轉生過來的同一心，那麼他們必定是一出生就會記得過去世，知道自己前世生長在哪裡，姓甚名誰，做過什麼事業。可是他們知道嗎？都不知道，可見覺知心不是從過去世來的。第二、如果離念靈知與六種自性都是從過去世轉生過來的，但這覺知心必須依一種俱有依才能在人間存在，就是五色根（頭腦五勝義根與色身五浮塵根），至少必須有五勝義根頭腦作爲俱有依根；既然過去世的離念靈知心是依過去世的五色根爲緣而生的，那麼過去世的離念靈知轉生到這一世來的時候，當然應該把過去世的頭腦帶過來，可是他們顯然都沒有帶過來！而他們這一世的離念靈知心全都是依此世的五勝義根而生，顯然此世的離念靈知不是從往世轉生過來的，又怎能堅持說是常住法呢？既不是常住法而是無住法，又怎能判爲五陰身心的「所因」呢？所以說他們都落入「**非因所因**」之中，當然不免「**無住所住**」而「**遷流不住**」，自然必須繼續處於無明之中繼續「**分段妄生**」，不可能像菩薩一樣「乘願再來」而「正知受生」。

從過去世來到今生時如是，從今生去到下一世時當然也該如是（編案：此書出版時，元音與徐恆志都已死亡。他們既認定此世離念靈知六種自性是常住法，當然死時應該將此世離念靈知所依的勝義根頭腦帶去未來世繼續行菩薩道。但事實上，他們的勝義根都留在此世屍體中，未曾帶去入胎轉生到下一世），所以一切「**非因所因**」的凡夫們都是「**遷流不住、分段妄生**」。因爲離念靈知、六種自性都無法常住，都是三世不同而世世生滅。眞實常住而具有金剛性、不可壞性的，只有如來藏一法；祂從過去無量劫來到現在世，還要到未來無量劫去，誰都滅不了祂。設使能夠集合十方諸佛威神之力爲一大力，也無法把一隻螞蟻的如來藏毀壞掉；因爲一切法都是如來藏的所生法，所生法永遠都無法毀壞能生法——永遠無法毀壞萬法的根本因；法住法界、法爾如是，所以如來藏才會被稱爲金剛心，證得如來藏而不退轉時就是證得金剛三昧。離念靈知六種自性，是很容易加以毀壞的，只要往色陰心臟捅上一刀也就解決了，離念靈知六種自性便究竟毀壞而不能再存在於此世了；等到重新受生而再出生到下一世時，已經是依下一世的五色根而出生的離念靈知六種自性了，已不是此世的離念靈知六種自性了，是分段出生而前後不同，沒有直接聯結的，所以是無住而不是常住法，證明世世的離念靈知六種自性，全都是「遷流不住」的「無住」法。因爲「遷流不住」所以就有三世的生死；有三世生死，所以「世」就成立了！因爲有「世」就會有重新受生的全新五陰，於是因爲五陰色身所住的處所而有了「界」；有「界」有「世」，「世界」就具足了。

由於有界，當然就有四方；欲界、色界與無色界建立時，就一定會有四方。既然有了四方，又加上三世，「三世四方和合相涉」，三乘四就變成十二了！由於「和合相涉」，所以這一世有四方，上一世也有四方，下一世也會有四方，就這樣「三世四方和合相涉」，就會「變化眾生」了！於是就開始產生各種不同的變化，使眾生變成十二大類；有了十二大類的有情眾生，所以「世界」中（世界當然是包括時間與空間的，而時間與空間都不能單獨提出來講），「是故世界因動有聲」；若沒有動，就不會有聲音。譬如有人要求說：「請大家鼓掌。」可是大家的手都不動，就不會有聲音。又譬如日本武士耍刀，那刀快速劃過去時「唰！」聲音很響亮；但他如果不動，刀就沒有聲音。如果是颱風吹刀而有聲音，那也是因爲颱風在動呀！這些全都是屬於行陰，都因身中風大運作而生動作，或因外物動作等產生了有聲音。宇宙中的聲音也是如此，不過宇宙中的聲音，在地球上聽不到，因爲地球上太吵雜了。

由於「眾生顛倒」與「世界顛倒」，所以眾生都是「織妄相成」而「分段妄生」，當世界與眾生身心建立以後，如果不是眾生心動，根本就不可能聽到聲音，所以「因動有聲」；然後因爲接收到聲音的緣故，離念靈知接著就看見了色塵，所以是「因聲有色」；這時都還是緣於外法的，到了色塵在離念靈知心中被注意到時，接著就會由色法而引生對香塵的了別，開始注意到身中的香塵了，所以「因色有香」；隨後再由香塵而使離念靈知注意到身上的觸塵，因爲香塵的了別是經由接觸而知的，所以接著就因爲觸的緣故而產生了身所了知的觸覺，這就是「因香有觸」。然後是因爲觸覺的緣故，就轉而引生對於口中味塵的了知，所以「因觸有味」。到這時，對聲、色、香、觸、味等五塵都有了知了，於是緊接著就是在五塵所顯示出來的諸法相中加以了別，而味塵是五塵中最後被了知的，所以說「因味知法」，六塵就這樣次第出生於覺知心中了。

五塵中顯示出來的諸法也是一樣，都是被離念靈知所了別的；由於錯將離念靈知的六種自性誤認爲實有法，於是產生了六種虛妄想而成就了無記業的自性，乃至也會成就有記性的善惡業性；於是離念靈知就在六根以及所面對的六塵中，產生了根與塵等十二種區分，由此緣故永遠無法捨離十二處法界；於是爲了保持六種自性的長久永續存在，就必須世世受生取得十二處，於是輪轉不斷。乃至在佛門中出家的大修行人，也因爲執著六種自性爲常住佛性的緣故，雖然私底下或公開宣稱開悟而證涅槃了，宣稱已經了生脫死了，本質上卻始終與一般凡夫一樣無法出離「分段妄生」。所以錯認六種自性爲常住法時，其實是將不能常住的「無住法」誤認爲眞實不壞的自我，這正是「眾生顚倒」；由於「眾生顚倒」就會有「世界顚倒」，於是就在這六種虛妄混亂的妄想中，使輪迴生死的業種自性成功地完成了！接下來當然就會有世世不斷的十二處明顯地區分出來，就會有六識的六種自性處於六根六塵中運作，「由此輪轉」。

然而，能見、能聞乃至能覺、能知等六種自性，自始至終都離不開六根、六塵，永遠離不開「十二區分」。請問諸位：你們每天早上醒過來時，有誰覺知心能離開六根六塵？有誰的離念靈知六種自性可以外於六根六塵？都沒辦法呀！只有如來藏才能不住在六根六塵中，而六根六塵與六種自性全都由祂出生，這樣才是常住法而不是六種自性等「無住法」，這才是眞實心。你們今天又多了一種說法，可以用來跟會外的大師們講：「您的覺知心雖然擁有六種自性，卻都是在六根六塵中運轉，始終不離十二處範圍。如果您已經落到十二處中，就已經成爲『十二區分』而落入世與界中，不是住於法界因、不是住於實相法界中，當然不免『分段妄生』而『由此輪轉』。這在《楞嚴經》中早講過了，您懂不懂呢？」你們就這樣問。

大師們如果反問你的所證，你就說：「我們證的第八識如來藏，從來不在六根與六塵中，不曾落入『十二區分』之內。而『十二區分』的六根六塵都由祂出生，只存在於如來藏的表面運作；而如來藏從來不落在十二處中。要這樣實證的人，才能免除『分段妄生』而出三界。離念靈知六種自性全都是在十二處中，自始至終不離三界法。必須是親證本來就不在三界法中的如來藏心，才能出三界；您這個離念靈知和祂所擁有的六種自性，都只能在三界法的十二處中運作，從來不能離開『十二區分』而存在，那您所悟的都是三界中的無住法，怎能出三界？出三界的法是從來都不在六根六塵中的常住法，可是您離念靈知六種自性全都離不開六根六塵。」有的大師們會私底下狡辯：「我們離念靈知可以離開六根六塵，打坐進入定中就沒有六根與六塵了。」「您在定中眞的都沒有『十二區分』了嗎？當您住在定境法塵中，還有沒有離念靈知心存在？」「有呀！還有離念靈知存在。」「那您在定中領受一念不生的法塵時，縱使您能夠離開五塵，不過是進入第二禪的等至位而已，依舊有定境法塵與意根、意識存在，這還是在三界境界中，不曾出離『十二區分』之外，哪裡有出三界？」

你這麼問，大師們眞的沒辦法跟你對話。你所講的，他們聽不懂，也無法答辯；而他們根本不知道你所證的第八識如來藏境界，當然也無法提出合理的質疑。所以會外有人說：「蕭平實所說的法是如來藏，與別人所證都不同，所以佛教界無法跟他對話。」他們這句話當然是在罵我，但是我完全承認。我可以與佛教界所有人對話，因爲我知道所有人的落處；但他們本來就無法跟我對話，因爲他們根本不知道如來藏的智慧境界，要怎麼與我對話？他們所證的法，全都在十八界內，都不離三界法；而我所證的法是三界外法，他們都不知道我的修證內容，要怎麼跟我對話？所以我接受的是：佛教界所有大法師們都無法與我對話。

都是因爲對六種見聞知覺性的生滅無住不能如實觀察，由此產生了六種雜亂妄想而成就異熟業性的緣故，他們將會永遠落入「十二區分」之內，永遠無法超脫於「十二區分」之外；於是永遠不會想要取證不墮於「十二區分」的第八識如來藏，當然會想要世世保有六種自性，永遠無法歸回到始終不變而同一妙眞如性的本來面目——如來藏；當然也是永遠無法親證如來藏，也就無法證得「金剛三昧」了，又如何能進入金剛三昧智慧境界中安住其心？「入三摩地」也就成爲空談了！想要證得「金剛三昧、入三摩地」的人，都必須先「入流亡所」，也就是先否定六種自性的常住不壞性，因爲六種自性只不過是六識的自性罷了！六識卻是要假藉「十二區分」的六根六塵才能出生與存在，然後才能有能見乃至能知等六種自性運作。當他們都還執著「十二區分」爲緣才能出生的六識自性時，顯然是還沒有「入流亡所」而具足我見的凡夫，各自示人以證悟聖僧的身分時，就成爲大妄語人了。

不落入「十二區分」的佛性，是如來藏自身的妙眞如性；明心者可以體驗妙眞如性確實存在，但無法眼見；十住菩薩卻可以眼見妙眞如性，就稱爲眼見佛性。當六識的六種見聞知覺性出現時，同時也有另一種不區分爲六種自性的另一種自性，就是如來藏顯示出來的妙眞如性，我們就稱之爲佛性。

這是可以眼見的，見性的人聽我這麼講，他們都點頭，表示他們都知道了！若是還沒有見性，你一定聽不懂我在說什麼。不論怎麼理解都還是聽不懂的，即使已經明心了也還是一樣聽不懂。佛性只有一種自性，並不區分爲六種，但祂卻通流於六根之中，也通流於十住菩薩所不能知的其他範圍中；所以我說佛性是一個總相，而想要眼見佛性的人，必須要在總相上見。

一旦親證佛性了，眼見分明了，都可以現觀佛性之中不曾分爲二種乃至六種，就只是一個總相；這時就算是「六亂妄想」的眾生不斷處在「十二區分」中，你也不會隨著他們六識自性的「六亂妄想」輪轉，依舊直接看見眾生的妙眞如性——佛性。可是如果沒有證知見聞知覺性之中另外有一個總相法——如來藏妙眞如性——佛性，又沒有明心，就只能跟著六種自性輪轉而落在六亂妄想中。於是由於「六亂妄想」而產生惡見，成就了異熟種子等業性，就必須在十二處中運作，由離念靈知心在十二處中了別；雖然覺知心中離語言文字，卻仍然是在「十二區分」之中，以六識自性廣作種種了別的，這怎麼可以說是無分別心呢？由此就會輪轉不斷了。

本來如來藏的無漏有爲法出現時，祂只是唯一的精明性，就是佛性；但是因爲「六亂妄想成業性故」就分離出六個自性來，所謂眼能見、耳能聽、鼻能嗅乃至意能知。可是惟覺法師還在那邊講：「師父這邊說法的一念心，你們聽法的一念心，就是眞如佛性。」這正是落到「六亂妄想」了，就由於不能返歸唯一佛性而落入「十二區分」中，當然就「由此輪轉」了。因此，世間就因爲聲香味觸等六塵與六根，就在「六亂妄想成業性故」的狀態下，「窮十二變爲一旋復」；不論往生到何處去，不論如何旋復來去，始終逃不出根塵等十二處，永遠都在「十二區分」之中。甚至當代號稱大修行人或證悟聖僧的大法師們，也都一直在六根與六塵中旋來復去，始終都無法離開；這當然是搭乘著「六亂妄想」，所以在十二變中不斷輪轉旋復，永遠離不開十二類眾生範疇。連號稱開悟的大法師們都是如此了，何況一般不修行的眾生們，當然更是由於這種顛倒相的緣故，不斷旋復而有世界中的十二種類生命存在，所謂卵生、胎生、濕生乃至非有想非無想。然而這些眾生是如何「乘此輪轉顛倒相」而不斷出生在這十二類有情中呢？下面經文中 世尊隨即接著開示：

**【「阿難！由因世界虛妄輪迴動顛倒故，和合氣成八萬四千飛沈亂想，如是故有卵羯邏藍流轉國土，魚鳥龜蛇，其類充塞。由因世界雜染輪迴欲顛倒**

故，和合滋成八萬四千橫豎亂想，如是故有胎遏蒱曇流轉國土，人畜龍仙，其類充塞。由因世界執著輪迴趣顛倒故，和合軟成八萬四千翻覆亂想，如是故有濕相蔽尸流轉國土，含蠢蠕動，其類充塞。由因世界變易輪迴假顛倒故，和合觸成八萬四千新故亂想，如是故有化相羯南流轉國土，轉蛻飛行，其類充塞。由因世界留礙輪迴障顛倒故，和合著成八萬四千精耀亂想，如是故有色相羯南流轉國土，休咎精明，其類充塞。由因世界銷散輪迴惑顛倒故，和合暗成八萬四千陰隱亂想，如是故有無色羯南流轉國土，空散銷沈，其類充塞。由因世界罔象輪迴影顛倒故，和合憶成八萬四千潛結亂想，如是故有想相羯南流轉國土，神鬼精靈，其類充塞。由因世界愚鈍輪迴癡顛倒故，和合頑成八萬四千枯槁亂想，如是故有無想羯南流轉國土，精神化為土木金石，其類充塞。由因世界相待輪迴偽顛倒故，和合染成八萬四千因依亂想，如是故有非有色相成色羯南流轉國土，諸水母等以蝦為目，其類充塞。由因世界相引輪迴性顛倒故，和合咒成八萬四千呼召亂想，由是故有非無色相無色羯南流轉國土，咒咀厭生，其類充塞。由因世界合妄輪迴罔顛倒故，和合異成八萬四千迴互亂想，如是故有非有想相成想羯南流轉國土，彼蒱盧等異質相成，其類充塞。由因世界怨害輪迴殺顛倒故，和合怪成八萬四千食父母想，如是故有非無想相無想羯南流轉國土，如土梟等附塊為兒，及破鏡鳥（等）以毒樹果抱為其子；子成、父母皆遭其食，其類充塞。是名眾生十二種類。」】

講記：「阿難！由因世界虛妄輪迴性質而動顛倒的緣故，和合了動性而造成八萬四千種類的上飛與下沈等亂想，由這樣的緣故而有卵生類的受精卵流轉於世界國土中，所以魚、鳥、龜、蛇，卵生的種類充塞於欲界中。由因世界雜染輪迴性質而欲顛倒的緣故，和合滋潤成爲八萬四千種橫走豎行的亂想，由於這樣的緣故而有胎生的受精卵流轉於世界國土中，於是才有人類畜生天龍與仙人，這一類胎生有情充塞於世間。由有世界中的執著輪迴性質而趣顛倒的緣故，和合軟性體質而成爲八萬四千種翻覆亂想，由於這樣的緣故而有濕相的軟肉有情流轉於國土中，就是含藏著愚蠢無明的蠕動類有情，這一類有情充塞於世界國土中。由因世界變易輪迴性質而假顛倒的緣故，和合境界觸而成就八萬四千種新舊亂想，由於這樣的緣故而有變化相的硬肉有情流轉於世界國土中，轉易蛻變身體而可以在天空中飛行，這一類有情也是充塞於人間。由因世界留礙輪迴性質而障顛倒的緣故，和合耽著這種顛倒想而成就了八萬四千種精明光耀的亂想，由這個緣故而有具有色相的硬肉流轉於世界國土中，作爲人們占卜吉凶的精靈光明，這一類有情也是充塞於人間。

由因世界銷散輪迴性質而迷惑顚倒的緣故，和合了暗鈍而成就八萬四千種陰暗幽隱的亂想，由這樣的緣故而使無色生命流轉於世界國土中，化入虛空中而無眞實色體，其心是銷滅而暗沈的，這種有情也充塞於世間。由因世界罔象輪迴性質而影顚倒的緣故，和合了影顚倒而想像成就八萬四千種沈潛結縛的亂想，由這樣的緣故而有了知相等一類生命流轉於世界國土中，就是神、鬼、精、靈等有情，這些種類有情也充塞於世間。由因世界愚鈍輪迴性質而有癡顚倒的緣故，和合冥頑而成就八萬四千種枯槁的亂想，由這樣的緣故而有了無想的一類生命流轉於世界國土中，他們的精神化入土木金石之內，這一類有情也充塞在人間。由因世界相待輪迴性質而虛僞顚倒的緣故，和合雜染而成就八萬四千種互相爲因、互相依止的亂想，由這樣的緣故而有各類本無色相而藉他法成就色相的軟肉流轉於世界國土中，譬如各類水母等藉著蝦子以爲眼目，這一類有情充塞於世間。由因世界相引輪迴一類而性顚倒的緣故，和合咒語而成就八萬四千種互相呼召的亂想，由於這個緣故而有非無色相的無色身有情流轉於世界國土中，這一類互相以咒語呼召或驅趕的有情類充塞於世間。由因世界中有人以虛假之心使他人誤以爲是眞心與之合作，不免輪迴一類而無知顚倒的緣故，互相和合而心中各有異想，成就了八萬四千種迴互亂想，由這樣的緣故而有非有想表相所成就的有想硬肉流轉於世界國土中，那些土蜂一類的寄生蜂等有情，藉別種有情不同色質的色身互相成就，這一類有情充塞於人間。由因世界怨害輪迴性質而殺顛倒的緣故，和合變怪之心性而成就八萬四千種殺食父母的怪想，由於這種緣故而有非無想相的無想硬肉流轉於世界國土中，猶如土梟等有情附塊築巢爲其兒女，以及破鏡等有情以毒樹果抱返餵子，以免其子被害；然而這一類兒子長成以後，父母都遭到殺害而食，這一類有情也是充塞於人間。這就是我說的眾生十二大種類。」

「阿難！由因世界虛妄輪迴動顛倒故，和合氣成八萬四千飛沈亂想，如是故有卵羯邏藍流轉國土，魚鳥龜蛇，其類充塞。由因世界雜染輪迴欲顛倒故，和合滋成八萬四千橫豎亂想，如是故有胎遏蒱曇流轉國土，人畜龍仙，其類充塞。由因世界執著輪迴趣顛倒故，和合軟成八萬四千翻覆亂想，如是故有濕相蔽尸流轉國土，含蠢蠕動，其類充塞。由因世界變易輪迴假顛倒故，和合觸成八萬四千新故亂想，如是故有化相羯南流轉國土，轉蛻飛行，其類充塞。」先講十二類有情中的四生。「四生三有」中的四生，就是卵胎濕化四大類有情。由因世界虛妄輪迴之中的眾生心，不能安止於絕對寂靜的涅槃境界，想要攀緣於六塵諸法，於是心動而產生了種種顚倒見的緣故；於是如來藏的大種性自性就會和合這種動力（這種動力就稱爲氣），成就了八萬四千種飛翔與沉潛的種種不同了知性。飛是以鳥類爲主要，是一直很好動而無法安住的；除了大型鳥類以外，所有小型鳥類都是每啄一下，以及把頭轉動看一下，尾巴就都要翹一下或晃一下；身體也是不斷動轉，這就是動顚倒。

你會覺得奇怪：牠爲什麼要這樣動？只要把頭轉一轉，觀察有沒有危險就行了，爲什麼尾巴每次都要跟著翹一下？而翅膀也常常要拍動？這就是動顚倒，小型鳥類的顚倒就是如此明顯。而眾生的「**動顚倒**」都只是層次或程度的大小差別，全都不離這種動顚倒。就由於這種緣故，「**和合氣成八萬四千飛沈亂想**」。爲什麼又說下沈的也是因爲「**動顚倒**」的亂想？龜、蛇、魚等類，都屬於下沈類的亂想。一切有情都有「**動顚倒**」而生的亂想，但以飛行類的有情最爲明顯；所以一大群鳥在天空飛翔時，往往是帶頭的一隻沒來由地突然轉向，然後一整群鳥都快速跟著轉向，那個反應眞快，快得不得了。下沈類有情在「**動顚倒**」中，則是以魚類最快速；一群魚安祥游著水，往往一個黑影出現時，突然間就整群魚都轉向，後面的變成在前面，原來在前面的變成在後面；不斷地變來變去，有時往往都沒有原因就變了，這都是「**動**

顛倒」產生的亂想。

由於有「世界虛妄輪迴動顛倒故」，產生了八萬四千種飛沈亂想，於是就有了「卵羯邏藍」等卵生動物，流轉於國土中。羯邏藍是講頭七天的卵還沒有形成色身的模樣，所以說是「羯邏藍」。人類一樣有羯邏藍，所以人類處胎的第一週就叫作「羯邏藍」，還只是卵的模樣；雖然卵細胞一直都在分裂著，但在頭七天看起來似乎還是像個卵，因為還只有一團，看來似乎還是卵，所以也叫作羯邏藍。綜而言之，「羯邏藍」是指剛剛受生時的生命，這一句「卵羯邏藍」是講卵生動物的受精卵。由於「動顛倒」的緣故，才會有八萬四千種「卵羯邏藍流轉國土」，也就是有八萬四千種卵生的飛翔類及下沈類的有情，流轉於國土中；於是世界中到處都有卵生類的有情充斥著，也就是「魚鳥龜蛇，其類充塞」。

而這一類有情為何說是「和合『氣成』」的？是因為這類有情並不是從母體中一分一分取得四大來生長色身的，而是牠們生長成色身所需要的四大，母體已經一次具足供給了；而這一類有情藉著「動顛倒」而以「氣」—動力—將這些四大剛剛好轉化成自己的色身，而不是一分又一分從母體中陸續取得四大來變生的，所以名為「氣成」。以上是先講卵生類的有情。

接下來說：由於世界中的雜染輪迴（前面卵生有情是虛妄輪迴，爲什麼是虛妄輪迴？因爲牠們的了知性都是虛妄的。但卵生有情的了知性，相應的雜染比較少，雜染最多的就是人類，所以胎生類屬於雜染輪迴，而卵生動物屬於虛妄輪迴。卵生有情根本就不曉得自己的五陰、十八界虛妄，完全無知，就在虛妄法中執著自己與我所，全都當作眞實有，所以是虛妄輪迴），然而人或動物等胎生有情，卻是雜染輪迴。或許有人想：「你說人類雜染，我倒是相信，然而動物也有雜染嗎？」怎麼沒有呢？你們看動物影片中兩隻動物的鬥爭，有時鬥爭到幾乎沒命，都只爲了擁有一群妻妾，也就是爭奪一群母羊、母鹿、母象一類，於是爭鬥到負傷累累，幾乎是你死我活。有些比較凶狠的動物，則是非要鬥爭到對方死亡不行，只因爲爭奪交配的權利，當然表示有雜染。

如果雜染少一些，就應該像人類保持一夫一妻，心中也不妄想別人的配偶，才能夠說是雜染比較少。但這只是在相對層次上，來說雜染少。如果結婚以後，看見別人漂亮的老婆時就想搶過來，或者看見別人英俊的丈夫就想搶過來，一個換過一個，這就是嚴重雜染了。所以，雜染很少的人就得要標榜，古時才會有那麼多貞節牌坊來標榜守寡扶養孩子長大的女人；因爲這是很稀有的，所以可貴，就由皇帝頒發誥命，地方官就幫她建貞節牌坊。因爲她們在身行上面是沒有雜染的，當然不管她們心裡怎麼想，但是終其一生是不再婚嫁而專心扶養孩子長大。

當然，事實上她們心中都一樣是有雜染的，所以有一位守貞不嫁的寡婦，當她的兒子死了以後不久，她就把一袋銅錢交給她的媳婦，媳婦說：「婆婆！您交給我這一袋銅錢做什麼？」婆婆就告訴她：「你知道我年輕喪夫，把你的丈夫撫養長大，是怎麼熬過來的？」她就教她每天晚上熄燈睡覺以後，把這袋錢幣往地上甩，然後自己再去地上暗中摸索，要把那五十個銅錢找齊才可以睡覺；等到全都找齊了，已經快要天亮了，也就不再想著死去的丈夫或改嫁的事了。其實心中不是不想，是沒有辦法打發時間，就用這個辦法來打發，取代了很想改嫁的念頭，那當然還是雜染。所以，只是依表相上看，認爲她守寡持節把兒子撫養長大，令人尊敬，其實心中還是亂七八糟；不過在世間法上已經夠難得了，所以皇帝依據地方官的報告，下令爲她建立貞節牌坊。

所以人類有雜染，本來是正常事；胎生有情的世界，正是因爲雜染而有輪迴。「雜染輪迴」則是因爲「欲顛倒」而產生的。譬如死了以後到了中陰身階段時，遇見了過去世曾經跟他有緣的一對夫妻，那一對夫妻是他的祖父母死後重新受生成人，如今可以當他的父母了；當他看見了，已經無法再想說：「這一對夫妻曾經是我的祖父母，我不該對他們生起欲想。」可是當那對前「祖父母」正在和合時，他就對那個女人生起欲想，於是就加入雲雨戰陣中，老是覺得前世的祖父男生礙手礙腳，心中貪愛那個女人，這正是「欲顚倒」。那時顧不得那個女人是前世的祖母了，只因爲前世祖母受生再來時，看起來是美麗年輕的女人，所以他就因爲欲顚倒而加入戰團，就這樣在欲顚倒中入胎了。

正因爲這樣，所以他出生以後總是喜歡媽媽，不很喜歡爸爸；若是會喜歡爸爸，當然是因爲爸爸眞的好疼他，所以他才喜歡；但是在他出生剛剛會認人時，其實是不喜歡的。女生也一樣，女生總喜歡找爸爸，男生喜歡找媽媽，都是由於入胎時的「欲顚倒」而產生的。所以胎生有情都是「雜染輪迴」一類，由於「欲顚倒」而「『和合』滋成八萬四千橫豎亂想」。「和合」是說胎生有情入胎時通常是在父母和合時，不是像卵生、濕生、化生類有情，不一定在父母和合時受生。「滋成」是說胎生有情都要假借父母精血混合而滋潤，才能成就色身。「橫」是指用四隻腳走路而使身體打橫；若是用兩隻腳走路，身體就打直了，名爲「豎」；凡是胎生有情，行走時不外乎豎行與橫行二種。由於世界中的「雜染輪迴」而有「欲顛倒」，就出生各種橫豎有情的亂想，就有「胎過蒱曇流轉國土」。

當「胎過蒱曇流轉國土」時，就有「人畜龍仙，其類充塞」。既說是「橫豎亂想」，人是豎的，仙也是豎的；但是有一些仙卻是橫的，比如動物在過去世修過神通，因爲造惡業而下墮畜生道中；這一世又精修神通而成仙，可以化現爲人身的樣子；雖然不是肉身，只是個影像，卻是直立的；但回歸原形時仍然是橫的，因爲牠們的正報是橫身行走的。龍也是橫的，龍也屬於畜生類；龍有四種，這裡是講胎生龍。龍也有卵胎濕化四種，就好像金翅鳥也有卵胎濕化四種；化生龍是最高級的龍，卵生龍是最低級的龍，現在且不談它。由於「雜染輪迴」而產生的「欲顛倒」，也就是男女欲的顛倒想，所以「有胎過蒱曇流轉國土」，就是人類、畜類、龍類、仙類，有這些眾生充塞於世界中。

接下來是由於因爲世界中有一種眾生是「執著輪迴」，不屬於「雜染輪迴、虛妄輪迴」，而是執著性的輪迴眾生。這些眾生是只執著有一個色身就行了，至於其他的都不會想到或執著，只要每天有食物可以維持色身就行了，這一種「執著輪迴」的有情就會成爲「趣顛倒」。「趣」是產生一種勢力，他對某一種事物有興趣，所以產生了往那裡去的勢力。「趣顚倒」的緣故，使這一類有情不懂得趣向人道、趣向天道或比較高級一些的畜生道，所以就趣向低層次的有情類中。所以「和合軟成八萬四千翻覆亂想」。軟，是指身體是柔軟無骨的低等動物，譬如無殼蝸牛（蛞蝓）、蚯蚓、蛔蟲、水蛭一類的小動物；這一類卑賤有情就是「八萬四千翻覆亂想」所成的。牠們的知覺是「趣顚倒」而只執著色身，又因爲無量劫以前生在人間時，愚蠢柔弱又不懂道義，只求卑賤地生存著；不論多麼卑賤都無所謂，只要能生存就行。世界中有這一類有情心性的緣故，所以「有濕相蔽尸流轉國土」。蔽尸也是人類受生後第三個七天的狀態，而這一類有情出生後就像是那個樣子；這一類有情就是「含蠢蠕動」一類眾生。

「含蠢蠕動」一類有情，諸位若是有空時，慢慢再去田野裡觀察，多得不得了！譬如女生很怕的是黑黑的、會吸血的水蛭，俗稱螞蝗。就像這一類的「含蠢蠕動，其類充塞」，眞是到處都有。牠們所認知的只是有一個身體生存就行了，不懂求好、求善、向上，所以成爲「翻覆亂想」。這一類有情有一種共通的法相，就是「濕相」；所有軟體動物身上永遠都是濕潤的，沒有一剎那是乾的，除非死掉了。而這一類「含蠢蠕動」都是「執著輪迴」而且「趣顛倒」，牠們在旁生類中生存時，是在非常無智的情況下生存著，連色塵中的明暗都看不見，智慧非常低劣；正由於這樣的心性，所以產生了「濕相蔽尸」，「其類充塞」。

接著是化生類有情。由於因爲世界中有「變易輪迴」的有情（因爲這一類有情會轉變色身，用另外一種形色來代替，所以名爲變易），這種變易的輪迴，只是一種假相，變易前與變易後全都是生滅假有而不是常住的眞實法；但這一類眾生並不瞭解，所以叫作「假顛倒」。也因爲「化以離應」的緣故，到了一個時候就開始厭惡舊身體，想要變成新身體，這種「想」也是顚倒，所以也因此而說是「假顛倒」。這種「變易輪迴假顛倒」，是在舊形體中和合了觸覺而演變成功的；牠們完全是藉著觸覺而演變成爲新的形體，若是沒有觸覺提供訊息，牠們是無法演變成新形體的，所以說「和合『觸成』八萬四千新故亂想」。也因爲是厭故趣新，同樣是低等有情，所以名爲「新故亂想」。但因爲有情心想多變不一，所以「新故亂想」便有八萬四千種之多。

由於非常多的「新故亂想」，「如是故有化相羯南流轉國土」；「化相」是說前後變化出不同的法相，「羯南」在古時稱爲「硬肉」，因爲牠們的身體通常有硬殼而沒有骨架。換句話說，這一類有情死後遇到有緣的受精卵時就入住於卵中；卵成熟以後出生爲小蟲，每天沒日沒夜地吃，只有「亂想」，也就是只有「了知餓與吃」而不能作思惟觀察，所以出生後就不斷地進食；由於努力吃而長大了，就緣於「新故亂想」停止進食不動，然後變成蛹；接著通常是在四週之內轉變成新的身體，蛻離蛹殼而成爲有硬殼的昆蟲，所以叫作「化相羯南」——變化相的硬肉。這一類有情都同樣具有「新故亂想」而變易色身的，所以往往從水生變成陸生，從地生變成飛翔，有種種不同。

譬如蜻蜓的卵孵化以後，掉到水裡成爲水生動物；在水中生長爲成蟲以後，又爬到樹上結成蛹，然後再孵化變成蜻蜓。又如甲蟲本是土中生物，後來成蛹而變成飛行的昆蟲。又如蝴蝶的幼蟲本是陸生的蟲類，成長爲蛹以後再變爲蝴蝶，成爲飛行類的昆蟲；這些都是由於「新故亂想」而藉著身體中的觸覺引生了境界觸，於是產生體內的變化行爲。然而這一類有情，爲什麼會成爲這種變化相的低等有情呢？原因就是往昔在人間時，完全沒有生爲人類應有的品德與操守；只要對自己有利，他可以隨時隨地因應環境而變來變去，完全不管人格中應有的品德。這種人就由於狡辯得利、不擇手段的心性，隨時捨離舊說、舊主、舊居、舊環境，甚至隨時都可以改變身分而做出對老朋友、老長官不利的事，毫無人情故舊可言，只要對自己有利就行了；卻不知道世間的利益都是虛假不實的，於是由於這種「新故亂想」而不斷地追求不正當的利益。當他一生都這樣子，而且做到很嚴重以後，死後就感應到「化相羯南」的果報，於是成爲蝴蝶、蛾類、蜻蜓、甲蟲、蝗蟲等類有情；想要再回來人間當人，是很困難的，因爲會繼續熏習「新故亂想」而持續留在化相世界中。牠們都不想讓人知道自己的存在，都想要逃避異類覺察到牠們的存在；所以蝗蟲什麼時候變成一大群的？大家都不知道，牠們總是同一個時間孵化出來，突然間出現了，然後就開始大吃特吃了；所過之處，幾無綠葉與嫩芽。這一類都是「化相羯南流轉國土」。爲了避免被人覺察到，所以都是轉蛻而且都會飛行，而這一類動物也是無量無數。

這四種有情，如同 世尊在卷四中所說：「卵唯想生，胎因情有，濕以合感，化以離應；情想合離，更相變易；所有受業，逐其飛沈；以是因緣，眾生相續。」這就是講四生的受生了。卵生有情都因爲對六塵的了知有所執著而受生，牠們不是因爲對父母有顛倒想所引起的貪愛而受生的；胎生有情則是因爲對父母有顛倒想而起貪愛，所以入胎受生；濕生有情則是與受精卵聚合而被吸入卵中受生，化生有情則是以遠離舊身的「新故亂想」而感應受精卵，變化身體而遠離舊身，所以入住卵中成爲化生有情。正因爲情、想、合、離等狀況變來變去，所以欲界中的四類有情眾生就這樣持續在欲界中不斷輪迴。

「**由因世界留礙輪迴障顛倒故，和合著成八萬四千精耀亂想，如是故有色相羯南流轉國土，休咎精明，其類充塞。由因世界銷散輪迴惑顛倒故，和合暗成八萬四千陰隱亂想，如是故有無色羯南流轉國土，空散銷沈，其類充塞。**」這是講有色與無色有情的差異性。因爲世界中有「留礙輪迴」；「留礙」是說被物質性的身體所牽絆，不能來去無礙。前面卵胎濕化當然也是被物質牽絆住，但是這裡講的是說不在卵胎濕化四種粗重色身中的有情類，而是另外還有比較微細色身的有情，一樣是被有色的物質色身所拘繫住。只要有物質就會有留礙，不論那種色身物質多麼微細，終究是有物質性，當然就會被色身所留礙而無法隨意來去。

譬如水有物質性，所以能用杯子把水裝住。如果水不是物質，你就無法留住它。空氣是不是物質呢？有沒有人認爲不是？如果空氣不是物質，你就沒有辦法灌氣球了；如果空氣不是物質，你就無法呼吸了；所以空氣也是物質，當然可以留住它。凡是有物質性，就會有留礙性。凡是有色身的有情，一定會被那個境界留住而無法隨意來往其餘處所，這就是有「留礙」性質的

「輪迴」，就稱爲「留礙輪迴」。既然是「留礙輪迴」，一定是有障礙性；但眾生都不知道這種障礙性，而一心想要取得色身，譬如欲界天身、鬼道色身……，所以名爲「障顚倒」。

然而取得色身而成爲「留礙輪迴」的有情，只是前因所成就的結果，而前因則是「障顚倒故」。都因爲往昔「障顚倒故」，迷於自身如來藏妙眞如性本有的光明無礙，反而貶己崇他，奉事日月水火等自性，以太陽的能照火熱、月亮的能照清涼、水的除垢、火的熱淨，作爲萬物的根源，極力崇拜；並藉日月水火乃至珠蚌的光明，作爲休咎吉凶判別的準繩；由於迷於事相而昧略於實相，誤導自己乃至誤導眾生的法身慧命，死後就因爲「留礙輪迴障顚倒故」迷於法界因，耽著於種種具有光明性的物質，於是和合這些物質而出生爲「八萬四千精耀亂想」有情中的一種；上焉者即是九曜鬼神，附麗於日月等星辰；下焉者成爲發光一類硬肉有情，名爲「有色相羯南」，譬如蚌蛤一類的有情；然後由這些有情作爲外道判決休咎的感應徵象：依據所取得的日月星辰或蚌蛤等徵象的光明性，供人作爲占卜吉凶的工具。休就是無事的吉象，咎就是不吉的凶象。由此緣故，所以「休咎精明，其類充塞」。

但這一類有情全都是欲界中法，但屬於有色、有物質的有情，迷於自心如來藏的妙眞如性，全都向外境中取法而成爲「障顚倒」，當然就成爲「留礙輪迴」一類的有情了。「精耀亂想」，是說外道無知崇拜取法於這種具有物質的發光色相，產生不如法的虛妄思惟，所以叫作「精耀亂想」；以這種「精耀亂想」來判吉凶就叫作「休咎精明」，而被用來判定吉凶的有色羯南就是這一類有情。這一類有情上從九曜，下至蚌蛤乃至鬼神，都被微細色法留礙而有「障顚倒」，「其類充塞」，於欲界中處處可見。

接下來是欲界中的無色類有情。由於因爲世界中的有情心裡有「銷散輪迴」的「惑顚倒」，所以和合了這一類迷惑而不想擁有色身，成爲「銷散輪迴」的有情；卻不知道無色依舊是有分段生死，依舊不免輪迴，所以稱爲「惑顚倒」。譬如老子《道德經》說：「吾所以有大患者，爲吾有身。及吾無身，吾有何患？」意思是：因爲我有色身，所以我有大患，免不了生病與死亡；等到我沒有色身時，既不會生病也不會老死，我還會有什麼災患呢？中國古人還沒有聽聞佛法之前，能夠想到這一點，也是很有智慧的。外道修行人之中，也有這樣的想法；但因爲智慧不夠而不懂得分辨有情層次的高低，只是一心想要滅除色身，卻又不能離欲而修證禪定，於是就只能留在欲界中滅除色身，成爲「空散銷沈」的無色有情，心地「陰隱亂想」而成爲「無色羯南」，流轉於欲界國土中。

有一類外道們則是不知自己第八識心性的光明，落入識陰之中，只知道色身的虛妄而想要滅除色身，卻不懂得修定往生四空天，於是就產生了迷惑顚倒，一心滅除色身而保留著「心想」，成爲欲界中「銷散輪迴」一類有情。但他們都不知道涅槃離苦的境界，沒有智慧而成爲「惑顚倒」，所以把色身銷散掉以後，卻不曉得還是處在輪迴之中，所以叫作「銷散輪迴」。這一類有情由於這種無明顚倒的緣故，和合幽隱妄想而在暗沈境界中，「**成八萬四千陰隱亂想**」。因爲這種亂想很微細，所以稱爲「**空散銷沈**」。

人間修行人所修的一念不生覺知心，可就太粗顯了，因爲依於色身而顯示心想；而這類眾生的精神狀態是很陰暗幽隱的，而且是化入欲界虛空中而非常隱晦的。爲什麼又名爲亂想？即使心中都沒有語言文字，仍然是亂想，因爲是顚倒想。由於銷散輪迴的惑顚倒，所以就有了無色羯南（這個羯南只是一個方便稱名施設，因爲仍然要透過中陰才往生過去），變成欲界的無粗色有情眾生，成爲遊魂野鬼一類，充斥於欲界中。他們的知覺性非常微細，很難發覺；他們飄流於虛空中到處存在，所以叫作「空散銷沈」。

這種無色眾生也是充塞於世間，當他們的壽命終了時，覺知心還是會再強烈現起，才知道這也不是能使他離開生死大患的境界，所以又要重新回到粗色境界中；但因爲福德不夠，心想低劣，所以如果有人用消毒過的很銳利刀片，譬如生物學家把一條蚯蚓消毒後從環節切成七段，這七段都活過來了！究竟是從哪裡來的如來藏心入住呢？正是這一類「**空散銷沈無色羯南**」，爭先恐後搶當蚯蚓，於是七段都活過來，又重新生長成具足色身的蚯蚓了！這就是「其類充塞」的「空散銷沈無色羯南」受生於旁生之中。

「**由因世界罔象輪迴影顛倒故，和合憶成八萬四千潛結亂想，如是故有想相羯南流轉國土，神鬼精靈，其類充塞。由因世界愚鈍輪迴癡顛倒故，和合頑成八萬四千枯槁亂想，如是故有無想羯南流轉國土，精神化為土木金石，其類充塞。**」接著說「有想」與「無想」。因爲世界中的眾生有「罔象輪迴」的「影顛倒故」，所以就有各種「想相」，也就是有了知相的「神鬼精靈，其類充塞」。「罔明」就是無明，有一部經中記載，佛陀吩咐文殊師利說：「**在我座旁的女人，你把她叫出定吧！**」文殊師利使盡各種智慧，就是無法叫女人出定。佛陀接著指定從下方很遠世界來的修證較低的罔明菩薩來叫女人出定，罔明是初地菩薩，在那位女人的耳邊一彈指，女人就出定了。因爲這位菩薩叫作罔明菩薩，也就是無明菩薩。無明菩薩就是習氣種子還沒有開始斷除；那女人很喜歡住在定中，認為這樣就是眞修行，認為一念不生時就是涅槃，所以要常常住在「涅槃」中，不要再輪迴了。而這個知見現在遍滿了整個台灣佛教界（編案：這是二○○二年時所講，現在台灣佛教界的知見已經有顯著提升而開始認識解脫道與佛菩提道了）。這種知見就是無明，因為一天到晚執著定境而誤以為是涅槃，所以要每天長時間住於一念不生境界中。不論文殊師利為她如何說法，全都沒有用處；因為她被無明遮障了，全都聽不進去；所以給她最好的佛法都沒有用。可是修行較差而初離三賢位的罔明菩薩來了，只要在耳邊一彈指，打擾她的定境，她就出定了。

「罔象」，「罔」就是無，「象」是影像；由於某些人喜愛奉事神明，但又無法對神明的影像有所了知，純憑想像而不確定，但因為有神能明諸事，所以就殷勤奉事；譬如奉事樟樹神、柳樹神或石頭公、樹王公等。但因為終究無法明見此類神明的影像，純粹憑著臆測猜想，所以稱為「影顛倒」，就是對神明的影像無知，在心中有種種顛倒想像，於是成為「罔象」。這一類人的心中愛樂成為樹神、石神等神明，死後願意生為這一類的神明，就成為「罔象輪迴」的「影顛倒」者。這是落入聲光影像中，可是現在還是有很多人落入影像中，始終無法離開意識境界。由於「罔象輪迴影顛倒」的緣故，所以「和合憶成八萬四千潛結亂想」，因此就有「想相羯南流轉國土」中，於是「神鬼精靈，其類充塞」了。「想相」就是了知相。

萬變不離其宗，不論眾生怎麼變，始終都在意識或識陰範圍中。如今佛門中的修行人也是一樣，都想要一直保持著覺知，於是心中臆想不斷；上焉者，誤以為意識覺知心一念不生時就是涅槃；下焉者，貪求欲界中種種附木依石等小神明的境界，成為「影顛倒」；然後和合這些罔象憶想而各自成就「潛結亂想」，種類有八萬四千之多，於是就有了「想相羯南流轉國土」，死後成為神鬼精靈一類，充塞於欲界世間。上焉者則是繼續保持一念不生，平常大多隨分修習善業，來世繼續生而為人，繼續在佛法外門中修行；中焉者則是落入民間信仰中，成為乩童；下焉者就成為被各種樹神一類鬼神或精靈所驅遣的小鬼神了。這一類鬼神與精靈，充塞於欲界世間。

沒有智慧的人才會想要當樹王公、石頭公等鬼神或精靈。其實這些有情當了神明，還得要靠人間眾生才有得吃；人只要每天去上班八小時，都還有食物與生活用品，不愁生活。若是當了這一類鬼神，得要眾生供養才會有飲食；卻是要努力為眾生做很多事，才能獲得每天三盞水、三柱香，運氣好的話才會有一些水果或肉類。大部分人家裡供神時，都只是三杯水、一支清香；

只有逢年過節時，才會有豐盛的供養。所以當神還是要靠人類供養，才會有好日子過，那又何必去當神呢？有福報的鬼神當然也有很多，譬如各級城隍或大城中的土地公，幾乎每天都有雞鴨牛豬等肉類，卻是要爲人類作很多服務才能得到的，所以還不如當人。

也有人是因爲神的五通，所以想要當神。然而修學佛法是在於親證實相智慧，也是在於了生脫死，不是想要得神通；神通又抵不了生死，也無法了知法界的實相，終究無法成佛，乃至見道都不可能的。所以假使有人問你說：「聽說你悟了，你怎麼沒有神通？」你說：「我又不是神、不是鬼，要現什麼神通？」可是他們聽不懂這個意思。「不是神、不是鬼」的意思，他們都不懂，他們都無法瞭解；若是要講解起來，可還眞的很麻煩呢！所以答過也就算了。

因爲神鬼精靈都是「想相羯南」，就是怕覺知性消失掉。「想相」的想，是指了知之性；「想相」就是具有了知性的有情法相。有情都是懼怕了知性消失的，因爲覺知性消失掉的時候，精靈神鬼的所有神通全都不見了！因此，想要保持五種神通，不讓它消失，第一個基本條件就是保持覺知；而覺知正是意識的功能，所以意識若是中斷而使覺知消失了，所有神通就都不見了。可是如果想要使意識中斷而停止覺知的作用，眞的很簡單；譬如某人宣稱有大神通，不論他的神通威力有多大，只要把他打一針，意識中斷了，覺知性就消失了，神通也就無法再現起了。譬如有些人起妄想，或者身中著了鬼神，力大無窮，五六個人都不容易抓住他；後來硬把他弄到精神病院去，麻醉針打了，什麼神力都不見了，立即呼呼大睡，神通又在哪裡？所以，如果上帝哪一天出生到人間來找我，我說：「你的神通，我不看在眼裡。」他說：「你怎麼這樣講？」我說：「我只要把你打一針，就能把你解決了。」但是一般有情都很怕「想相」失掉，因爲「了知相」一消失掉的時候，神通就完全不能出現了。

這就是說，由於對有爲法中的「了知相」始終沒有辦法放捨，都在聲光幻影中不斷執著，又愛樂鬼神的五通，卻從來看不見鬼神的身像，所以成爲「罔象輪迴影顚倒」；死後就「和合憶成八萬四千潛結亂想」，於是欲界世間就有各種神、鬼、精、靈，到處充塞。但是如果你有了陰眼或天眼而看得見神鬼精靈時，其實都不需要懼怕。特別是你已經證悟以後，他們通常總是要避得遠遠的；因爲你的福德增大，不是他們所能比較的，所以你們都不必怕。而且他們也沒有能力傷害你，因爲他們的福德比你少太多了，也不是菩薩的身分，當然應該尊重你。

接下來說，由於因爲世界中有「愚鈍輪迴」而產生的「癡顛倒」，所以和合冥頑不靈的愚癡，成就了八萬四千種枯槁而無絲毫生機的亂想，因此而有不喜歡生起了知性的有情流轉於國土中。「愚鈍輪迴」是說眞的愚癡到極點，完全沒有智慧，所以因爲極度愚癡而產生顚倒想，無明到極點了，於是不想生起自己的覺知，卻不是經由修定來證無想定或滅盡定。人類中也有這種有情，認爲只要有一點點覺知，還是會輪迴，所以就不想自己保有覺知。這類有情自以爲比「想相羯南」有智慧，其實是比人家更沒有智慧。現在的台灣佛教也是一樣，有一些大師以爲自己比剛學佛的人有智慧，其實是比剛學佛的人更沒有智慧；因爲剛學佛的人都會想：「落入覺知心中，可能是有我、有生死的，應該不對吧？」但當代這些大法師們卻硬要徒眾們認定生滅性的覺知心就是常住眞心，以不能常住──無住──的覺知心作開悟時所應證的標的，那不是比一般學佛人更沒智慧嗎？

同樣的道理，「癡顚倒」的「愚鈍輪迴」眾生也是一樣愚癡，他們反過來想：「既然我的覺知存在就會有生滅，乾脆就把自己的覺知滅了。」他們是這樣想的，所以要每天打坐忘了自己或是坐到睡著了。可是其實不對，因爲覺知性的存在並不妨礙根本因的存在；他們都不曉得，而你想盡辦法爲他們說明也沒用，他們都不信，認爲自己是最有智慧的，所以堅持自己的看法絕不改變。他們都不曉得：把自己的覺知性除掉以後，根本因如來藏心中所含藏的虛妄想種子、業種、異熟種，仍然具足存在，不免要繼續輪迴。所以就以爲把覺知性滅了，使覺知性不再生起了，就免除輪迴生死了。

這在理論上似乎是可以成立的，其實不然；因爲他們心中又怕變成斷滅空，所以其實依舊保持一分極微細的覺知，只是不反觀自己罷了！於是住在好像沒有覺知的「枯槁亂想」之中。因爲這種想法是虛妄想，所以名爲「亂想」；而這個境界是「枯槁」的，了無生機而完全沒有智慧，對一切法也都不了知，如同無情一般，因此而說是「無想羯南」。這有一點兒類似非想非非想定，可是因爲他們從來不懂得修定，完全沒有定力，也沒有離開欲界愛，所以他們以愚癡的行爲把覺知心滅低到似乎不見了，其實還是存在著，只是全然不了別任何一法了，所以名爲「無想羯南」。

這類有情在人間時是這樣無智而不肯多聞正法妙理，就這樣邪精進而不反觀自己，誤以爲這樣就忘我、無我了，就是沒有覺知了。其實只是把自己給忘掉而已，並不是眞的沒有覺知，覺知心還是存在的。由於這個緣故，他就變成常常住在覺知性很微劣或中斷而不了知自己的狀態中。熏習成爲慣性以後，將來死後就轉變爲「**無想羯南**」，於是他的精神就化入土木金石之內，就依附在土木金石之中安住，不再生起覺知性。所以他們化入土木金石中，只是住在土木金石之中，覺知性不起作用，叫作「**精神化爲土木金石**」，並不是他們的精神眞的變成土木金石。這樣的有情死後精神化入土木金石中，以土木金石作爲他們的所依境界，就這樣安住下來。「**其類充塞**」，是說這一類有情數量也是很多。所以說「菩薩不踏生草」，也不亂動土石，原因就是要憐憫這種「**愚鈍輪迴**」的「**癡顚倒**」眾生。

……。（講經前的當場答問，因與本經法義無關，故移轉到《正覺電子報》〈般若信箱〉，以廣利學人，此處容略。）簡單的答覆完了，繼續講《楞嚴經》，今天要從一四四頁倒數第五行開始講：「**由因世界相待輪迴偽顛倒故，和合染成八萬四千因依亂想，如是故有非有色相成色羯南流轉國土，諸水母等以蝦為目，其類充塞。由因世界相引輪迴性顛倒故，和合咒成八萬四千呼召亂想，由是故有非無色相無色羯南流轉國土，咒咀厭生，其類充塞。**」

這一段是講欲界的非有色與非無色有情。這個非有色與非無色，不是指禪定修到四禪與四空定的境界，而是另外一種欲界的層次，其實都是有色類的有情。這是說，人間可看到某些生物看來似乎是無色的有情，呈現透明狀而不像是有情，但牠們其實仍然是有情，卻是要相待於別的有情來成就自己的色身，所以稱爲「**相待輪迴**」。而這種「**相待輪迴**」的有情是虛假不實的，只考慮自己的利益，沒有是非正義等道德觀念，也就是世間人所說的「沒有心肝肺腸」的自私自利者，所以說是虛僞──**僞顛倒**。在人間這樣虛僞的活著，對自己的後世並沒有利益，但他們都不曉得，總是落入顛倒想之中，以爲虛僞地討到不該有的好處，是對自己有利的，於是不理會是非正義，只求自己的私利，成爲沒有心肝肺腸的自私自利者；這一類人總是相待於其他有情而獲得自己的不當利益，這樣不斷熏習久了，將來捨報以後就墮落於「**僞顛倒**」想之中，於是成爲「**相待輪迴**」的有情，死後就出生爲沒有心肝肺腸的透明水母一類。

爲什麼說牠們屬於非有色的眾生呢？牠們並不是沒有物質色法，而是牠們的色身沒有明顯的色彩；泡在水中的時候是透明的，處於水中時是不容易看得見牠們的。在大海中，有一些很小的蝦或蟹，是與某種特定的水母共生，而水母沒有眼睛與心肝肺腸，藉著蝦蟹來瞭解外境，所以說牠們「以蝦爲目」。有一些水母則是與水藻共生，相待共榮，就成爲以藻爲目了。這一類看來似乎是沒有色法的有情，其實還是有物質色身的，只是泡在水中呈現透明狀，看起來似乎是沒有色身一般；而牠們也都沒有眼睛而無法接觸色塵，也得要與別的有情或無情相待存在，要與其他的生物共存共榮，所以是「相待輪迴」的有情。但牠們並不是爲了利益別人而這樣生活，只是因爲別人依靠牠們而生存時，牠們可以在其中獲得利益而生存下來，不是考慮別人的生存才這樣做的，所以是「相待輪迴」；而牠們的心態並不是爲了利益共生的有情，所以也是「僞顛倒」的有情。

這種有情與別的有情相待生存，自己沒有明顯的色塵相可以被水生有情遠遠就能看見，所以名爲「非有色相」。又因爲事實上牠們還是成就了物質色身，並非沒有物質色身，所以又名爲「成色羯南」。於是合名爲「非有色相成色羯南」。這樣的有情在人間大海之中或是河流出海處，到處流轉；又因爲牠們都沒有眼睛而不能看見色塵，也因爲這個緣故而說牠們屬於「非有色相」的有情，所以牠們的層次是非常低等的；牠們對身外的覺知功能是非常低等的，卻是因爲「相待輪迴僞顛倒」所造成的，所以又叫作「因依亂想」。由於這個緣故，牠們的本質還是「非有色相」所成就的有色羯南。

另外一種是世界中的有情「相引輪迴」，是以不正當的言語與手段，施設種種方便善巧互相引誘別人，來與自己幹同樣的事情；因此而不斷地輪迴於欲界中。由於「相引輪迴」一類的「性顛倒」的緣故，所以「和合咒成八萬四千呼召亂想」。「性顛倒」，是說這一類人全都在人間的種種事相上用心，運用各種乖巧手法來使另一方相信他，於是依於情執感召就成爲同類人；卻不知道這都是在造惡業，也是使自己的心性往下流轉，所以是「性顛倒」。「和合咒成」，是說這一些有情各自都有「相引輪迴」的「性顛倒」，又藉著各類咒語互相吸引，於是和合八萬四千種咒語而互相呼召，成爲八萬四千種呼召亂想。由於這樣的緣故，才會有看來似乎是無色質而其實仍有色質的「無色羯南」流轉於世界國土中；於是就有看來順眼的有情之間互相以祝福的咒語來祝福，於看不順眼的有情之間就以惡毒咀咒來持誦，想要咒死對方，厭惡對方生存於世界中，就是呼召這一類有情來達成目的。

這一類有情也是充塞於欲界中，如今不只存在於虛空界中，人間也是越來越多，這就是密宗裡面喜歡修練「息、增、懷、誅」四法的修學者。但密宗那些喇嘛們都不知道這樣修學以後，將來捨報將會與這一類有情互相吸引而成爲「相引輪迴」的有情；都是緣於不知法界實相而專門在外道法中熏習不已，於是「性顛倒」的狀況越來越嚴重，死後當然就成爲「非無色相無色

**羯南**」了；接著就生成這一類的鬼道眾生，每天都在愛厭之中專門從事「**咒咀厭生**」的愛恨情仇事業，與這一類有情互相吸引、互相咀咒，於是就輪迴不已，永遠都沒有超脫生死的時節因緣了！距離佛法的解脫與實相智慧，當然也是越來越遙遠了。而他們生前不斷持誦某些專與鬼神感應的咒語，結果就是死後招來持誦同類咒語的鬼神來接引；然後就因爲相同的心性，而持誦咒語時的手印標誌也相同，於是引爲同類，就跟著生到這一類「**非無色相**」的鬼道中，繼續呼朋引伴擴大勢力；這就是「**和合咒成八萬四千呼召亂想**」，都因爲「**世界相引輪迴性顛倒**」而和合在一起。這一些眾生每天不斷在心中念誦鬼神相應的咒語，同一類種族的鬼神就會持續來關心與護持，所以總是會因情執及心性相同而有一些感應；死後一定成爲他們的同類，因爲這個人生前唸咒而被鬼神護持，欠了這些鬼神很多人情，這就是密宗的本質。捨報以後，那些常常前來護持幫忙的鬼神們，就來拉他們去成爲同類有情，墮入欲界世間「**咒咀厭生**」的眾生一類之中，成爲「**呼召亂想**」的有情。

這種咒咀類的修行法門，密宗裡太多太多了。他們有種種咒、種種手印，也都告訴持咒的人：「**你們修持了這個咒幾百萬遍、幾千萬遍以後，捨報以後就可以生到某一個淨土去。**」其實那些淨土就是這種「**非無色相**」的鬼神境界，成為「呼召亂想」一類的有情。將來生到那裡以後，就跟那些鬼神們一樣，每當有人在人間持了那個咒，就得跟著一大群鬼神跑去與那個持咒的人感應，幫忙做事，就正式成為「呼召亂想」一類的小鬼神了。所以如果想要持咒，還得要觀察那是什麼咒，千萬別亂持一通。譬如六字大明咒，其實不是觀世音菩薩的咒語，而是這一類鬼神假冒菩薩名義所流通的咒，本質仍然是雙身法的咒語，是天竺密宗祖師編造的僞經，冒名說是觀世音菩薩的咒語；不斷持誦的結果等於是在向夜叉們宣示：**我是喜歡雙身法的人**。死後就會被喜愛淫樂的夜叉們化現為觀世音菩薩的模樣來接引，就生到烏金「淨土」去了，那就是夜叉的國度；成為夜叉以後，於是開始了每天與夜叉同類行淫享樂的日子，美其名為成就報身佛（抱身佛）果，再與佛法相應的時節將是很多劫以後的事了！

受持密宗那些邪咒的人，只會與「八萬四千呼召亂想」類的有情相應；當持咒的人每天在呼召鬼神時，原來護持他的佛菩薩們也就只好離開了！因為當事人每天呼召鬼神而不是呼召佛菩薩，佛菩薩還有什麼理由繼續留在他身邊護持他呢？於是只好離開，讓那些被呼召來的小鬼神與他相伴了，所以想要持咒的人，千萬別亂持。

**「由因世界合妄輪迴罔顛倒故，和合異成八萬四千迴互亂想，如是故有非有想相成想羯南流轉國土，彼蒲盧等異質相成，其類充塞。由因世界怨害輪迴殺顛倒故，和合怪成八萬四千食父母想，如是故有非無想相無想羯南流轉國土，如土梟等附塊為兒，及破鏡鳥（等）以毒樹果抱為其子；子成、父母皆遭其食，其類充塞。是名眾生十二種類。」**

由於因爲世界中有「合妄輪迴」的無明顚倒的緣故，所以有兩種不同生物和合變異以後犧牲其中一個而成就爲另一個有情的事，便成就了八萬四千種迴互亂想。「合妄輪迴」的意思，是說兩種不同的虛妄想有情合爲一個有情；這種行爲是不足取法的惡行，但眾生因爲無明顚倒的緣故，所以就做了這種事情，這類有情就稱爲「罔顚倒」，也就是無明顚倒。有了「合妄輪迴罔顚倒故」，所以和合這種顚倒想而變異成爲八萬四千種迴來互去互相轉變的亂想；由於這樣的緣故而有看來似乎是沒有了知相卻成爲有了知的有情，流轉於世界國土中；這就是指寄生蜂一類的有情，是以不同性質的身體來互相成就，這一類有情也是充塞於欲界的世間裡。

「蒲盧」就是寄生蜂。寄生蜂有很多種類，大大小小的體形，相差比例很大；最小的寄生蜂甚至可以把卵下在很小的蚜蟲身體中。一般的寄生蜂總是把別的蟲抓來放在自己挖成的土洞中，再把卵植入那條蟲的身體內；當卵孵化以後，牠的幼蟲就從裡面把寄主漸漸吃掉，然後從寄主的外殼中鑽出來；這是把別的有情色身合入牠自己的色身中，所以說是「合妄輪迴」。至於那一條被寄生的蟲，於未來世再出生爲寄生蜂，反過來索回被欠的債務；所以輪迴不斷，於是就「和合異成八萬四千迴互亂想」，因爲牠們之間大多是世世迴互而很難相離的。

爲什麼說是「非有想相成想」呢？因爲被寄生蜂抓去當宿主的那一條蟲，被螫了以後雖然沒死，卻是中毒而沒有覺知的，所以成爲「非有想相」；被寄生蜂下在那一條蟲身中的卵，本身也是沒有了知性的，因此成爲「非有想相」。「想」就是「了知」或「覺知」的意思。等到後來寄生蜂卵孵化成爲小蟲時，是在那條被寄生的蟲身中，從外表是看不出來的，所以還是「無想相」——「非有想相」。等到寄生蜂幼蟲把宿主蟲肉都吃完了，在蟲體中變成蛹時也無覺知，仍是「非有想相」；直到從蛹中化生爲成蟲而鑽出宿主蟲體外面的時候，才會看到牠原來已經變成「想相」（有了知相）的有情了，所以稱爲「非有想相成想」。而寄生蜂的身體不是自己攝受外面的食物來成長的，而是由被寄宿的那條蟲體來轉變成的，所以是「異質相成」。而這一類有情數量與種類也是很多的，所以說：「彼蒲盧等異質相成，其類充塞。」接下來要針對這一段經文「及破鏡鳥」的「鳥」字作個修正，這「鳥」字應該改爲「等」字，所以這句經文應該是「及破鏡『等』」；因爲前一句是「如土梟『等』」，相對應的這一句就應該是「及破鏡『等』」，所以「及破鏡『鳥』」應該是翻譯時被錯譯的。此外，世間有「破鏡獸」而沒有「破鏡鳥」，所以應該是「及破鏡『等』」被錯譯爲「及破鏡『鳥』」。傳聞中的破鏡獸，眼睛中央有一條痕跡，使牠的眼睛看起來很像破鏡黏合起來的樣子，所以被命名爲破鏡獸。據說破鏡獸並不食母，而是長大後弒父，並將父親屍體吃完以後，才會走出牠成長的樹林，到另外一處建立牠的地盤。

由於世界中有「怨害輪迴殺顛倒」的緣故，「和合怪成八萬四千食父母想」。「怨害」是說因怨而產生殺害之想，凡是有殺害之心，就無法遠離輪迴，所以叫作「怨害輪迴」。凡是有殺心，就不免在未來世要酬還殺生的債務；但眾生並不知道或是不相信這種道理，所以常常以殺心來殺害眾生，都是顛倒見，所以稱爲「殺顛倒」。甚至父母子女至親之間，竟然也存有殺心，眞是世間最奇怪的事了，所以說爲「怪」。父母對子女，總是自己推乾就濕，讓子女就乾離濕；在饑荒的年代，又總是節衣縮食留給子女；辛苦哺乳餵食教育，才終於把子女拉拔長大，所以父母之恩可謂昊天罔極，難以回報；但沒有想到的是，子女長大以後竟然為了微不足道的原因而殺害父母、恩將仇報；被殺害的父母心中當然留存著世間最大的怨結，未來世當然要回來了結這件重大怨結，想要受生為怨家的子女，報仇雪恨。因此就會感應而「**和合怪成八萬四千食父母想**」，於是這一類可以讓心生怨結的父母受生的因緣便產生了，所以被害的父母就生為土梟鳥、破鏡獸，長大以後反過來殺害後世的父母，並且吃掉父母。這樣的事件眞是世間最怪的事情，所以說「**和合『怪成』八萬四千食父母想**」。

正因為這個緣故，所以世間就一定會有「**非無想相**」的「**無想受精卵**」流轉於世界國土中。這一類有情有兩種顯而易見的類型，就是土梟鳥與破鏡獸。「**非無想相**」是因為心中怨結非常地深，始終無法放下，似有對怨仇的了知相，所以稱為「**非無想相**」；但其實在受精卵位的土梟，或者住胎位中的破鏡獸，都是還沒有六塵見聞覺知的，所以又是「**無想羯南**」。由於有這種「**無想羯南**」，所以凡是與父母之間有殺害怨結的有情，就受生到土梟鳥或破鏡獸之中。土梟鳥堆土成塊而作成的鳥窩，都是為了子女；母鳥每夜獵食供給子女，當食物不繼時，土梟母親都把食物給子女吃；若是連子女的食物供給都有困難時，就只能以土塊餵食了。然而子女被餵得雄壯有力，母親卻已經無力飛行獵食了；當母親蜷縮在窩中的土塊旁，看來也好像土塊一般，子女就將母親殺害吃了，這就是土梟「附塊爲兒」。

破鏡獸幼小時，父母往往以毒果餵食，其他動物就無法殺牠當作食物；但是後來破鏡獸幼兒長大以後，卻將捨不得自己享用食物而養大自己的父親殺害，然後將父親的身體充作自己的食物。看來眞的有一些恨之欲食其肉的實行者，這到底是有多大的怨結，才會這樣子做？這些有情往世也曾經是人類，爲什麼卻成爲這種低等有情呢？都是因爲生而爲人時，不報父母恩，反而對父母百般凌虐，只爲了取得財物花天酒地、金屋藏嬌、萬金聚賭。如果父母不能如其所願完全供給時，就生起瞋心毒打辱罵，偷搶拐騙無所不至；最後是把已經窮到沒有錢財而只剩下田產的父母殺害，以便變賣花用，於是父母就死於非命。這樣恩將仇報，必然使父母怨恨的種子深深種在心田中，念茲在茲，於是這類父母子女就會有這一類「非無想相」的「無想羯南流轉國土」；這些怨深難解的有情，就漸漸受生到這一類有情之中，反過來把此世恩深難報的父母殺害吃掉，其實只是在酬償宿怨大仇。這是世間最最悲慘的事情，卻總是有前因才產生這樣的後果，前因則是「怨害輪迴殺顚倒」，後果則是「子成、父母皆遭其食」。而這樣的有情，在欲界的世間，也是「其類充塞」，只是有沒有被人發掘出來罷了！以上所說的，都是三界六道中的欲界十二種眾生類，都有各自不同的顚倒想而作爲代表事例。

## 《大佛頂如來密因修證了義諸菩薩萬行首楞嚴經》卷七（咒文）

【南無薩怛他蘇伽多耶阿羅訶帝三藐三菩陀寫（一） 薩怛他佛陀俱胝瑟尼釤（二） 南無薩婆勃陀勃地薩跢鞞弊（三）（毘迦切） 南無薩多南三藐三菩陀俱知南（四） 娑舍囉婆迦僧伽喃（五） 南無盧雞阿羅漢跢喃（六） 南無蘇盧多波那喃（七） 南無娑羯唎陀伽彌喃（八） 南無盧雞三藐伽跢喃（九） 三藐伽波囉底波多那喃（十） 南無提婆離瑟赧（十一） 南無悉陀耶毘地耶陀囉離瑟赧（十二） 舍波奴揭囉訶娑訶娑囉摩他喃（十三） 南無跋囉訶摩泥（十四） 南無因陀囉耶（十五） 南無婆伽婆帝（十六） 嚧陀囉耶（十七） 烏摩般帝（十八） 娑醯夜耶（十九） 南無婆伽婆帝（二十） 那囉野拏耶（二十一） 槃遮摩訶三慕陀囉（二十二） 南無悉羯唎多耶（二十三） 南無婆伽婆帝（二十四） 摩訶迦羅耶（二十五） 地唎般剌那伽囉（二十六） 毘陀囉波拏迦囉耶（二十七） 阿地目帝（二十八） 尸摩舍那泥婆悉泥（二十九） 摩怛唎伽拏（三十） 南無悉羯唎多耶（三十一） 南無婆伽婆帝（三十二）

多他伽路俱囉耶（三十三） 南無般頭摩俱囉耶（三十四） 南無跋闍羅俱囉耶（三十五） 南無摩尼俱囉耶（三十六） 南無伽闍俱囉耶（三十七） 南無婆伽婆帝（三十八）帝唎茶輸囉西那（三十九） 波囉訶囉拏囉闍耶（四十） 跢他伽多耶（四十一） 南無婆伽婆帝（四十二） 南無阿彌多婆耶（四十三） 跢他伽多耶（四十四） 阿囉訶帝（四十五） 三藐三菩陀耶（四十六） 南無婆伽婆帝（四十七） 阿芻鞞耶（四十八） 跢他伽多耶（四十九） 阿囉訶帝（五十） 三藐三菩陀耶（五十一） 南無婆伽婆帝（五十二）鞞沙闍耶俱盧吠柱唎耶（五十三） 般囉婆囉闍耶（五十四） 跢他伽多耶（五十五）南無婆伽婆帝（五十六） 三補師毖多（五十七） 薩憐捺囉剌闍耶（五十八） 跢他伽多耶（五十九） 阿囉訶帝（六十） 三藐三菩陀耶（六十一） 南無婆伽婆帝（六十二）舍雞野母那曳（六十三） 跢他伽多耶（六十四） 阿囉訶帝（六十五） 三藐三菩陀那（六十六） 南無婆伽婆帝（六十七） 剌怛那雞都囉闍耶（六十八） 跢他伽多耶（六十九）阿囉訶帝（七十） 三藐三菩陀耶（七十一） 帝瓢南無薩羯唎多（七十二） 翳曇婆伽婆多（七十三） 薩怛他伽都瑟尼釤（七十四） 薩怛多般怛嚂（七十五） 南無阿婆囉視躭（七十六） 般囉帝揚岐囉（七十七） 薩囉婆部多揭囉訶（七十八） 尼羯囉訶揭迦囉訶尼（七十九） 跋囉毖地耶叱陀儞（八十） 阿迦囉蜜唎柱（八十一） 般唎怛囉耶儜揭唎（八十二） 薩囉婆槃陀那目叉尼（八十三） 薩囉婆突瑟吒（八十四） 突悉乏

般那儞伐囉尼(八十五)　赭都囉失帝南(八十六)　羯囉訶娑訶薩囉若闍(八十七)毘多崩娑那羯唎(八十八)　阿瑟吒冰舍帝南(八十九)　那叉刹怛囉若闍(九十)　波囉薩陀那羯唎(九十一)　阿瑟吒南(九十二)　摩訶揭囉訶若闍(九十三)　毘多崩薩那羯唎(九十四)　薩婆舍都嚧儞婆囉若闍(九十五)　呼藍突悉乏難遮那舍尼(九十六)　毖沙舍悉怛囉(九十七)　阿吉尼烏陀迦囉若闍(九十八)　阿般囉視多具囉(九十九)　摩訶般囉戰持(二百)　摩訶疊多(二百一)　摩訶帝闍(二)　摩訶稅多闍婆囉(三)　摩訶跋囉槃陀囉婆悉儞(四)　阿唎耶多囉(五)　毘唎俱知(六)　誓婆毘闍耶(七)　跋闍囉摩禮底(八)　毘舍嚧多(九)　勃騰罔迦(十)　跋闍囉制喝那阿遮(二百十一)　摩囉制婆般囉質多(十二)　跋闍囉檀持(十三)　毘舍囉遮(十四)　扇多舍鞞提婆補視多(十五)　蘇摩嚧波(十六)　摩訶稅多(十七)　阿唎耶多囉(十八)摩訶婆囉阿般囉(十九)　跋闍囉商羯囉制婆(二十)　跋闍囉俱摩唎(二百二十一)俱藍陀唎(二十二)　跋闍囉喝薩多遮(二十三)　毘地耶乾遮那摩唎迦(二十四)　啒蘇母婆羯囉斜那(二十五)　鞞嚧遮那俱唎耶(二十六)　夜囉菟瑟尼釤(二十七)毘折藍婆摩尼遮(二十八)　跋闍囉迦那迦波囉婆(二十九)　嚧闍那跋闍囉頓稚遮(三十)　稅多遮迦摩囉(二百三十一)　刹奢尸波囉婆(三十二)　翳帝夷帝(三十三)　母陀囉羯拏(三十四)　娑鞞囉懺(三十五)　掘梵都(三十六)　印兔那麼麼寫(三十七)

（誦咒者至此句稱弟子某甲受持）烏𤙖（三十八） 唎瑟揭拏（三十九） 般剌舍悉多（四十）
薩怛他伽都瑟尼釤（二百四十一） 虎𤙖（四十二） 都嚧雍（四十三） 瞻婆那（四十四） 虎
𤙖（四十五） 都嚧雍（四十六） 悉耽婆那（四十七） 虎𤙖（四十八） 都嚧雍（四十九） 波
羅瑟地耶三般叉拏羯囉（五十） 虎𤙖（二百五十一） 都嚧雍（五十二） 薩婆藥叉喝
囉剎娑（五十三） 揭囉訶若闍（五十四） 毘騰崩薩那羯囉（五十五） 虎𤙖（五十六）
都嚧雍（五十七） 者都囉尸底南（五十八） 揭囉訶娑訶薩囉南（五十九） 毘騰崩薩
那囉（六十） 虎𤙖（二百六十一） 都嚧雍（六十二） 囉叉（六十三） 婆伽梵（六十四） 薩怛
他伽都瑟尼釤（六十五） 波囉點闍吉唎（六十六） 摩訶娑訶薩囉（六十七） 勃樹娑
訶薩囉室唎沙（六十八） 俱知娑訶薩泥帝隸（六十九） 阿弊提視婆唎多（七十） 吒
吒甖迦（二百七十一） 摩訶跋闍嚧陀囉（七十二） 帝唎菩婆那（七十三） 曼茶囉（七十
四） 烏𤙖（七十五） 莎悉帝薄婆都（七十六） 麼麼（七十七） 印兔那麼麼寫（七十八）
（至此句準前稱名若俗人稱弟子某甲）囉闍婆夜（七十九） 主囉跋夜（八十） 阿祇尼
婆夜（二百八十一） 烏陀迦婆夜（八十二） 毘沙婆夜（八十三） 舍薩多囉娑夜（八十四）
婆囉斫羯囉婆夜（八十五） 突瑟叉婆夜（八十六） 阿舍儞婆夜（八十七） 阿迦囉蜜
唎柱婆夜（八十八） 陀囉尼部彌劍波伽波陀婆夜（八十九） 烏囉迦婆多婆夜（九十）
剌闍壇茶婆夜（二百九十一） 那伽婆夜（九十二） 毘條怛婆夜（九十三） 蘇波囉拏婆

夜(九十四)　藥叉揭囉訶(九十五)　囉叉私揭囉訶(九十六)　畢唎多揭囉訶(九十七)
毘舍遮揭囉訶(九十八)　部多揭囉訶(九十九)　鳩槃茶揭囉訶(二百)　補丹那揭囉
訶(二百一)　迦吒補丹那揭囉訶(二)　悉乾度揭囉訶(三)　阿播悉摩囉揭囉訶(四)
烏檀摩陀揭囉訶(五)　車夜揭囉訶(六)　醯唎婆帝揭囉訶(七)　社多訶唎南(八)
揭婆訶唎南(九)　嚧地囉訶唎南(十)　忙娑訶唎南(二百十一)　謎陀訶唎南(十二)
摩闍訶唎南(十三)　闍多訶唎女(十四)　視比多訶唎南(十五)　毘多訶唎南(十六)
婆多訶唎南(十七)　阿輸遮訶唎女(十八)　質多訶唎女(十九)　帝釤薩鞞釤(二十)
薩婆揭囉訶南(二百二十一)　毘陀耶闍瞋陀夜彌(二十二)　雞囉夜彌(二十三)　波唎
跋囉者迦訖唎擔(二十四)　毘陀夜闍瞋陀夜彌(二十五)　雞囉夜彌(二十六)　茶演
尼訖唎擔(二十七)　毘陀夜闍瞋陀夜彌(二十八)　雞囉夜彌(二十九)　摩訶般輸般
怛夜(三十)　嚧陀囉訖唎擔(二百三十一)　毘陀夜闍瞋陀夜彌(三十二)　雞囉夜彌
(三十三)　那囉夜拏訖唎擔(三十四)　毘陀夜闍瞋陀夜彌(三十五)　雞囉夜彌(三十六)
怛埵伽嚧茶西訖唎擔(三十七)　毘陀夜闍瞋陀夜彌(三十八)　雞囉夜彌(三十九)
摩訶迦囉摩怛唎伽拏訖唎擔(四十)　毘陀夜闍瞋陀夜彌(二百四十一)　雞囉夜彌
(四十二)　迦波唎迦訖唎擔(四十三)　毘陀夜闍瞋陀夜彌(四十四)　雞囉夜彌(四十五)
闍耶羯囉摩度羯囉(四十六)　薩婆囉他娑達那訖唎擔(四十七)　毘陀夜闍瞋陀夜

彌(四十八)　雞囉夜彌(四十九)　赭咄囉婆耆儞訖唎擔(五十)　毘陀夜闍瞋陀夜彌(二百五十一)　雞囉夜彌(五十二)　毘唎羊訖唎知(五十三)　難陀雞沙囉伽拏般帝(五十四)　索醯夜訖唎擔(五十五)　毘陀夜闍瞋陀夜彌(五十六)　雞囉夜彌(五十七)　那揭那舍囉婆拏訖唎擔(五十八)　毘陀夜闍瞋陀夜彌(五十九)　雞囉夜彌(六十)　阿羅漢訖唎擔毘陀夜闍瞋陀夜彌(二百六十一)　雞囉夜彌(六十二)　毘多囉伽訖唎擔(六十三)　毘陀夜闍瞋陀夜彌(六十四)　雞囉夜彌跋闍囉波儞(六十五)　具醯夜具醯夜(六十六)　迦地般帝訖唎擔(六十七)　毘陀夜闍瞋陀夜彌(六十八)　雞囉夜彌(六十九)　囉叉罔(七十)　婆伽梵(二百七十一)　印兔那麼麼寫(七十二)(至此依前稱弟子名)婆伽梵(七十三)　薩怛多般怛囉(七十四)　南無粹都帝(七十五)　阿悉多那囉剌迦(七十六)　波囉婆悉普吒(七十七)　毘迦薩怛多鉢帝唎(七十八)　什佛囉什佛囉(七十九)　陀囉陀囉(八十)　頻陀囉頻陀囉瞋陀瞋陀(二百八十一)　虎𤙖(八十二)虎𤙖(八十三)　泮吒(八十四)　泮吒泮吒泮吒泮吒(八十五)　娑訶(八十六)　醯醯泮(八十七)　阿牟迦耶泮(八十八)　阿波囉提訶多泮(八十九)　婆囉波囉陀泮(九十)　阿素囉毘陀囉波迦泮(二百九十一)　薩婆提鞞弊泮(九十二)　薩婆那伽弊泮(九十三)　薩婆藥叉弊泮(九十四)　薩婆乾闥婆弊泮(九十五)　薩婆補丹那弊泮(九十六)　迦吒補丹那弊泮(九十七)　薩婆突狼枳帝弊泮(九十八)　薩婆突澁比犁訖瑟帝弊泮(九

十九） 薩婆什婆唎弊泮（三百） 薩婆阿播悉摩犁弊泮（三百一） 薩婆舍囉婆拏弊泮（二） 薩婆地帝雞弊泮（三） 薩婆怛摩陀繼弊泮（四） 薩婆毘陀耶囉誓遮犁弊泮（五） 闍夜羯囉摩度羯囉（六） 薩婆羅他娑陀雞弊泮（七） 毘地夜遮唎弊泮（八） 者都囉縛耆儞弊泮（九） 跋闍囉俱摩唎（十） 毘陀夜囉誓弊泮（三百十一）摩訶波囉丁羊乂耆唎弊泮（十二） 跋闍囉商羯囉夜（十三） 波囉丈耆囉闍耶泮（十四） 摩訶迦囉夜（十五） 摩訶末怛唎迦拏（十六） 南無娑羯唎多夜泮（十七）毖瑟拏婢曳泮（十八） 勃囉訶牟尼曳泮（十九） 阿闍尼曳泮（二十） 摩訶羯唎曳泮（三百二十一） 羯囉檀遲曳泮（二十二） 蔑怛唎曳泮（二十三） 嘮怛唎曳泮（二十四）遮文茶曳泮（二十五） 羯邏囉怛唎曳泮（二十六） 迦般唎曳泮（二十七） 阿地目質多迦尸摩舍那（二十八） 婆私儞曳泮（二十九） 演吉質（三十） 薩埵婆寫（三百三十一）麼麼印兔那麼麼寫（三十二）（至此句依前稱弟子某人）突瑟吒質多（三十三） 阿末怛唎質多（三十四） 烏闍訶囉（三十五） 伽婆訶囉（三十六） 嚧地囉訶囉（三十七） 婆娑訶囉（三十八） 摩闍訶囉（三十九） 闍多訶囉（四十） 視毖多訶囉（三百四十一） 跋略夜訶囉（四十二） 乾陀訶囉（四十三） 布史波訶囉（四十四） 頗囉訶囉（四十五） 婆寫訶囉（四十六） 般波質多（四十七） 突瑟吒質多（四十八） 嘮陀囉質多（四十九）藥叉揭囉訶（五十） 囉剎娑揭囉訶（三百五十一） 閉隸多揭囉訶（五十二） 毘舍遮揭

囉訶(五十三)　部多揭囉訶(五十四)　鳩槃茶揭囉訶(五十五)　悉乾陀揭囉訶(五十六)
烏怛摩陀揭囉訶(五十七)　車夜揭囉訶(五十八)　阿播薩摩囉揭囉訶(五十九)　宅
袪革茶耆尼揭囉訶(六十)　唎佛帝揭囉訶(三百六十一)　闍彌迦揭囉訶(六十二)
舍俱尼揭囉訶(六十三)　姥陀囉難地迦揭囉訶(六十四)　阿藍婆揭囉訶(六十五)
乾度波尼揭囉訶(六十六)　什伐囉堙迦醯迦(六十七)　墜帝藥迦(六十八)　怛隸帝
藥迦(六十九)　者突託迦(七十)　昵提什伐囉毖釤摩什伐囉(三百七十一)　薄底迦
(七十二)　鼻底迦(七十三)　室隸瑟蜜迦(七十四)　娑儞般帝迦(七十五)　薩婆什伐
囉(七十六)　室嚧吉帝(七十七)　末陀鞞達嚧制劍(七十八)　阿綺嚧鉗(七十九)　目佉
嚧鉗(八十)　羯唎突嚧鉗(三百八十一)　揭囉訶揭藍(八十二)　羯拏輸藍(八十三)　憚
多輸藍(八十四)　迄唎夜輸藍(八十五)　末麼輸藍(八十六)　跋唎室婆輸藍(八十七)
毖栗瑟吒輸藍(八十八)　烏陀囉輸藍(八十九)　羯知輸藍(九十)　跋悉帝輸藍(三百
九十一)　鄔嚧輸藍(九十二)　常伽輸藍(九十三)　喝悉多輸藍(九十四)　跋陀輸藍(九
十五)　娑房盎伽般囉丈伽輸藍(九十六)　部多毖路茶(九十七)　茶耆尼什婆囉(九
十八)　陀突嚧迦建咄嚧吉知婆路多毘(九十九)　薩般嚧訶凌伽(四百)　輸沙怛囉
娑那羯囉(四百一)　毘沙喻迦(二)　阿耆尼烏陀迦(三)　末囉鞞囉建跢囉(四)　阿
迦囉蜜唎咄怛斂部迦(五)　地栗剌吒(六)　毖唎瑟質迦(七)　薩婆那俱囉(八)

肆引伽弊揭囉唎藥叉怛囉芻(九)　末囉視吠帝釤娑鞞釤(十)　悉怛多鉢怛囉(四百十一)摩訶跋闍嚧瑟尼釤(十二)　摩訶般賴丈耆藍(十三)　夜波突陀舍喻闍那(十四)　辮怛隸拏(十五)　毘陀耶槃曇迦嚧彌(十六)　帝殊槃曇迦嚧彌(十七)　般囉毘陀槃曇迦嚧彌(十八)　跢姪他(十九)　唵(二十)　阿那隸(四百二十一)　毘舍提(二十二)　鞞囉跋闍囉陀唎(二十三)　槃陀槃陀儞(二十四)　跋闍囉謗尼泮(二十五)　虎鉼都嚧甕泮(二十六)　莎婆訶(二十七)】

這部經講完時，應該再講什麼經？有人說《楞嚴經》講完了，先講《優婆塞戒經》，有人說講完了先講《維摩詰經》。但是也有可能我會先講《解深密經》，因爲現在有一個現象，我們《楞伽經》註解出來，有很多人說他們讀不懂：「你寫的都是文言文。」這哪叫文言文？這種文詞在古時候是白話，一千多年下來倒是變成文言了。所以我在想說，弄個不好，三十年後眞的完全沒有人讀懂，那這樣我這個註解留下來有什麼意思呢？就是要眾生懂呀！所以我想一想還是用講經的方式，講好把它記下來變成講記，這樣大家比較讀得懂。所以最近常常有讀者打電話去出版社問：「那《甘露法雨》會不會很深呀？那本《邪見與佛法》會不會很深呀？」他們怕像《楞伽經詳解》一樣難以讀懂：「那麼深，我根本讀不懂，我買來沒有用。」

現在有這些問題了，我們還眞的要考慮它。所以可能換個方式，《楞嚴經》不要再註解了，就改爲用講經的方式記錄下來整理出版；但是這也需要一段時間，因爲本來這是在《阿含正義》出版以後才會出版的書。現在《楞伽經》十輯已經寫完了，我昨天開始寫《阿含正義》；《楞伽經詳解》要到明年十一月底才會出版完，如果《阿含正義》還要再加三輯，那又得要再加上一年半，那是三年後的事了。所以也有可能先講《優婆塞戒經》再來講《解深密經》，或者說先講《解深密經》再來講《優婆塞戒經》，到時候再看看吧！反正有這麼個訊息、構想，大家知道就行了。到時候再看因緣，該講什麼就先講什麼。原則上可能以後都要儘量用這種方式，否則在註解時，依我的習慣總是喜歡簡潔洗練，當然最好就以文言文寫下來。其實依我來講，那根本不是文言文，但是大家總是會認爲那是文言文，很難讀，所以可能五十年後根本就失去弘法的效用。

就好像現在《大藏經》中有許多古德註解，大家也是看不懂；而且也有許多是凡夫古人所註解的，大家更讀不懂。又如《成唯識論》，本來是把經典的義理講得很清楚的，然而現在大家也讀不懂。有人想：「不然，我就讀《唯識述記》好了！」因爲《述記》是在解釋《成唯識論》的法義。可是把

《述記》請出來讀的時候卻更迷糊，因爲述記中講的字句更加文言，於是變成大問題了。所以我可能考慮改變方式，以後都用講經的方式，講完以後五年內整理出版；想要先聞爲快的人，就先來聽講；若是想要讀講記，就多等五年。

接著要講卷八了！前七卷中已經講過五陰十八界與六界七大，全都攝歸於如來藏妙眞如性中，既不是因緣生也不是自然生，更不可能是自生；所以不要錯認陰界入是實有法，因爲全都虛妄不實，都只是如來藏妙眞如性所生。這就是教導大眾要「入流亡所」，別再把自我把握得緊緊不放；若不能把虛妄的自我「入流」，就不能「亡所」而始終有自我與自我所住的世間境界，於是「我」與「所」都具足存在而不能出離生死；這就是爲大眾講解斷我見與明心、見性的內涵，所以明心與見性而不退失時，都是證得「金剛三昧、入三摩地」的菩薩摩訶薩。講過眞實理以後，接著也回頭講解了眾生顚倒的根由與世界出生的道理；既然理上所應了知的道理都知道了，如今從卷八開始，就要告訴大家悟後修道的階段與內容，那就是開示「理則頓悟、事須漸修」的實修道理了，換句話說，明心與見性都只是見道位中的事，全都屬於理悟。理悟之後還得要有事修，要次第修除習氣種子，也要次第修證一切種智，才能漸次成佛，不是理悟時就一悟成佛了！因爲我們都還沒有修到妙覺位，還不是最後身菩薩，當然不可能一悟就成佛。如果悟後不肯用功修行，成佛之道就是要整整三大阿僧祇劫；如果悟後肯用心修除習氣等等，可以將長劫化入短劫，成佛之道就可以提前完成了。佛陀開示說：

**【「阿難！如是眾生，一一類中亦各各具十二顛倒；猶如揑目，亂花發生，顛倒妙圓真淨明心，具足如斯虛妄亂想。汝今修證佛三摩提，於是本因元所亂想，立三漸次，方得除滅；如淨器中除去毒蜜，以諸湯水并雜灰香，洗滌其器後貯甘露。云何名為三種漸次？一者修習，除其助因；二者真修，刳其正性；三者增進，違其現業。」】**

**講記**：「阿難！如同這樣的十二類顛倒眾生，每一類眾生之中也都各各具足十二種顛倒見；猶如用手揑著眼睛，於是看見虛空中有許多亂花發生，因爲顛倒了微妙圓滿眞實清淨的光明心如來藏，便具足了如上所說的虛妄亂想的種子。你們如今修證佛菩提道的智慧三昧境界，在這個根本因的妙心之中元來所具有的各種無明亂想，要建立三種漸次修斷的方便，才能夠加以除滅；譬如從本來清淨的容器中除掉了毒蜜以後，應該以種種湯水並且還要用各種炭灰與香水，洗滌那個容器以後才可以用來貯藏甘露。至於什麼是我所說的三種漸次呢？第一種是修習，是除掉熏習各種顛倒見的助因；第二種是眞正開始修行，把各種顛倒見的正性全部挖空；第三種則是增進，就是斷除各種顛倒見而不會再引生現業，回歸自心如來而親證無生法忍。」

**「阿難！如是眾生，一一類中亦各各具十二顛倒；猶如捏目，亂花發生，顛倒妙圓真淨明心，具足如斯虛妄亂想。」**前面所講的十二類眾生都是顛倒想，可是在那十二類顛倒想眾生之中，每一類眾生也都各有十二種顛倒，那就是從微細的部分來說了。當那十二類顛倒眾生各自都再出生十二種顛倒想的時候，就好像有人閒著沒事，把眼睛擠壓的結果，就會在虛空中看見亂花發生出來，很難數得清了。其實那十二類眾生的顛倒見，只是從比較明顯的部分來說；若是要細究起來，那十二類眾生也都各各具有其他的十一類顛倒見，只是其他十一類顛倒見沒有那麼明顯，所以暫時不會導致他們出生到其他十一類眾生之中；所以那十二類眾生，並不是沒有其餘的十一類顛倒見。而眾生的本際之中其實也是同樣的道理，本來就已經是解脫的，卻偏偏不肯讓見聞覺知心消失，更不肯讓處處作主的思量心消失，所以不斷攀緣執著自己；乃至如今有許多佛門中的所謂大修行者，全都落在我所裡面而不是落在十八界我裡面，這種現象目前在佛教界中是很平常的。執著於我所，就是執著自我的所有法。譬如我所見的明媚風景，我所有的丈夫英俊，或者我所有的妻子很美麗，這些都是自我所擁有的種種法，所以名爲我所。或者貪愛「我所聞」，每天若不聽幾個鐘頭音響，就覺得日子過得沒意義；乃至香味觸法等等，也都是我所。眾生在這六塵上面流轉，都落入我所中；而這些我所的貪著，都只是外我所，內我所的內容，如今可就沒有哪位大法師知道了！（編案：詳見平實導師著《阿含正義》對內外我所的解說。）對於這些外我所，若是沒有辦法驅除，就會不斷地在世間法中流轉，包括世間所謂有修養的人所說的昇華自己，譬如藝術家、文學家、哲學家、音樂家……等，這些都還是落在外我所中，還觸及不到內我所，何況能夠觸及三界我的本質？可是凡夫眾生往往因爲外我所的緣故而導致了顚倒，所以造作各種業行而無法避免重新受生來償還業債，於是就得生生世世不斷受生。

修行人也是一樣，現在有很多南傳佛法傳來台灣教導人們修行。比如最近有人發行CD，有同修送給我一套，全套好像有八十幾片，我現在才看完十二片；我用快轉的方式先聽一句，再快轉十幾句來聽一句；每聽一句就知道他後面十幾句是在講什麼，原來都只是在我所上面講。他們都只這麼講：

你們要把貪除掉，別貪五欲；要把瞋除掉，別對眾生起瞋；要把癡除掉，世間法都是無常，不應該執著。可是他們嘴裡說要除掉愚癡，說出的法義卻不是在除愚癡；因爲連他自己都落在外我所中，連內我所都沒有觸及到，何況是要否定或除掉十八界自我呢？那又怎能實證南傳聲聞解脫道的無我呢？又怎能除掉愚癡呢？

南傳佛法其實不是佛法而是聲聞法、羅漢法，是聲聞人所修的解脫道，是依解脫道來修除愚癡，這必須針對蘊處界我來用心：五蘊自我、十二處自我、十八界自我，爲什麼全都是虛妄的？應該要在六根與六識的生滅性上面如實現前觀察，才能把**自我眞實常住的虛妄見、我見**除掉。他們嘴裡說要斷我見，可是所說的法中教人家要修斷的卻都是對於外我所的貪瞋癡，不是教人要除掉對內我所和自我的貪瞋癡。除掉對我所產生的貪、瞋、癡，是除掉我所三毒；至於對自我的三毒中的貪與瞋，是見道後的修斷內容；而第三種「癡」，主要是講見道位所應斷的癡，而不是四果人所應斷的癡；那太微細了，對凡夫我見眾生而言，不是他們所應斷、所能斷的癡；所以，斷癡當然是要教人現觀蘊處界我全都是生滅無常、虛妄不實，才能確實斷我見。可是那些南傳「佛法」中自稱證果的法師們，他們都還是教大眾把自我抓得緊緊的，因為他們還是教導大眾「要清楚了然地活在當下」，這仍然是自我，反而是教大眾把自我抓得更緊而加重我見，大眾必然會跟隨著他們而比以前更執著自己，那豈不是比學佛以前更愚癡了嗎？那又怎能斷除愚癡呢？

請問諸位：活在當下的是哪個心？（眾答：意識。）是意識心嘛！口口聲聲要斷癡，要斷我見，也宣稱證果而斷癡了；結果是連自己都不能斷我見，自己都還把「我」抓得牢牢地，所以才要每天都清楚了然地活在當下，不許昏昧或中斷，顯示出他們的「癡」還具足存在。他們所教授的其他內容，又都是在斷除外我所上面用心：不要貪錢財啦！不要對別人生氣啦！卻又回頭把自我抓得牢牢地。這表示他們都是在外我所上面用心，沒有在斷我見上面用心；而且還說要**活在當下**，所以要去**親近大自然**。這全都是欲界人間意識境界，全都教人要在意識境界中用心，不斷增長意識對自己的執著。全都是輪轉生死之法，怎麼會是解脫三界生死之法呢？像這樣教導解脫道的次第，有什麼好學的？這種假名善知識自己努力修了一輩子以後，還是落在外我所之中，連我見都斷不了，何況能教人斷我見？所以他們宣稱證果時，當然就成為大妄語的重業了。

說老實話，他們是不可能教人斷我見的，因為他們都恐怕斷了我見、我執以後，入涅槃時會成爲斷滅空；所以意識覺知心是無論如何都不許否定的，誰都不許主張意識覺知心是生滅法。因此，我出來宣揚**蘊處界是生滅法**，最主要的是主張**意識覺知心是生滅法**。他們都受不了，從來沒有誰願意支持我的主張（編案：慈濟的證嚴法師更在書中主張「意識卻是不滅的」，公然違背世尊聖教，詳見《眞假外道》舉例辨正）。然而他們可都是身披僧衣的佛弟子，世尊在四阿含諸經中處處說意識覺知心是生滅法，他們卻都不支持，而且還在背後反對我所提出的 世尊聖教，眞不知道他們究竟是弘揚什麼樣的佛法。由此證明，世尊說那十二類有情之中的每一種顚倒見，又都各各具足所有十二種顚倒見，確實都是如實語。

有智慧的人不會有這些虛妄亂想，但末法時代的學佛人乃至大法師們，卻同樣都有這些虛妄亂想，所以全都只能在我所上面用心，都不能在自我的生滅虛妄上面來現觀；導致他們連我見都沒有辦法斷除，連解脫道都弄不懂，那麼甚深微妙的佛菩提道，又怎麼會懂得呢？所以他們說：「**只要這樣子活在當下，就可以了知本來面目，可以知道《心經》講什麼。**」我不知道他們所知道的《心經》是什麼《心經》？一定是專講意識心的常見外道《心經》。這已顯示眾生的顚倒和末法學佛者的顚倒，是很普遍的狀況了。

也許有的人是第一次來聽我講經，心想：「你又在罵人了！」卻不知道我說的這些話可以救他遠離邪見、顛倒見，卻反而生起煩惱，心裡不爽快。如果有人聽了不爽快，可以馬上走人，我會裝作沒看見，我可以體諒初機學人崇拜名師以後被我所破而產生的痛苦。但這個道理，後面經文中還會講到，可別聽了以後反而自障其道。凡是聽聞 世尊破斥邪見以後，由於自己所曾跟隨的名師正好是被 世尊破斥的一類，因此心中產生痛苦，不能以理智來排解掉而不願接受 世尊的破斥，這表示他是十信位還沒有修學滿足的人。這種人其實對實義三寶的信心都還不夠，卻往往自以爲是具足十信位功德。其實十信位所講的信，並不是他們所說的信受；他們所說的信是說：我對三寶有信心。但十信位所講的卻不只是這個信，稍後就會講到。

這就是說，基本的學佛知見若不具足時，就會被名師誤導而走上岔路；可是有多少學佛人能了知這一點呢？全都不知道。因此，一般眾生有各種虛妄亂想，學佛人照樣也有各種虛妄亂想。最根本的顛倒妄想就是迷於「妙圓眞淨明心」，這個如來藏心本來就是微妙圓滿的體性，本來就是眞實而清淨的體性，祂雖然離六塵境界中的各種見聞覺知，卻不是像石頭、木塊一樣完全無知。因爲祂是心，當然有祂自己的明性。當然這個明性並不是密宗所說的「在六塵境界中了了分明」，而是《維摩詰經》講的「了眾生心行」的明性，也是「了身、了器世間、了業種」的明性。這都不是七識心所能了知的，必須要眞正開悟以後，才能夠了知祂的這些明性。所以對這個「妙圓眞淨明心」，眾生不瞭解，以致產生了顚倒想，因此就具足了這十二類以及每一類各都具足十二類的「顚倒亂想」。不但世間人如此，學佛人以及末法時的表相大師們，一樣離不開這些顚倒亂想，目前所見台灣四大名師，以及號稱最有智慧而被門人尊稱爲「導師」的印順法師，全都如此。

所以我們需要做的事情還很多，需要說明的「妙圓眞淨明心」的法義還有很多，希望有更多同修們出來寫書或文章；因爲我一個人眞的寫不完，有太多法義需要爲末法時代的大師與學佛人講解。現在佛教界有一個好現象，可能是四大山頭的勢力開始在消退了，所以現在有許多小法師出來說法了；以前小法師們不敢出來講經說法，因爲講了也沒有用，沒有人會去跟他們聽聞修學。但是四大山頭的影響力開始有一些下降了，因爲佛教界開始知道：四大法師與印順一樣是落在識陰之中，全都不離意識境界，大法師們與小法師們的程度其實都一樣。所以現在小法師們敢出來說法度眾，開始有人去跟隨小法師們聞法修學了。

既然看清楚四大山頭都一樣落在意識中，證量不過如此，那就無所謂大法師或小法師的差別了！所以現在有一些學佛人開始就近跟隨附近道場的法師們修學。這倒是好現象，我希望的正是這樣。當然四大山頭也觀察到這個現象，所以有一些私下聯合抵制的行動。我希望佛弟子們要分散護持，不要集中護持四大山頭，免得削減了小法師們生存修道的資糧。四大山頭既然不曾明心，連我見都還分明存在，所以也都還沒有證得聲聞初果，那麼他們的證量就沒有比各處小道場的法師們高，完全沒有特勝之處，只是懂得宣傳造勢而吸引一堆人群罷了！但他們卻像四個超大吸金機一般，吸到其餘小法師們幾乎沒有生存餘地，只好出門托缽了。如今開始有小法師們出來弘法，這個現象很好；不過其中也夾雜著不好的現象，就是印順法師派下，開始藉這種機會，在有線電視台上大力宣揚印順邪說了。這部分我們就暫時不管他，我們只要把法義的正與訛說清楚，讓大家可以分辨清楚也就夠了！至於印順派那些人要怎麼發展，就讓他們順著因緣去發展就好，除非他們做得太過火。接下來，佛開示說：

**「汝今修證佛三摩提，於是本因元所亂想，立三漸次，方得除滅；如淨器中除去毒蜜，以諸湯水并雜灰香，洗滌其器後貯甘露。云何名為三種漸次？**

**一者修習，除其助因；二者真修，刳其正性；三者增進，違其現業。**」接著佛陀交代阿難說，你們如今想要修證我所說的佛菩提道「金剛三昧」，對於本因（也就是萬法本源的如來藏）不瞭解以致元來就存在的亂想，應該要建立三種次第來修行，才有辦法滅除。就好像本來是一個清淨的容器中，被人裝入了毒蜜；如今應該先把有毒的蜂蜜除掉，然後再用種種熱湯與冷水，並且要加上草木燒成的灰，加上少許的水來刮洗容器。灰可以洗淨很難清洗的容器污垢，現在的年輕人已經不太瞭解了；總是以爲灰這麼髒，怎麼能拿來洗容器？但我們有經驗的人，就常常在佛堂香爐中取了香灰來，放進茶杯裡，加上一點點水，用手擦擦抹抹，杯中的久年茶垢就輕易地洗清潔了。茶垢是很難洗的，然而香灰最好用。如果沒有香灰，稻草燒過以後的灰也可以，或者鄉下的大灶燒穀皮，那些灰拿來洗也一樣方便；所有久年茶垢都可以洗得很乾淨，所以灰很好用。

用灰洗過以後，還要用香水再把它洗過一遍，毒蜜的臭味也就不見了。像這樣「**洗滌其器**」以後再來「**貯甘露**」；也就是洗滌身心以後，再來取證佛菩提果。甘露是欲界天人平常的食物，拿來人間就算是很殊勝的食物，當然要用淨器來貯存，不應該用殘留毒蜜的容器；否則，還沒有洗淨就把甘露放進去，那甘露也會變成有毒了。同樣的道理，眾生的如來藏本來是清淨性的，可是因為無始劫以來不斷熏習染污法，熏習進去以後，如來藏心中就儲藏了很多染污法種，就如同貯藏了毒蜜一般。如今要把這些染污法種丟掉，可是無法一時完全丟掉、無法一時完全清淨，所以第一步就是倒棄毒蜜，也就是丟掉五陰身心中的惡劣助因；所以第一個部分是要修習清淨身心的方法，使障道因緣消失，這叫作「**除其助因**」。

接下來「**二者眞修**」，眞正要用功修行「**刳其正性**」。眞修等於是「**以諸湯水并雜灰香，洗滌其器**」。這才是眞修，是要把凡夫眾生心眞正的心性挖掉。凡夫眾生心從來都是雜染的，無始劫以來不離貪瞋癡，這就是凡夫眾生心的正性——具足異生性。若不是有貪瞋癡，就不會繼續在三界中當凡夫而輪迴不止，所以眾生心的正性就是貪瞋癡。如今眞修就是要「**刳其正性**」，把七識心的貪瞋癡等正性全都挖掉，「刳」就是從中央挖掉的意思。當三毒被從心中挖掉以後，七識心就轉變成清淨性了，才能實證「**金剛三昧、入三摩地**」，才能與本來清淨的如來藏各種自性相應，最後才能成佛。

「**三者增進，違其現業。**」要怎麼樣增進呢？當容器放進甘露以後，就可以自在受用了，比喻證悟明心而獲得「**金剛三昧**」以後，「**入三摩地**」而不退失，繼續進修而遠離現前的種種貪瞋癡等惡業，智慧次第生長，最後獲得無生法忍，都不會再造現業了，這個就叫作「增進」。

【「云何助因？阿難！如是世界十二類生不能自全，依四食住；所謂段食、觸食、思食、識食，是故佛說一切眾生皆依食住。阿難！一切眾生食甘故生，食毒故死；是諸眾生求三摩提，當斷世間五種辛菜；是五種辛，熟食發婬，生啖增恚。如是世界食辛之人，縱能宣說十二部經，十方天仙嫌其臭穢，咸皆遠離；諸餓鬼等，因彼食次舐其唇吻，常與鬼住；福德日銷，長無利益。是食辛人修三摩地，菩薩、天仙、十方善神不來守護，大力魔王得其方便，現作佛身來為說法；非毀禁戒，讚婬怒癡。命終自為魔王眷屬，受魔福盡，墮無間獄。阿難！修菩提者永斷五辛，是則名為第一增進修行漸次。」】

**講記**：「如何是助因呢？阿難！如我所說這些世界中的十二類眾生，其實都不可能自己保全生命，都是依於四種食而保住身心的；就是我所說的段食、觸食、思食、識食，由於這個緣故，諸佛說一切眾生都是依於食而安住。阿難！一切眾生由於進食甘甜的食物所以能夠生存，誤食有毒物質的緣故就會死亡。這十二類所有眾生如果進求佛菩提的三昧境界時，應當斷除世間的五種辛菜；這五種辛菜，煮熟了以後食用就會發起貪婬之心，如果是生吃時就會增長瞋恚。像這樣子，世界中進食五辛的人們，縱使能夠爲人宣說十二部經，十方天仙總是嫌他們說法時身體與口氣都散發出臭穢氣息，於是全部遠離而去；以致有許多餓鬼道眾生，都會在這一類人進食五辛的時候，前來舔舐他們的嘴唇而長養餓鬼身，所以吃五辛的人就常常與無福的鬼類有情同住；由於這樣的緣故就使他們的福德日漸銷損，長時以來都對自己沒有利益。這種貪食五辛的人們修習佛菩提的金剛智慧三昧境界時，菩薩、天仙、十方善神都不會前來守護；因此大力魔王就可以在他們身上獲得干擾障礙的方便機會了，於是就來修習佛菩提三昧境界的吃五辛者面前，示現作諸佛的身相來爲他們說法；於是開始非議及毀壞諸佛的禁制與戒法，廣爲讚歎行婬、瞋怒、愚癡。這一類常吃五辛而修學佛菩提的人們，命終以後自然就成爲魔王的眷屬，生到他化自在天中享受魔業所得的天福；等到天福享盡了以後，就會下墮於無間地獄中。阿難！修習佛菩提的人應當永遠斷除五辛，這就是我所說的第一種增進修行的漸次。」

「**云何助因？阿難！如是世界十二類生不能自全，依四食住；所謂段食、觸食、思食、識食，是故佛說一切眾生皆依食住。**」接下來講「助因」，助因的部分並不是修行，但是可以幫助修行人遠離惡因；就是要注意飲食的內容，飲食不當就會產生身心的染污而招來鬼神，障礙修行。「助因」的部分既然是講飲食，就要先講「四食」。佛說世界中這十二類眾生不可能不藉「四食」而自己獨自保全身心；因此說，眾生因爲「依四食住」，才能夠生存在三界中，就是「段食」等四種食。段食，是說這一類食物呈現爲一段、一段的狀態；比如青菜都是切成一段又一段。段食或叫作「團食、摶食」，譬如米飯等，總是摶成一團又一團而吃。即使磨成麵粉、米粉，一樣是摶成一團、一團來吃的，所以叫作摶食。段食、摶食都是只有在欲界中才有，過了欲界以上就不再有段食、摶食了；因爲從色界開始都是以禪悅爲食的，都不食煙火了。所以從四王天、忉利天、夜摩天，直到他化自在天等欲界境界中，都還是有摶食的；密宗舉辦法會即使可以求得的甘露也是摶食的一種，只是欲界天人的平常食物，與佛法的修證完全無關。欲界天中的食物，是越往上面層次去，物質就越微細，但同樣都是摶食。

欲界中的有情全都有摶食。有人想：**「哪兒有？如果去到地獄就沒有摶食了。」**其實還是有。地獄中如果沒有摶食，地獄眾生就不會想要飲食，就不會有洋銅灌嘴全身燋爛等極苦的事相，所以地獄中還是有摶食的表相；差別是地獄中所有一切都不是享受，所以進食時其實是在領受極痛苦的果報，因爲不論什麼事情全都是極重痛苦；所以地獄也有摶食，但因爲純屬苦受而沒有食的功德，因此經論中也說地獄有情沒有摶食。在人間進食時，有苦也有樂，譬如小孩子餵藥時都覺得很痛苦。成人服藥時，有些人也很怕那種口苦；所以有的成人服用苦藥以前，都要先準備一湯匙的糖或一顆巧克力，所以成人之中也有人很怕苦藥。所以說，欲界中的摶食有時是樂受，有時是苦受，並不一定。餓鬼道眾生也有食，問題是他們的福德嚴重不足，所以當他們歷經許多困難才取得一口濃痰時，正要送進口中，嘴巴才一張開，餓火張口噴出，濃痰都還沒有進嘴，就已經燒焦了，於是成爲焦炭食，只好丟棄。所以一切欲界眾生都有段食，但是段食之中也含攝了觸食、思食以及識食；至於欲界中的後面三種食，不必額外解釋，我們接著再講解色界、無色界中的觸食、思食、識食，大家就會瞭解欲界中也有的這三種食。

觸食：以觸爲食。有人解釋觸食時是這樣解釋的：比如吃食物時，必須要接觸食物，有接觸才能食，所以就有食。錯了！這樣而說他們懂得解脫道，我不曉得他們對解脫道是怎麼修的；因爲這四食也是解脫道中所講過的，在四阿含諸經中有許多地方講觸食，並不是他們講的這種意思；但是他們都不懂，也錄了一堆CD片到處流通。觸，以眾生來講，是以六識爲主；眼觸色，這個觸就是眼識之食；耳觸聲，如果沒有觸到聲塵，就不能了別聲塵，所以耳觸聲時，即是耳識以觸爲食。乃至意觸法，以觸爲食，意識因爲觸諸法塵而成長與存在。這就是簡單地說觸食。如果不是有這六種觸，就不能產生六識身的功用，所以六識以觸六塵爲食。觸食就是講這個。當然，意根與如來藏也都有觸食，但這道理太深了，不在這裡講。

思食，七轉識都有此食。這個思是指生起作意以後，不斷地思量著想要繼續或想要遠離的意願。對一般層次的人來講，前六識本來是沒有思量的，因爲在這種作意上隨後產生的思量，是以意根爲主而不是以六識心爲主，是直接了當而沒有經過語言文字思惟的意向；但一般人不瞭解，都落入意識心中，因此仍以意識的思食最爲強烈。若從無生法忍的智慧來看，雖然前六識也都有這種思，但因爲意識常常會中斷，又因爲這個思以意根爲最明顯，所以說意根是主要的思食者。但其實別的識也都有思食，因爲只要有五遍行的作意，就會隨後產生思的行爲；而八識心王全都有這種思，都以這種思心所來增長識的功能，所以說是思食；所以其他七個識也都有，但主要是在講意根。因爲意根的思量性是「**恆審思量**」，剎那剎那之中恆常審度思量不斷，乃至悶絕了、睡著無夢了、正死位當中，一樣都有這個思食。也由於這個思食不斷，死後才會有中陰身出生，否則中陰身是不會出現的。如果八識心王的思食都斷除了，就會進入無餘涅槃中。可是那些發行CD的法師們不懂，自己亂講了就直接發行出來誤導眾生。思食主要還是意根，因爲意根以思量爲食。思食既然是以意根爲主要，請問思食遍不遍三界？當然遍呀！因爲意根可以遍三界存在；不論是下地獄或上生到非想非非想天都存在，而且不曾中斷過，所以只要意根存在，這個思食就一定存在。

識食，雖然八識心王都有，但在這裡，我們原則上只講第八識。第八識以什麼爲食？以七轉識的種種熏習爲食，也就是集藏七識心造作的各類種子。我們今天只作簡單的說明，因爲在《成唯識論》中，我們講這個識食就用掉整整兩個鐘頭。但是段食之中爲什麼也函蓋了識食？因爲人們摶食的時候，也得要眼見、耳聞、鼻嗅，乃至要有意識與意根的了知，所以當然有識食，證明六識之食都已具足了。當吃了食物時，意根就一直思量著：還要不要再吃？從意識那裡得來的訊息是好吃或不好吃？想要繼續吃或開始拒絕再吃？當然是有識食的。然後這些熏習的結果全都進入阿賴耶識中，當然會有第八識的識食，所以八識全都有識食。

若是去到無色界中，雖然表面上沒有段食與觸食，其實還是有觸食的，也都還有思食跟識食；而意識覺知心住在定中，也還是有對定境法塵的觸，所以也還是有觸食的。所以廣義的說，無色界四空定中一樣是有觸食。當意根觸定境中的法塵時還是觸，既然離不開觸，當然還是有觸食，所以觸食還是存在於無色界中。那麼思食呢？請問：入了滅盡定時，有沒有思食呀？思食就是意思食。有嘛！因為如果意根的思量作意不存在的話，阿羅漢今天入定時，明天就一定捨報了，因為到了明天身體就壞掉了，還能出定呀？所以在滅盡定中還是有思食的。為什麼還有思食呢？因為思食是三界中法，阿羅漢入滅盡定時還是住在三界內，還沒有離開三界，只是方便說名出三界，其實還是在三界內；得要入了無餘涅槃才算是出三界了，所以滅盡定中照樣會有思食。

換句話說，住在人間修行時，只要意根存在著，四食就統統具足了；因為你在滅盡定中熏習的種子，也是落謝到如來藏心中去，還是有識食；而你出定後仍然得要有摶食，才能維持色身壽命。既然有四種食，就表示你在人間還有生命存在，乃至諸佛住在人間時都一樣，「**是故佛說一切眾生皆依食住**」。然而有的人不瞭解，只是依文解義而說：你看！阿含經說一切眾生皆依食住。然後就亂解釋一通，說所有眾生都要進食才能生存。當有智慧的人提出一個問題：「請問您，色界天人算不算眾生？他們吃什麼？」就無法答覆了！因爲他說一切眾生皆依食物而住，那麼色界天人也是眾生，他們卻不吃食物；但他們以什麼爲食呢？就答不出來了！其實色界眾生都以禪悅爲食，都不吃摶食。禪悅是不是食？那也是食。禪悅爲什麼也會被稱爲食？因爲有觸食、思食、識食，色界天身才能維持及存在。那麼無色界呢？照樣是有這三種食，所以還是有生命的眾生。請問：阿羅漢入了滅盡定，算不算是眾生？也算！然而是神聖的眾生，還是眾生。因此說「一切眾生皆依食住」，沒有眾生能夠離開四種食。這樣簡單的說四食，接下來 佛開示說：

**「阿難！一切眾生食甘故生，食毒故死；是諸眾生求三摩提，當斷世間五種辛菜；是五種辛，熟食發婬，生啖增恚。如是世界食辛之人，縱能宣說十二部經，十方天仙嫌其臭穢，咸皆遠離；諸餓鬼等，因彼食次舐其唇吻，常與鬼住；福德日銷，長無利益。」**「一切眾生食甘故生，」甘，主要是說不屬於辛辣的食物；但是若把甘的範圍擴大來說，某些辛香味的食物還是有甘性的。辛香類的食物不適合供佛，主要是因爲不清淨；所以我們開光時會限制供佛的食物，譬如不許用白蘿蔔、紅蘿蔔，雖然不是不淨物，但因爲有辛味；香菜也不許用，又如茴香也不許用，因爲有辛味。至於五辛等類，包括韭、蒜、洋蔥……等，當然也都不可以用來供佛。甘，主要是因爲有大量澱粉與碳水化合物，譬如米、麥、馬鈴薯、番薯、甘藍菜、大白菜一類，這是維持人間動物生存的主要物質，所以說「**食甘故生**」；眾生能夠藉這些食物生存，是因爲即使多食，也不會立即對身體有妨礙，而且也是主食，所以「**食甘故生**」。但是五辛中的大蒜、蔥與韭菜之中，其實也有甘的成分；但因爲辛的緣故，會影響生理狀況，所以不該食用。

食毒當然會死掉，不死也是重傷；所以有毒的食物，人類是不應該吃的。但是五辛的食用，若是生食，會使人容易發脾氣而增長瞋恚；若是熟食，很容易激起性器官的興奮，會使人增長淫欲；所以如果想要求證佛菩提道的三味境界——金剛智慧三味，當然應該要先斷除食用五種辛菜。這五種辛菜，大家大概都瞭解，就是大蒜、革蔥（高大而比較堅韌的蔥類）、慈蔥（大頭蔥又名珠蔥）、蘭蔥（韭菜），還有興渠等五種，都不要吃。這些食品自己吃的時候不覺得臭，但是吃過以後渾身散發出來的味道，可就讓人不敢恭維了。如果旁邊的人是素食者，他就會嗅出臭味而覺得很難過，又不好意思講，於是互相談話時就只好往旁邊閃躲，這也是食五辛的過失。

而且這五種辛味的食物，煮熟了吃會增長淫欲；增長了淫欲就會落到我所之中，就被我所牽著流轉去了。生吃了以後就會長養脾氣，譬如山東人吃大饅頭時往往把生蔥生蒜夾著吃；有時會灑一點點鹽，大部分時間根本不灑鹽，就直接吃。這樣吃了更臭，而且如此生啖，脾氣也會增大。山東人比較急躁一點，是否跟這個有關？也許值得研究。特別是弘法的人，更不可以吃五辛，因爲不論生食或熟食，吃過五辛以後，身體與口氣都是臭的；縱使能夠宣講演說十二部經，從十方遠來護持的天仙們，在大老遠就覺得很臭，受不了，只好離去；因爲說法者不停地說法時，臭氣就不斷地吐出來，誰也受不了，所以「**嫌其臭穢，咸皆遠離**」。

心地正直的仙人們都走掉了，自然就會有不好的有情靠近，所以「**諸餓鬼等**」就來了。餓鬼只有福報來吃人類享用五辛時的氣味，所以當某人正在吃五辛時，散發出來很濃的氣味，餓鬼們就趕快來他的嘴唇上舔著，所以常吃五辛的人就常常與餓鬼同在一起。餓鬼是極無福報的眾生，說法者卻每天常常與這些眾生同在一處，有福德的眾生就嫌棄不來了！這就是「**常與鬼住**」。「**常與鬼住**」的結果就是「**福德日銷**」，像這樣子說法下去，時間久了以後，常常有餓鬼道等無福眾生前來，有福德的人們感覺不舒服，時間久了身體出毛病，自然也就不再來聽經聞法了，講得再好也沒有用；所以眞的「長無利益」，眞的應該要趕快斷食五辛。

**「是食辛人修三摩地，菩薩、天仙、十方善神不來守護，大力魔王得其方便，現作佛身來為說法；非毀禁戒，讚婬怒癡。命終自為魔王眷屬，受魔福盡，墮無間獄。阿難！修菩提者永斷五辛，是則名為第一增進修行漸次。」**

像這樣喜歡吃五辛的人，當他正在修習一般禪定時，或者正在參禪想要證得佛菩提**「金剛三昧」**智慧境界時，**「菩薩、天仙、十方善神不來守護」**，所以吃五辛是得不償失的。如果有一天你們開始修習禪定時也是一樣，千萬別吃五辛。當然最近有一些同修私底下在流傳說：**「我們佛教正覺同修會都不教禪定，所以我們去外面學。」**但我告訴你們：**台灣四大山頭，至今沒有一個地方可以教你怎麼證得初禪，二禪就更別說了！你們去學也是白學，沒有用的。**至於其他道場，有人宣稱有二禪、三禪功夫，但我看他們的著作，卻又全都無法描述證境。而我已經把二禪等至的實證境界都很詳細跟你們說明了，也說明初禪與二禪實證的方法與原理，雖然因緣還不成熟而沒有很詳細說明；但他們連初禪中的境界的體驗都講不出來，那你們認爲他們有幾禪？其實根本就沒有禪定的實證。捨棄可以實證禪定的道場，去隨同根本未證禪定的大法師，能證得禪定嗎？所以我說：學法時一定要有智慧。

但我從來不炫耀禪定的實證，因爲修得的禪定境界都只是世間法，不能出離三界生死，反而不如慧解脫不證禪定，還來得妙一些（編案：慧解脫阿羅漢的初禪不是修來的，而是修除性障以後藉著未到地定的定力自動發起的。「有證得初禪的凡夫，沒有不證初禪的三果人與四果人。」詳見平實導師《阿含正義》中的開示）。如果已經明心乃至見性以後，一切種智也開始修習了，未來得到了初地的道種智，是可以正修禪定的；但是最正確的次第是在第三地滿心以前才實修禪定，在佛菩提道中是這樣的次第，修起來是事半功倍的；若是躐等超越先修，修起來會特別辛苦，事倍功半。所以如果二地滿心的功德具足了，再來修禪定時是可以事半而功倍的，這樣一出一入，相差四倍之多，所以不必急著修證禪定，大家都可以稍安勿躁。

不但在修禪定時如此，參禪求證「金剛三昧」時更是如此；這時如果吃五辛，菩薩們都嫌這個參禪人好臭，當然都不會來擁護他，十方天仙也不來守護他，十方善神也一樣不會來守護他。當一切善心者都遠離而去以後，這時就使大力魔王得到方便時機了，於是就化現爲佛的身相來說法。當護法菩薩、護法神還在時，不會有魔王們這樣做；如果魔王偏要這樣做，正巧那些護法神的威德也不如魔王時，他們會往上報，自然會有大菩薩來制止。可是如果吃了五辛，大家都離開了；大力魔王就有方便化作佛身來誤導，護法善神們都離開了，沒有誰在護衛觀察，自然不會有誰來救護或趕走魔王、魔民。

這時魔王化作佛身來說法，於是就有紅色的釋迦牟尼佛、黃色的釋迦牟尼佛，紅白黃黑藍等五色佛，都可能出現，其實都是魔所化現的。密宗施設諸佛菩薩的顏色，其實都是鬼神或魔王化現的。譬如宗喀巴常常夢見黑文殊，文殊菩薩還有黑色的嗎？我才不相信！所有的佛都只有紫磨金色光明，菩薩則都是很明亮的金色光明；雖然光明之中夾雜著無量微妙眾色光明，但主要是紫磨金光或金光，不會有純黃、純綠等「光明」。凡是見到五色單色的佛菩薩時，你就開罵：「你是什麼魔假冒佛菩薩？我根本不想理會你，趕快走啦！不論你說什麼法，我都不會相信你。」如果是化成動物類來恐嚇你，那你就依照十二時辰來掐指頭算：子丑寅卯辰巳午未申酉戌亥，也就是鼠牛虎兔龍蛇馬羊猴雞狗豬，就這樣子計算。地支的十二支就是十二生肖，打坐修定時如果有動物來恐嚇你，如果那時是子時，當然來的是老鼠精，你就罵：「你這隻鼠精，跑來恐嚇我做什麼？」如果是寅時來的，你就罵：「你這隻虎精，跑來做什麼？趕快走！我不怕你。我早知道你是什麼東西！」你罵完了，牠們知道被看穿了，恐嚇不了你，只好走掉，因爲被你看破手腳了。如果化作佛、大菩薩來，又是紅色，又是藍色，又是黃色等等，你就罵：「你們這些山精鬼魅魔王，趕快走開！」但這終究是修習禪定時的障礙之一，遇到了總是會使你分心；爲了要避免這種情況發生，就別吃五辛。預防這種事情的發生，才是最好的辦法；當菩薩、天仙、善神們都來護持時，這些魔神當然無法靠近你，就不會使你分心而拖延實證了。

如果修行者本身的知見不夠，魔神就會以佛的身相來說法，解說到修行者信受他以後，他就開始「非毀禁戒」了。譬如藏密的十四根本禁戒，是鼓勵雙身法的，美其名爲報身佛的境界，他們說：「這樣才是實修佛法，只要改受密宗的三昧耶戒以後，就不會有破戒的問題存在。」然後就要求每天都要修習雙身法，這就叫作「非毀禁戒」。他們所謂的「明禁行」，是「明」什麼？是要明雙身法中的第四喜境界，宣稱就是報身佛果。「禁」是禁止還沒有受十四根本戒，也還沒有受密灌的人，去跟別人合修雙身法。「行」是規定「每日八時而行」，這是宗喀巴講的，不是我講的；也就是除了睡覺以外的時間，每天要合修十六小時的雙身法。可是密宗喇嘛們如今是不管女信徒有沒有受過密灌與三昧耶戒，只要年輕美麗，就可以勾引上床合修雙身法了！哪還有誰在遵守「明禁行」呢？都只是說好聽的罷了！又如密勒日巴在山洞中自修，也是修雙身法，但他一個人就用手淫的方法每天十六小時精修淫樂境界。這個就是說，密宗這些行爲全都是「非毀禁戒」，因爲全都是在破壞佛戒。可是沒有智慧的人就會相信他們的另一套說法。所以修定或參禪時，如果有所謂的佛菩薩化現來傳授雙身法，就要直接罵他們是魔王、魔民。沒有智慧的人才會信受他們，信受後誤以爲眞的是佛說，於是眞的開始修了，就成爲毀破禁戒的地獄人；因爲這是毀破聲聞重戒的，也是毀破菩薩戒的十重戒，罪在地獄。

魔王化現出來的佛菩薩，總是會讚歎婬怒癡：「男女合修的雙身修法雖然是淫行，但是可以成就報身佛果。」這就是讚歎「婬」。又說：「遇到慢心深重而不肯聽你解釋雙身法的人，你應該要示現佛慢，降伏對方來聽從你。」就指導你什麼時候應該要生氣起來，生氣時心中要觀想自己是究竟佛、報身佛正在生氣等等，這也是密宗裡的邪見，正是讚歎「怒」。還有就是讚歎「癡」：「住在雙身法的樂空雙運境界中，不要貪求快樂而放點(註)，能夠守住而不貪求放點的快樂，就可以長保金剛杵的堅固性而永遠住於樂空雙運中，這就是無貪。這樣不要生起語言文字而專心於樂空雙運中，就是三界最高的快樂智慧境界，就是報身佛的快樂境界，這就是報身佛的涅槃境界。」這就是讚歎愚癡，因爲這是連聲聞初果的境界都達不到的，何況是佛的境界？所以當然是在讚歎「癡」。（註：密宗的術語，意謂射精。）

愚癡無智的人就迷信奉行而「精進」修持，努力修行一世，最後命終時就會成爲魔王的眷屬；因爲迷信而努力精修雙身法，並且遵照他們的說法而努力行善，心中又一天到晚想著要往生去烏金淨土、空行淨土，結果就是生到夜叉、羅刹的「淨土」中。如果生前有證得未到地定時，或者善業更大時，就出生到他化自在天去；生到那邊去以後，當然就是夜叉或羅刹或正式成爲魔王的眷屬，那時還能跑得掉嗎？往生到那邊去以後，當然就是享受以前在人間行善時所應領受的天福了！這種天福就是魔天的天福。「受魔福盡」以後只剩下邪淫的惡業，也是破壞佛法的惡業，所以就墮入無間地獄中受苦無間了。

爲什麼叫作「魔福」呢？因爲他們也是一天到晚講慈悲、博愛、利益眾生；所以他們也修布施的福德，就只是在佛法上拐個大彎，轉入輪迴生死的世間道中。陳履安先生不是邀請大家認養小喇嘛嗎？那些被認養的小喇嘛們將來長大以後，會幹什麼事呢？諸位想想看就知道了！當然是要淫亂天下女人。那你們今天起還要不要繼續認養呢？只有愚癡人才會再去認養。因為你參與認養長大的小喇嘛們，以後都是要與女信徒們合修雙身法的，同時也都是用外道法來替代佛法的破法者；他們幫忙認養小喇嘛也只是修福，然而所修的都不是佛法中證道時所能相應的福德，所以都叫作「魔福」。

追究這個修行人往生他化自在天成為魔民、魔女，或者出生到所謂的烏金淨土、空行淨土而成為夜叉、羅剎的原因，起因都是因為吃五辛而沒有護法善神保護。如果不吃五辛，諸菩薩、天仙、護法善神都擁護著，魔王根本沒有機會化現佛身來誤導，何況會跟著魔王修習婬怒癡等邪法，就不會往生成為魔民、魔女了。所以 佛陀交代說：修習佛菩提的人，應該要永斷五辛，這就是「第一增進修行漸次」。所以三種增進中的第一法，就是把招引邪魔的「助因」修除掉；幫助自己輪轉生死的助因先除掉以後，接下來就是「真修」了！「真修」就是要「刳其正性」，所以 佛陀接著開示說：

【「云何正性？阿難！如是眾生入三摩地，要先嚴持清淨戒律，永斷婬心，不餐酒肉，以火淨食，無啖生氣。阿難！是修行人，若不斷婬及與殺生，出三界者無有是處。常觀婬欲猶如毒蛇，如見怨賊；先持聲聞四棄八棄，執身不動；後行菩薩清淨律儀，執心不起，禁戒成就；則於世間永無相生相殺之業。偷劫不行，無相負累；亦於世間，不還宿債；是清淨人修三摩地，父母肉身、不須天眼自然觀見十方世界，睹佛聞法，親奉聖旨；得大神通，遊十方界；宿命清淨，得無艱嶮，是則名為第二增進修行漸次。

講記：「如何是異生凡夫眾生的正性呢？阿難！像這樣子修習佛菩提金剛三昧的眾生們，想要進入金剛智慧三昧境界中，要先嚴謹受持清淨的戒律，永遠斷除婬心，每天飲食時也都不喝酒吃肉；而且要以火來清淨食物，不要吃進不熟的氣息。阿難！這個修行佛菩提的人，如果不斷除婬欲以及殺生而想要吃眾生肉，而能出離三界生死，沒有這樣的道理。修行人要常常觀察婬欲猶如毒蛇會害死法身慧命，猶如看見了怨賊一般要趕快走避；接著要先受持聲聞戒法中的四棄與八棄，執持色身安住不動；然後再受持菩薩戒而修行菩薩的清淨律儀，除了執持覺知心不生起違戒的心行以外，還要攝持自心住於佛菩提大法中，使大乘禁戒獲得成就；如此才能在住於世間行菩薩道的時間裡，永遠沒有與眾生互相出生、互相殺害的業行。而且凡是世間偷竊或搶劫的各種事情也都不實行，對於世間眾生都沒有互相虧負與拖累；也對於世間有情，不必再償還宿昔累積的欠債；這樣的清淨人修習而實證金剛三味的智慧境界以後，能以父母所生的肉身、不須修得天眼通，自然可以觀見十方世界，看見諸佛而聽聞佛法，並且也能親自承奉諸佛的神聖意旨；接著進修以後還可以獲得大神通，遊歷十方世界；這時宿世以來的性命已經清淨了，獲得沒有艱嶮的佛菩提道，這就是我說的第二增進修行漸次。」

「**云何正性？阿難！如是眾生入三摩地，要先嚴持清淨戒律，永斷婬心，不餐酒肉，以火淨食，無啖生氣。**」關於凡夫眾生心的正性，就是貪瞋癡，也是異生性；所以眾生的正性就是有時會造作與三惡道相應的惡業，死後轉生到三惡道去；這表示眾生都是有異生性的，沒有誰可以永遠當人、當天。所以簡單地說，異生性就是眾生性，異生性就是眾生心的正性。「**刳其正性**」，就是要把眾生心中的異生性，從中央也就是從根本挖除掉。所以「**第二增進修行漸次**」的「**刳其正性**」，就是要把眾生心中的不良心性從根本上挖掉，這就要在斷淫及斷殺上面來用心了。

這就是說，前面的「**助因**」純粹是在貪著五辛的味道上面來斷除，防止發生鬼神干擾障道的因緣，並沒有與修行直接關聯；現在這個「**正性**」的部分則是屬於自己本身心性的問題，要把以往的不良心性從根本挖除掉，所以叫作「**刳其正性**」，因爲「刳」就是挖除的意思。也就是說，如果想要修證佛菩提的「金剛三昧」智慧境界，或是想要修學世間禪定，都一定先要嚴謹守持清淨的戒律。如果在戒律上有所違犯，不只是無法悟後起修，甚至連證悟明心都不可能，如何能安住於不退的智慧境界中？即使眞悟了，悟後起修也絕對修不好，一定悟了以後會繼續原地踏步。這種現象是非常多的，也是我度人的經驗之談，所以這個部分一定要注意。世尊說這些道理的目的，就是要讓我們正心誠意，趕快摒除異生性，所以叫作「刳其正性」。

那我們應該如何注意呢？當你還沒有修到二地滿心之前，在戒法上是常常會不小心違犯的，往往起心動念就已經犯了。如果二地滿心了——親證猶如光影的現觀了，就不會起心動念想要犯戒；菩薩起了邪心、動了邪念也算是犯戒，在聲聞法中是只要身口不犯就不算違犯戒罪；但是還沒有到達二地滿心位時，其實是沒有辦法眞正持戒的，所以在戒律上常常會有一些小小的違犯。但是沒有關係，只要先把殺心斷了，就會對道業有幫助；若是出家人，當然還得要斷除淫心；在家人雖不必斷淫，卻必須斷除邪淫之心。

有的人被無理欺負時，心中極度憤恨，心中就會想：「護法神怎麼不讓他趕快死掉？」這也是殺心，雖然只有意業。我從來沒有起過這種念頭，不管人家怎麼毀謗我，或者免費得了法以後再回頭狠狠咬我一口，都沒有關係，我都不曾起過這個念頭說：「護法神為什麼不處理他們？」我最多就是這麼說：「護法神有他們的考量，我們不要干預。連起心動念都不應該，要避免影響護法神的考量。」因為一直有人埋怨護法神為什麼不處理他們。這就是說，已經能夠掌控自己的心，不會在起心動念上犯戒了，當然更不會在身行與口行上面犯戒。可是你若還沒有修得猶如光影現觀而證得這個心境之前，這是很難做到的，因為這是連心地中都不會犯戒了。那你們做不到，當然必須在身行與口行上嚴謹的守持，必須執身不動、執口不動，「要先嚴持清淨戒律」。

第一個部分是對出家菩薩說「永斷婬心」，以及「不餐酒肉」；對在家菩薩則是永斷邪淫以及「不餐酒肉」。因為這部經宣講時，主要是講給出家菩薩們聽的，所以說法的主要用意在於引導迴心大乘的阿羅漢們實證「金剛三昧、入三摩地」；事實上，當時在場的阿羅漢們也都與阿難菩薩一同悟入「金剛三昧、入三摩地」，所以有了實相般若智慧，才能使禪宗代代相傳而且傳到震旦來，如今還能在台灣繼續弘傳。所以這場楞嚴法會當然是以出家菩薩為主，而以在家菩薩為輔，所以對出家菩薩說「永斷婬心」，當然我們就得對在家菩薩說「永斷邪婬」。千萬別因為看見別人英俊的丈夫，就起心動念，淫心便出現了；更別因爲看見人家漂亮的老婆，就起心動念而出現淫心。一定要立即斷除，才符合「**永斷婬心**」的聖教。

「**不餐酒肉**」，是因爲飲酒吃肉會有後果。譬如酒後亂性，而吃肉不能長養慈悲心，而且也是跟眾生結惡緣，未來世難度眾生。而且吃了肉以後，心性會比較凶狠一些，所以肉食類的眾生，多數都很凶狠。除了不飲酒、不吃肉，還要「**以火淨食**」，也就是不吃生的東西；東西煮熟了以後再吃，依草附木精靈就離開了，所以不要吃進生鮮的氣味。

「**阿難！是修行人，若不斷婬及與殺生，出三界者無有是處。常觀婬欲猶如毒蛇，如見怨賊；先持聲聞四棄八棄，執身不動；後行菩薩清淨律儀，執心不起，禁戒成就；則於世間永無相生相殺之業。**」佛陀又說，這樣的修行人，如果不先斷除淫心以及殺生的心，想要出離三界，佛法中是沒有這個道理的。因爲淫心不斷的人，捨報時要去入胎再修菩薩道時，一定是顛倒想而入胎的。菩薩證悟後入胎時是正知入胎，不正知住胎、出胎的（五地滿心菩薩則是入胎、住胎、出胎時都正知分明的），但這是明心以後的事；在沒有明心以前，都是顛倒想入胎的。凡夫大師們在心中再怎麼想著：「**我要正知入胎。**」那時一樣是做不到的，因爲是以意識爲常住我，而不是以離六塵見聞覺知的如來藏為常住我，當然會與六塵中的淫行相應，不可能正知入胎的。所以說，最少得要明心，否則沒有辦法正知入胎。這就是說，只要落在意識心中，不免還有淫心在，到時候就是會生起顛倒想而入母胎。所以交代大眾一定要先斷淫心，否則入母胎時尚且心生顛倒了，何況想要出離三界，當然沒有這種道理。不斷淫心而說可以出三界的人，其實是連我所都還沒有斷離，何況能斷我見呢？當然不可能出三界。

如果不斷除殺生之心，捨報時所有的冤親債主，凡是能來的都來了！特別是有神通的怨家，他們會變現說法：「**我們是大善長者，往世跟你有緣，有一個好地方，我們在那邊過得很好，你就跟我們一起去吧！**」等亡者跟著去到那邊，結果當然是被欺負奴役。他們是為了索回欠債而來的，當然裝出一副大善長者的樣子；等到亡者跟著去到那邊，他們就不是大善長者了；那時才知道，已經來不及了。像這樣子，還能夠出三界嗎？當然出不了啦！所以淫心、殺心都要斷除。愛吃眾生肉就是殺心，因為殺心而欠了眾生的債，當然難以出離三界。

因此，菩薩「**常觀婬欲猶如毒蛇，如見怨賊**」；也就是說，淫欲會導致有情輪迴於欲界中，無法超出欲界，一直都到不了色界，更到不了無色界。

當你解脫於欲界，才能證得初禪，這含攝於世間禪定的九次第定中；在聲聞羅漢法中則是屬於解脫道的八背捨，因為在最後的非想非非想定之中也加以背捨而實證了滅盡定。當你證得初禪時是背捨欲界，證得四禪時是背捨三禪以下境界，證四空定時是背捨下五地境界，證得滅盡定時是背捨非想非非想定，就是超越三界九地境界，所以就能出三界。如果淫心不斷，就是解脫不了欲界的繫縛，永遠都在欲界層次之內。

諸地菩薩們乘願再來，有個基本的實證，就是超脫於欲界、色界、無色界，先證慧解脫，然後才乘願再來欲界中受生，示現如同世俗人一般無二；特別是還沒有滿足三地心或五地心以前，都是還有胎昧的。應該這樣才眞正是地上菩薩乘願再來呀！絕對不是被五欲所牽轉，而在欲界中流轉；如果有人聲稱是菩薩乘願再來而出家了，卻在人間暗修雙身法或者譬如密宗喇嘛們明著修雙身法，那都是被欲所繫縛而從來不曾解脫於欲界愛的凡夫，都還不如外道法中證得初禪的人，卻敢宣稱超越二乘、大乘，自稱證得報身佛果，都還本質都只是大妄語的地獄人。所以菩薩視淫欲如同毒蛇，因為害人不能出離欲界，何況能進入無色界乃至出三界呢？大眾應當常常這樣想：淫欲其實就是《舊約》所說撒旦派來的毒蛇，引誘大眾永遠住在欲界中。所以應當常常觀淫欲如同《舊約》講的那一條毒蛇，當你見到了這一條淫欲毒蛇，就看作是怨賊，要不斷地責罵它。

不過我要聲明的是：妳們女眾要特別注意，可別聽了今天的說法回家以後，就對丈夫說：「我從明天開始，要跟你分房睡了。」而是應該繼續履行同居時的義務，只是自己心中不要起貪。否則將來鬧家庭革命，再來對我說：「老師！我沒有辦法再來學佛了，因為我丈夫如何、如何……」然後妳家裡先生又跑來跟我吵架。小心呵！我對在家人所說的是斷邪淫之心，是斷貪淫之心，而不是教你們斷淫行之相。我說的是斷淫心，不是告訴你們斷淫行，所以在家眾們請特別注意；千萬不要到時候鬧家庭革命了，再來怪我。當然，這比出家菩薩們更難修，所以才說「火中生紅蓮」，特別難能可貴。然而我還是要回頭來說：出家菩薩們當然還是要徹底斷除淫心的，不只是斷淫行。

對出家菩薩們，世尊特別吩咐要先受持聲聞法中的四棄、八棄；因為這部經典主要是引導當時的阿羅漢等出家眾證悟佛菩提，也是預見未來會有天竺的坦特羅（密續）流行而冒稱佛教，預見會有人這樣以外道法取代佛法，所以先講在這部經中而流傳下來。關於聲聞法中的四棄、八棄，我們已經在前面講過了，這裡不再重複講解。執持四棄法、八棄法，可以讓身心安住不動，才能擺脫欲界的繫縛而專心求證如來藏，終於證得「金剛三昧、入三摩地」。所以 世尊的意思是，出家菩薩們要先持聲聞戒中的四棄、八棄，藉著戒律執身不動；接下來「後行菩薩清淨律儀」，這樣才能「執心不起，禁戒成就」。剛開始時是以聲聞戒拘束自己的身口，嚴持戒律不使色身犯淫、犯殺，接下來則是以菩薩戒來清淨律儀，攝心於大乘佛菩提道而不再依止聲聞解脫道，才能成就「攝心為戒」，然後才有可能「因戒生定」；否則，即使證悟佛菩提以後，還是會退轉回聲聞解脫道中，就無法「因戒生定」了，佛菩提道也就無法成就了。

然而眞要說到斷除異生性而完全「剋其正性」，還是要回到耳根圓通法門中所說的「入流亡所」來。以聲聞戒來斷淫心、殺心、盜心，是入道的方便法，是佛菩提道的入道基本條件，只是藉著戒律的功能，從身口意行來遮止未來墮落三惡道而成爲異生；但是在認定五陰常住、意識常住、六種自性常住的惡見還沒有斷除的時候，異生性只是被壓伏而不是斷除。眞要斷除異生性而完成「剋其正性」的修行內容，就必須「入流亡所」，也就是斷除身見等三縛結，異生性才算眞的斷除了（作者案：但大乘入地前所應斷除的異生性極爲廣泛，不是這裡所說明心「眞見道」前所應斷的異生性。請詳拙著《燈影》

書中的辨正）。所以在這些經文中，必須配合耳根圓通法門中所說的法義，互相涉入理解，才能眞正理解 世尊所說「刳其正性」的眞實義。

再進一步說，必須以菩薩戒來攝心，才能成就「攝心爲戒」的功德；證悟佛菩提的「金剛三昧」以後才能「因戒生定」，唯有這樣才能「入三摩地」。否則證悟佛菩提之後還是會退轉的，這表示他沒有「攝心爲戒」的菩薩戒功德，當然無法「因戒生定」，自然不可能住在「金剛三昧」智慧境界中，所以就無法「入三摩地」。所以，世尊說：要先以聲聞戒的比丘四棄或比丘尼八棄來執身不動，「後行菩薩清淨律儀，執心不起，禁戒成就」。這個道理，如今卻已經沒有任何大法師、大居士懂得了！所以我今天要再針對其中的互相關聯所在，特別加以說明。

菩薩有三聚淨戒：攝律儀戒、攝善法戒、饒益有情戒。這裡是講律儀戒的部分。律儀戒就是《菩薩優婆塞戒經》講的六重二十八輕，或者《梵網經》講的十重四十八輕等，這些是屬於菩薩律儀戒。但菩薩戒中的攝善法戒，有一條戒律中說：「若佛子心背大乘常住經、律，言非佛說，而受持二乘聲聞、外道惡見一切禁戒邪見經、律者，犯輕垢罪。」這才是《楞嚴經》中所說「攝心爲戒」的眞義，而不是以攝心不犯律儀戒作爲「攝心爲戒」的眞義。不論是二乘或大乘的清淨律儀戒，同樣可以清淨律儀，但是對於佛菩提的智慧三昧實證與入住，卻必須加上菩薩戒中的這一條不依止聲聞經律的戒條，才能實證。若是單依聲聞法中的經律來受持聲聞戒，是與佛菩提的實證無緣的。所以《楞嚴經》中 世尊才要特地說明「攝心爲戒、因戒生定」的道理。我當然要在這裡特別再強調一次，讓大家都再熏習一遍，才能熏入心田中，永遠不忘，然後才會有因緣實證佛菩提道中的「金剛三昧」而「入三摩地」；由於先有「因戒生定」而不退轉於佛菩提的定力了，才能眞正「入三摩地」而不會退轉回聲聞解脫道中。

接下來說，如果身能安住不動，心也能安住不動了，在世間就永遠不會再有「相生相殺之業」。首先從解脫果來講，既然沒有淫心的時候，就不會再有因緣出生別人，不會再像世間人一樣生生世世不斷地出生子女，將來就不會也被別人所生，就沒有「相生之業」。若是永遠「不餐酒肉」了，與眾生就沒有「相殺之業」，將來也不必爲了償業而必須重新受生來被人殺了吃掉，償還舊業；從此以後，乃至誤殺的情況都不會出現。如果繼續貪眾生肉，專買人家事先殺好的眾生肉來吃，將來戰亂來到時，可就免不了要被誤殺；雖然不會死亡，但是難免會被誤傷；這就是因爲平常愛吃肉，所以有「相殺之業」而產生的意外業報。如果沒有「相生相殺之業」，就不必再來三界中輪迴了。

「**偷劫不行，無相負累；亦於世間，不還宿債；是清淨人修三摩地，父母肉身、不須天眼自然觀見十方世界，睹佛聞法，親奉聖旨；得大神通，遊十方界；宿命清淨，得無艱嶮，是則名為第二增進修行漸次。**」再來是說偷竊與搶劫。偷竊與搶劫的惡業都不造作了，就與眾生「**無相負累**」。若不偷竊別人的財物，更不搶劫別人財物，就不再負欠眾生了。沒有負欠於眾生，就不會因爲欠了眾生的業，而在三界中繼續輪迴償還；所以只要「**無相負累**」，就不會被業力拖著繼續受生輪轉，也不必再回到人間來酬還宿債。有的人不信說：「**我哪有欠債？我吃肉時都是用賺來的錢去買的。**」雖然是用自己賺來的錢去買，可是仍然欠了那些雞、鴨、豬、羊的債；因爲他並沒有把錢給豬羊雞鴨，而是給殺害豬羊雞鴨的人；而那些豬羊雞鴨吃了飼養者的飼料，牠們只是欠飼養者食物與心血；而飼養者與殺害牠們來賣錢的人，則是共同欠了豬羊雞鴨的命；買肉來吃的人就共同擔負所欠的命債，所以買肉時就同時買了命債回來，也同時使被吃的眾生共同欠了一些飼料錢的債務。

因果是很複雜的，所以吃肉的人付了錢去買，還是欠了命債呀！只要吃了一公斤肉，未來世就得要還牠們十公兩；而牠們未來世得要償還買肉者、殺害者、飼養者錢財，這才是正確的因果。所以你如果吃了眾生肉，除非未來世度了他們作徒弟，幫他們得法，才不必償還肉業；因爲他們得了法，感恩戴德而不會再要債了。若不是以這種善淨之業轉移掉，未來世就是每一公斤肉都還要再加上利息，都是跑不掉的。既然想要出離三界生死，所以偷與劫都不應該有，殺害之業也不要有，就可以「不還宿債」。

過去世偷了別人財物或者貪小便宜，未來世都是要償還的，而且都要加利息。特別是侵損招提僧物，「招提」就是寺廟，對寺廟中常住眾的各種財物，千萬要小心，連起心動念都不該有；假使不注意而在無心之中帶了一點小東西回去，譬如順手把常住的原子筆往口袋一放就忘了，未來世就還不完了。三寶物，一絲一毫都不能動；可是眾生不瞭解，還要往寺院中偷竊，眞是愚癡，我們當然應該對眾生們教導。如果這一些業都不存在了，這個人當然就成爲清淨人，這時他來修佛菩提道的金剛三昧智慧境界，一旦證悟了，能以父母所生肉身而不需有天眼，就能「**自然觀見十方世界，睹佛聞法，親奉聖旨**」。

請問：你們明心以後，十方世界諸佛是不是同一個法？（眾答：同一個。）

是同樣的如來藏呀！如來藏沒有第二種呀！那麼十方世界所有現在佛與未來佛都在為你說法，你都聽得清清楚楚，怎麼聽不見呢？這不是「睹佛聞法」嗎？所以有人問禪師說：「如何是善知識？」禪師說：「屠者！」說殺豬、殺羊的人就是他的善知識。為什麼呢？因為那也是佛呀！當那個人殺豬、殺羊、賣肉時，也是在為人宣說佛法的，問題是當面買肉的人聽懂或不懂。這當然也是「睹佛聞法，親奉聖旨」呀！在娑婆世界中是如此，在十方世界中也是如此，這不就是「自然觀見十方世界，睹佛聞法，親奉聖旨」嗎？

當然也有人證悟以後獲得 佛陀召見，那時自然也會有一些咐囑；有的人就不必咐囑，因為他自己已經知道了。但大部分人在善知識幫助下證悟時，都是不會有召見的；因為有善知識在領導弘法了，該做的事情也都在做了，所以 佛陀就不必再對這些善知識座下的證悟者交代什麼事情了。除非是有什麼特別的因緣，譬如有特殊任務交代，否則就不一定要化現來感應。當你證悟佛菩提的金剛不壞法而獲得實相智慧時，就是證得「金剛三昧」，這就是「親奉聖旨」，因為諸佛最神聖的旨意就是如來藏妙眞如性這個金剛法性。當然，有時證悟後也會遇到 佛陀示現與交代事務，或者有時因為恐怕這個弟子會退失，所以示現加持護助不退；這時就可能是在你打坐時，或者是在你的夢境中出現，這是另一種「親奉聖旨」，是屬於弘法的事務或者加持護助。

若是往昔本來就常常修證四禪八定與神通等功夫，因爲胎昧而在此世暫時忘記了；當他這一世證悟之後也往往會重新發起禪定與神通。這是說他過去世修過神通，但是因爲胎昧而暫時忘了，被世間法染汙了；現在明心之後回復到往世修行時的清淨性，就使染汙的遮蓋消失了，於是過去世修過的神通就會再度出現。所以，有的人悟了以後獲得大神通，這也是有的，而且所獲得的神通會比往世修證的更強、更圓滿；因爲有出世間法的幫助，所以功德大幅度增長了。如果獲得大神通時，或者繼續進修到三、四、五地的滿心（利根人修到三地滿心時）就會有意生身，一樣可以遊歷十方佛世界。到了這個地步時，當然「宿命清淨」，因爲在佛菩提道中，三地滿心發起意生身時，就開始邁入另一階段的進程了。有的人則是需要修到五地滿心時才會發起意生身，才開始進入另一個進程。

如果還沒有獲得意生身，雖然還有胎昧，但是三地滿心已經有宿命通了，而且比阿羅漢們勝妙，還是可以知道不少過去世的事情；這時可以常常進入第四禪的等持位中，用宿命通去觀察，對自己的來歷當然已經很清楚了，就叫作「宿命清淨」。因為悟了以後，他的宿命通會比悟前的宿命通殊勝很多倍，而且也是由於沒有再負欠眾生各種業債了，所以是「宿命清淨」。因此，從這一世開始，於未來世修學佛道時就都沒有什麼艱險了，這就是第二種佛菩提道的增進修行漸次。所以經中所說「自然觀見十方世界，睹佛聞法，親奉聖旨」，有時是明心以後從比量來觀見的；對於這個世界的「睹佛聞法，親奉聖旨」，則是現量所見的。另外一種「遊十方界」，是從三世來講；也就是證悟以後，發願往生某一個佛世界，捨報以後往生過去；這樣一世又一世來往於不同的佛世界，也是「遊十方界」而「睹佛聞法，親奉聖旨」，不一定指這一世中「遊十方界」。

以上說的是「刳其正性」，就是斷除淫心、殺心、盜心。若能確實如此做到，就是三種惡心斷除時，眾生惡劣正性被「刳」除了，菩薩性就跟著發起來，表示心地已經開始清淨了。

【「云何現業？阿難！如是清淨持禁戒人，心無貪婬，於外六塵不多流逸；因不流逸，旋元自歸。塵既不緣，根無所偶；反流全一，六用不行；十方國土，皎然清淨，譬如琉璃內懸明月；身心快然，妙圓平等，獲大安隱。

一切如來密圓淨妙，皆現其中，是人即獲無生法忍；從是漸修，隨所發行安立聖位；是則名為第三增進修行漸次。

**講記**：「什麼是現業呢？阿難！像這樣子清淨受持菩薩禁戒的人，心中沒有貪婬，對於外六塵已經不會多所流逸了；因爲已經不對外六塵流逸追逐的緣故，返旋回來自己的根元妙眞如性之中，成爲自歸依，住於自心如來藏的妙眞如性中。對外六塵既然不再攀緣了，六根都沒有各自所面對的外六塵了；這時反身回歸自心如來藏而安住於整個一體的佛性之中，六根的不同作用就不再運行了；因此而看見十方國土及一切有情，都同樣分明顯示以如來藏妙眞如性爲體，都同樣是清淨國土，就好像中空的琉璃裡面懸掛著一輪明月一般；這時身心輕快安然，住於勝妙圓滿的平等法性中，獲得前所未有的大安隱。一切如來的祕密圓滿清淨勝妙法，全部顯現於如來藏妙眞如性之中，這個修行人因此就獲得無生法忍，圓滿三賢十地的修證；就從這樣違其現業的增進漸次修行過程中，隨著各個不同次第所發現運行的內容來安立各個次第的聖位；這就是我說的第三增進修行漸次。」

「**云何現業？阿難！如是清淨持禁戒人，心無貪婬，於外六塵不多流逸；因不流逸，旋元自歸。**」前面講過第一漸次的「助因」，也講過第二漸次的

「**剗其正性**」而證得「**金剛三昧、入三摩地**」了；接著是第三增進的「**違其現業**」，就是要違背會障礙佛菩提道的種種現行惡業，增進修道的種種功德。所以　佛開示說：阿難啊！像前面已經完成助因而且挖除眾生異生性的修行以後，心中沒有貪淫之心了，算是正式進入修行階段了，所以開始「**正修**」，對於外六塵，已經不再常常流逸於其中了。因爲心中已經受持禁戒，也開始依據菩薩戒而不依止聲聞戒、聲聞法了，有了「**攝心爲戒、因戒生定**」的功德，並且已經斷除我見而完成「**入流亡所**」的實證，才能證得「**金剛三昧、入三摩地**」。這時心中是以求證佛菩提的修道功德—諸地無生法忍—作爲最重要目標，所以不再產生貪婬的現象了，當然處在外六塵中還是不會常常把心流逸出去；然後就因爲「**心不流逸**」的關係，開始「**旋元自歸**」，開始把七識心旋轉回來，歸回自己如來藏的妙眞如性中，就向自己的佛性境界中安住下來。

「**塵既不緣，根無所偶；反流全一，六用不行；十方國土，皎然清淨，譬如琉璃內懸明月；身心快然，妙圓平等，獲大安隱。**」由於安住於自心內境—妙眞如性境界中—的關係，對於外六塵既然已經不攀緣了，那麼六根也就離開所面對的外六塵了。因爲不緣於外面的六塵，往自心內境安住於佛性境界時，是反歸自心內境而將本來向外流注的行爲，攝歸自己如來藏的佛性中，而不再使面對六塵的了別性繼續運作，這就是「六用不行」。這樣攝歸自心內境而住於佛性境界很久以後，就會越來越深入、越微細、越勝妙；到最後，所見十方國土與一切有情都是分明清淨的，都同樣是如來藏妙眞如性；這時是身心都很清淨的，就好像一個琉璃球內懸掛著明月一般。這時身心都非常清爽快樂，住在勝妙圓滿平等的境界中，獲得大安隱的心境。

當意識不面對外六塵而向內安住時，六根就不再了別外六塵；因爲六根不與外六塵面對了，所以「根無所偶」。當六根不再面對外六塵，改爲向如來藏的妙眞如性（佛性）中安住時，就叫作「反流全一，六用不行」。把原來向外流注出去的覺知心，反向拉回來自己佛性境界中安住，叫作「反流」。「反流」以後爲什麼成爲「全一」呢？因爲歸依於自己如來藏的佛性妙用而安住時，佛性是一個法性而不是六識自性等六種法性，所以是「全一」；這時六識的六種自性—見性、聞性乃至覺性、知性—就全部不再運作而停止了，所以是「六用不行」。

當「六用不行」時——六識自性全都停止時，類似九次第定的二禪等至位，只住於定境中的法塵境。我說類似，是因爲二禪的實證者不能住於佛性境界中，但住於佛性境界中的菩薩，若是定力深厚時，可以遠離外六塵而住於佛性境界中。在二禪等至位而不在等持位中的時候，是不面對五塵也不面對其他法塵，所面對的只有定境法塵，如同「六用不行」，但其實只是五用不行——不觸五塵。

四禪八定具足的凡夫只要一明心，就可以成爲俱解脫的大阿羅漢，這是有原因的；因爲這時他在證悟前修行禪定的過程中，已經把六根反緣而往內收攝回歸到意識自心內境；只是還不曉得如來藏何在，所以實相智慧無法發起，解脫道智慧也無法發起。所以他已經先有制心一處的功夫，先有降伏自心煩惱的功夫，這時只要明心了，確定七識心果然虛妄，自然「六用不行」，就成爲證得滅盡定的大阿羅漢，這時我見、我執就已經全部斷除了！而這位本來只是證四禪八定的凡夫，只要一個明心就足夠他成爲俱解脫大阿羅漢。然而是不是每一個人都能這樣呢？這可不一定。因爲一般人沒有經過禪定修行的過程，無法引生對七識心虛妄的觀察，更無法了知如來藏何在；由於這個緣故，就無法「反流全一」，所以六用就不斷地在運行，於是自心無法清淨，不可能證得解脫果。

如果明心之後能夠這樣次第去修，也可以跟俱解脫大阿羅漢一樣，不緣於外六塵—六根不面對六塵—單緣於如來藏也可以；如果再加上眼見佛性的證量，單緣於佛性—如來藏妙眞如性—當然更容易成就「反流全一，六用不行」的證境，但這是要先完成三賢位的實證以後才能進修的。至於完成這個證量的時節，就是耳根圓通法門中說的「生滅既滅，寂滅現前，忽然超越世出世間」的證境，已經不是五地、八地的事了，而是等覺位的事了！這時自然而然就「十方國土，皎然清淨」，正是耳根圓通法門中說的「十方圓明」，當然就可以像 觀世音菩薩一樣「獲二殊勝」了。由這時修證的心境來看，其實沒有什麼染垢可說，因爲十方國土都是眾生自心共業而由如來藏妙眞如性所成就的，並不是覺知心故意污染或者故意造作清淨所能成就。而是眾生心若污垢時，如來藏妙眞如性形成的國土就有污垢；眾生心清淨時，國土就會跟著清淨。因此，如果修證到這個層次時，當然會瞭解十方世界之所以有垢穢，都是因爲眾生心中有污垢；世界之所以轉變清淨，也是因爲眾生心地轉變清淨了！唯心淨土正是這個道理，不是只講如來藏這個淨土，所以唯心淨土是函蓋器世間國土的。如果眾生心全部清淨了以後，國土就會轉變清淨了；眾生如果心不清淨，就無法繼續生在清淨後的國土中活動。所以，污濁的娑婆世界眾生，往生到極樂世界去以後，只能在蓮苞中繼續安住；一定要等到他的心清淨以後，蓮花才會開敷，才能出來見佛菩薩。因爲那裡是清淨世界，所以不能容許心地污濁的眾生在那邊活動，因此要讓他們待在蓮花中聞法；等到後來心中清淨了，才會使蓮花開敷而出來面見佛菩薩。還在蓮苞中的時候，由「寶樹」與「和風」等不斷地放音解說四聖諦、八正道、十二因緣、六度波羅蜜、苦、空、無我、無常。上品中生人要聽整整一夜，等於娑婆世界的半個大劫。聽了整整七個大劫以後，心地不清淨也難；那時自然於娑婆世界七個大劫。如果上品下生，要在蓮苞中聽七天，等花開，讓他出來極樂世界中活動。因爲那時已經與先來極樂世界的諸上善人一樣清淨了，而極樂世界中的一切人都在努力修行；如果有一個人心還不夠清淨，就先從蓮苞中出來，四處走動觀光而無心於道業，可眞不成體統啊！意思就是說，當往生的眾生心地清淨時，就可以出離蓮苞而在清淨世界中活動；心地若不清淨，就繼續待在蓮苞中聞熏佛法。等到花開見佛時，就可以依照三輩九品的不同，各自獲得佛菩提道或聲聞解脫道的實證。

「譬如琉璃內懸明月；」是因爲智慧與心地兩方面都漸漸轉變清淨了，所以發起勝妙智慧而引生聖種性，因此而獲得無生法忍。末法的眾生與聲聞解脫道的見道，或者與佛菩提道的見道不能相應，可見絕大多數人都悟錯了，原因即是心地有染汙，心地不清淨；如果心地清淨而沒有染汙了，就會像琉璃一樣透明。當我們把綠色透明的琉璃中央挖空了，在裡面懸著一輪明月時，不就內外通明了嗎？那眞是「**身心快然**」。就譬如你們剛剛來正覺學法，剛開始學會無相念佛時，有一段時間覺得是內外通明清澈的，這是因爲你的無相念佛功夫很純熟時，心中沒有雜念、非常清淨，所以就會覺得是內外通明。

但是經過一段時間，教你開始參話頭，那時內外通明的感覺就不見了；因爲那時有煩惱了：「**我要怎樣才能夠破參明心呢？**」被這個煩惱障住了，開始如喪考妣的參禪生活。但是明心或見性以後，又回到「**身心快然**」的情況了。因爲從此開始就只是按部就班次第前進，都不必急、也不必擔心能不能親證如來藏、看不看得見佛性，就只是按部就班前進而已，所以到此時是「**身心快然，妙圓平等，獲大安隱**」；因爲如來藏的清淨性、微妙性、圓滿性、平等性，在每一個有情身中都沒有差別地顯現出來；下至螻蟻、上至諸佛，全都一樣，平等不二。這時就獲得大安隱，從此再也沒什麼好牽掛的。

「**一切如來密圓淨妙，皆現其中，是人即獲無生法忍；從是漸修，隨所發行安立聖位；是則名為第三增進修行漸次。**」再繼續進修的結果，「**一切如**

來密圓淨妙，皆現其中」。同樣的道理，如果已經「反流全一，六用不行」時，剛開始時當然是親見「十方國土，皎然清淨」，所以「是人即獲無生法忍」；因爲他當時已經看見「一切如來密圓淨妙，皆現其中」，全都顯現於如來藏心體以及祂流注出來的妙眞如性（佛性）之中。一切如來的祕密就是如來藏的妙眞如性，不只是如來藏自身的所在而已，而是佛地的佛性全體作用；這是連明心菩薩都無法現見的，也是眼見佛性的菩薩們只能極少分了知的，乃至等覺菩薩都還只能知道而無法運用的。而諸佛如來能具足運用佛性的神用，是因爲修到最後身菩薩位，明心之後使大圓鏡智現前了，進而眼見佛性時才能使成所作智現前，這時才能夠具足運用而且圓滿了知佛性內涵，所以如來藏的妙眞如性—佛性—是一切如來祕密。入地時能獲得少分的佛性作用，純屬智慧，名爲無生法忍；這時已經證實「一切如來祕密圓滿清淨微妙」的種種功德法，全都示現在如來藏心體與祂所顯示出來的佛性之中，所以獲得無生法忍。

也就是說，到了初地滿心以後，你會現前觀察到一切如來的秘密心是怎麼回事：能夠觀察如來藏心體的作用以及心體流注出來的佛性方面的示現與作用，所以說「皆現其中」。所以經中說初地以上獲得無生法忍，原因就在這裡；因爲一切法從如來藏心出生而攝歸如來藏中，而如來藏本來無生，所以一切法也是本來無生。在二乘法中說，一切法有生有滅，一切法緣起性空，但不知一切法如何從本識中生起，所以說一切法生滅無住；從菩薩摩訶薩來說，一切法本來無生無滅，因爲一切法只是在如來藏的表面妄起妄滅，攝歸不生滅的如來藏；既然是虛妄起，怎麼可以叫作起？也是虛妄滅，怎麼可以叫作滅？所以攝歸如來藏而依如來藏來說一切法時，一切法就成爲本來無生。能如此現觀，也能忍於一切法的無生，就是證得無生法忍；這是佛菩提見道者進修後得無分別智而到達通達位時的初地入地心，就有智慧能如此普遍現觀一切法，這就是無生法忍。於一切法無生若不能安忍，就不得無生法忍；所以二乘人有**無生忍**而沒有**無生法忍**，二乘人所證是蘊處界無常性空而忍於滅盡、不受後有，未來世不再有生而名爲親證無生，不能現見一切法本來無生，所以只有無生忍而沒有無生法忍。

菩薩從這個地步再繼續進修，也就是從初地開始次第進修，名爲修道位，屬於聖種性的菩薩摩訶薩；見道後的地前修學別相智——後得無分別智，滿足三賢位的智慧與福德（包括斷除三界愛的現行）以後，發起十無盡願，才能入地成爲初地的初心；所以三賢位以前都還是見道位所攝，只是習種性、性種性、道種性位的菩薩。入地後開始修習諸地的無生法忍一切種智，也開始斷除三界愛的習氣種子，到七地滿心時斷盡習氣種子，進入八地以後專門在無生法忍上用心，專門在斷除異熟種子上面隨從諸佛修學，乃至等覺位以整整一百劫專修福德，然後才能成佛。這就是 世尊所說「從是漸修，隨所發行安立聖位」，都是依隨次第進修而漸漸發明出來的功德力用，來安立大乘菩提成佛之道的聖位。世尊說，這樣的整個成佛過程就稱之爲第三種的增進修行漸次。

所以入初地之前還不能稱爲修道，還不算是佛菩提道裡的眞正修行人，而是求見道通達的人。所以還在尋求大乘見道的人，在佛法中還不算是眞正修行人，只能說是多聞熏習及修集資糧。明心以後則是見道——眞見道，可是距離見道通達位的初地入地心，還有一段很長遠的時劫與距離，還得要一步又一步去進行。所以有些法師明心之後說：「我來正覺明心開悟了，莎喲哪啦！」走人了！離開同修會了！未來怎麼樣成佛呢？還是不知道，只能原地踏步。人家是齊步走，一步一步往前去了；他們還一步一步在原地踩著，虛耗光陰，浪費生命。只因爲我這一世沒有披僧衣，他們覺得跟著我修學很沒面子；卻都不知道成佛之道三大阿僧祇劫中，入地以後大多數是不現聲聞相的，所以說他們不是有智慧的人。能夠這樣明心之後，再往前一步一步走，一直到通達了，成爲初地入地心，才可以說：「**我現在是修道人了。**」因爲成佛之道是別教法，不是三藏教或通教法，不依聲聞果判教，也不依止僧衣的。

然而對於求見道的人來說，一定要先明白這三種增進修行漸次，才不會白走許多冤枉路；因此諸位對這三方面都要注意：第一「**修習**」是助因，要斷除五辛；第二「**眞修**」是「**刳其正性**」，斷殺盜淫以及受持大乘經律而不依止二乘經律；第三「**增進**」是在現業上面遠離世間六塵，旋歸如來藏的妙眞如性，次第圓成佛道。這些全都要自己實地去做，在三賢位中就是要讓習種性、性種性、道種性發起，第一漸次的助因與第二漸次的正性，目的就在這裡。所以悟了以後，因爲還在習種性位，當然要努力再往前進修，得要「**刳其正性**」，把不好的心性不斷挖除，剩下清淨性以後才能夠進到第三個階段來修證諸地無生法忍。

有些人明心以後問我說：「**我明心以後該怎麼前進？**」我說：首要之務是先把我的《楞伽經詳解》好好啃熟了再說。第二個部分，就是要同時「刳其正性」，一定得要把染汙的心行努力除掉，必須把大乘見道所攝的異生性，也就是成佛之道中很廣泛的凡夫性都要修除，要使自己發起性種性，具足菩薩性。第三個部分才是堅固道心，把修道性圓滿之後發起聖種性來，才能開始諸地的進修。十迴向位的修道性，就是心心念念所想的全都是修道：主要是在怎樣成就入地的功德，把一切修行都迴向入地，所以總名為十迴向。這十迴向位的修行目的都在功德增上而獲得初地的智慧與聖種性，所以十迴向位的菩薩摩訶薩是有道種性而正在設法發起聖種性的。最後這一段是針對現業的部分所講的大略內容。

【「阿難！是善男子欲愛乾枯，根境不偶，現前殘質不復續生，執心虛明，純是智慧；慧性明圓，瑩十方界，乾有其慧，名乾慧地。欲習初乾，未與如來法流水接，即以此心中中流入，圓妙開敷；從真妙圓，重發真妙；妙信常住，一切妄想滅盡無餘，中道純真，名信心住。真信明了，一切圓通，陰處界三不能為礙，如是乃至過去未來無數劫中捨身受身一切習氣，皆現在前，是善男子皆能憶念，得無遺忘，名念心住。妙圓純真，真精發化，無始習氣，通一精明；唯以精明，進趣真淨，名精進心。心精現前，純以智慧，名慧心住。執持智明，周遍寂湛；寂妙常凝，名定心住。定光發明，明性深入，唯進無退，名不退心。心進安然保持不失，十方如來氣分交接，名護法心。覺明保持，能以妙力迴佛慈光，向佛安住；猶如雙鏡光明相對，其中妙影重重相入，名迴向心。心光密迴，獲佛常凝，無上妙淨；安住無為，得無遺失，名戒心住。住戒自在能遊十方，所去隨願，名願心住。」

**講記：**「阿難！這樣的善男子，欲愛已經乾枯了，六根與六塵境界已經不再互相偶諧；而現前殘留的瞋癡性質也不再繼續生長，堅決地認定自己有一個眞實心是猶如虛空一般了了分明的，這時心中純是聞法所得的智慧。這種聞所得慧的體性光明而圓滿了，晶瑩剔透而了知十方世界同屬一類虛明心，但是還沒有實證，所以尚未被法流水潤澤，徒然乾有其慧，以致於尚無功德受用，就名之爲乾慧地。這種乾慧地的內容共有十種：

一、愛欲的習慣是第一次才剛剛開始乾枯，還沒有與諸佛如來的法流水相交接，就以這樣嚮往佛菩提道的覺知心，不斷地不偏不倚流入於佛菩提道的法義中，聞所得慧漸漸圓滿微妙地打開敷演出來；一再熏習而從眞實微妙圓滿的智慧中，重新再發起眞實微妙的智慧；這種微妙的佛菩提信心常住不移，一切對佛菩提道的妄想滅盡無餘了，了知關於中道法義的純眞內容時，就稱爲信心住。

二、對佛菩提道的眞實信已經明了，於一切法中已經圓滿通達了，五陰十二處十八界等三種法，都不能再障礙他修學佛菩提道了；就像是這樣子，乃至過去與未來無數劫中不可計數的捨身受身時的一切習氣，全都顯現在眼前時，這個善男子都能夠憶念清淨信，知道一切習氣全都同樣是由我見、我執、我所執產生的，全都不曾遺忘；這樣如實了知時，就名爲念心住。

三、微妙圓滿純眞的聞所得慧，可以使行者了知一切法全都是由眞實精明的如來藏心中發生化現出來的；而無始劫以來乃至將來修習成佛之道過程中的種種習氣，其實也都通向唯一精明的如來藏心。這時已經知道唯有以這個精明性的如來藏心作爲依止，才能進趣眞實清淨的佛地境界，這時就稱之爲具有精進心的第三信位菩薩。

四、由於不斷聞熏正法而使覺知心對佛菩提道的精明性現前了，這時已經能夠純以聽聞如來藏妙義所得的智慧，來爲人說法了，就名之爲第四信位的慧心住。

五、執持自己的聞所得慧，使智慧明白無遮時，就知道如來藏心是周遍於十八界法中，而且也是寂靜而湛然不動的；然後就依止於寂靜微妙的如來藏正見中，常常凝住這種知見而不搖動，名之爲第五信位的定心住菩薩。

六、對佛菩提道的決定心作用已經發明出來了，也對如來藏的明性更加深入了知以後，接著是在佛菩提道中只有前進而無退轉，名爲第六信位的不退心菩薩。

七、依所發起的五根，使修學佛菩提道的心繼續邁進而安然保持不失，能體認諸佛的護法心切而與十方如來氣分交接，就名爲第七信位的護法心。

八、對佛菩提道正義的覺了明白，繼續保持而不中斷，就能以勝妙的力量迴向諸佛時時刻刻給與衆生智慧的慈憫光明，迴向諸佛座下安住；猶如楞嚴密壇中，上下雙鏡光明互相面對之處，其中有兩鏡的妙影一重又一重互相涉入，無窮無盡，這就是第八信位的迴向心。

九、對於佛菩提道聞熏而了知以後，產生了聞所得慧，卻是自己才能知道，所以這時智慧心的光明暗地裡迴向自己內心中住，獲得諸佛佛菩提道的正理而常常凝心安住其中；這是自心住於無上微妙的清淨法中，安住於無爲的法性中，攝持自己於大乘法戒之中而不會遺失大乘法戒了，名爲第九信位的戒心住。

十、佛弟子聞熏大乘佛菩提道的妙義，而且已經攝心於大乘戒法中，不再依止二乘經戒了；從此以後永住於大乘戒中，每一世捨報時都能自在往生諸佛國土，所以能遊歷十方諸佛國土，所想要往生去的諸佛國土，全都隨著他的心願而往生，這就稱爲第十信位的願心住菩薩。

「**阿難！是善男子欲愛乾枯，根境不偶，現前殘質不復續生，執心虛明，純是智慧；慧性明圓，瑩十方界，乾有其慧，名乾慧地。**」講過佛菩提道的大概內容以後，接著要開始次第詳說，於是先講十信位的修習。可是想要進入十信位的初信位之前，先要瞭解乾慧地的意思。也就是說，想要進佛門修道，要親證佛菩提之前，必須先具備乾慧地的智慧，才能具足十信功德。乾慧地是指十信位的功德，這個階段的修學，須先「**欲愛乾枯**」；後面經文中會講解「**欲愛乾枯**」，是說隨緣而做，心中不貪。「**根境不偶**」，是讓自己的六根不在欲界六塵境界中攀緣，六根就不再有匹偶了。譬如《阿含經》中的阿羅漢比丘們，出外托缽遊行時都只看前方地上，這叫作「威儀庠序」，不緣於外境，攝心一處，不理會周遭的事物；除非因爲有大事情發生，不得不注意。我們有些同修們也是這樣子，出門在外行走時，只看著前方地上保持著憶佛的淨念，不像世俗人一般東張西望。修行人正應該攝心於一境，不向外攀緣，所以「**根境不偶**」。

「**現前殘質不復續生，**」當「**欲愛乾枯**」以後，目前所殘留下來的異生性—喜愛攀緣六塵而產生的瞋與癡—就不再繼續出生了；這時心中堅定地認爲自己有一個「**虛明**」之心，心中認爲自己有一個猶如虛空而明了不昧的心存在，無始以來不曾睡覺或悶絕過，這個虛明心就是自己蘊處界的根源；這時純粹是經由聽聞而出生的智慧，不是實證的智慧。雖然他對佛菩提的智慧已經知道得很明白而圓滿了，也知道十方世界的眾生都是同樣有這種虛明心，所以說他「**慧性明圓，瑩十方界**」；但這種智慧都只是經由聽聞熏習而知道的，並沒有實證，所以說他「**乾有其慧，名乾慧地**」。

這是因爲暫時不再貪著世間男女之間的細滑觸，經由聞法熏習或閱讀眞善知識的著作而如實理解，所以「**慧性明圓**」；這時已經知道能見、能覺、能知之心虛妄，六塵也是生滅法，不該攀緣執著；心中認定另一個「**虛明**」之心才是佛菩提智慧的根源，知道只要證得這個心，實相智慧就出現了；已經全盤瞭解這樣的事實，就是「**慧性明圓**」。

「**瑩十方界，**」是知道十方虛空無量無邊世界的所有眾生，都同樣有這一種虛明心，不可能再有別的心是究竟心。但因爲還沒有證得，所以「**乾有其慧**」。譬如一個乾燥而且還沒有煮過的食物，其中完全沒有水分，你就沒辦法吃它；即使是澱粉類的食物，如果不用口水或清水潤濕，你還眞的吞不下去，就無法受用它的營養，這都因爲是「乾」的緣故。智慧也是一樣，還沒有得到實質，只是在理解上知道了，仍然無法有眞實的功德受用。

可是像這樣正確理解佛菩提而沒有實證的人，現在末法時期也是不多的了（編案：這是二〇〇二年時講的，如今台灣佛教界的素質已經提升很多了）；所以有很多人從來都沒有聽過禪宗的禪，關於明心與見性兩種開悟之間的差別，也從來沒有人講過，更別說是聽過（編案：直至二〇一一年的今天，慧廣法師都還在爭執明心就是見性，而且他所謂的明心都還繼續停留於意識生滅法中；其餘四大山頭的大法師們亦是如此）；至於聽過的人，也往往繼續在六塵境界中攀緣，取六塵中的境界作爲開悟的境界。比如靜坐一念不生時，就認定是開悟了！所以有人主張：「**一念不生時的覺知心就是眞如心，住於一念不生之中，就是開悟了。**」但一念不生之中還有很多種變相境界，同樣都是意識生滅法的境界，他們卻都還不懂，同樣都沒有斷我見；這表示他們都還沒有到達乾慧地，連十信位都還沒有進入，還在信位以外，卻自稱開悟，都是地獄種性人。

「**欲習初乾，未與如來法流水接，即以此心中中流入，圓妙開敷；從真妙圓，重發真妙；妙信常住，一切妄想滅盡無餘，中道純真，名信心住。**」

有了聽聞熏習所得的正知見，理解並且信受了；可是自己思惟時，卻是怎麼想也想不通，實證的智慧無法生起；但是心中確信眞有一個虛明之心存在，所以就努力把自己對五欲的貪著開始加以消除。譬如有一些人一開始學佛以後，珠寶不戴了，也不再化妝了，往往被丈夫嫌她是黃臉婆。因爲她們覺得五欲都不重要了，這就是「欲習初乾」。沒有學佛之前在五欲中打滾是正常的，譬如我自己，還沒有學佛以前，因爲喜歡音樂，所以先後買了一些原版唱片；但因爲實在太忙，根本沒有時間去買音響器材來聽，只是看見有好唱片就先買下來，希望有時間時可以買好的音響器材來聆聽。然而一直都沒有時間，接著就學佛而不想買音響器材來聽那些原版唱片了！後來是到了去年，知道自己今生是不會有時間可以享受好音樂的，於是送給我的兄長。

事實上，剛學佛以後，把事業看輕了，無心經營了，所以後來其實是有時間的。但因爲已經開始學佛了，心裡想：「我開始學佛了，還要享受音樂嗎？應該要離開五欲了。」所以就沒有去買音響器材來聽那些原版唱片。就這麼擺下來，擺到忘了！直到去年才發覺我還有這些原版唱片，才送給我兄長。本來嫂嫂以爲是聽過的舊唱片，說還是讓我留著聽。後來我兄長同意我寄過去，我也沒解釋。然後我兄長接到了，聽過以後說：「這些都是新唱片，都沒聽過欸！」打電話來問：「你這些是不是全新的？」「新的呀！我買來以後都沒有聽過。」這就是說，學佛本來就應該這樣。你想要眞正學佛，從初信位開始就不要再貪五欲了！不管它多麼好聽，不論是不是原版唱片，都不必管它。這叫作「欲習初乾」，把自己與五欲相應的習氣暫時停止了。

但這時還沒有悟得佛菩提，所以還沒有與諸佛如來的「法流水」相接觸。什麼是如來的法流水？也就是佛菩提的親證智慧。得要佛菩提的智慧親自證得了，才能「與如來法流水」相接。既然還沒有與如來的法流水相接，但心中已經「執心虛明，純是智慧」，就以這個解知虛明心的意識覺知心，不斷地往虛明心的法義中用功，這叫作「即以此心中中流入」；時間久了以後，他所說的佛法道理就很勝妙，別人是無法與他辯論的，所以說他的智慧「圓妙開敷」。但這種「中中流入」的人，現在還眞的不容易找得到；因爲現代的修行人，不論是台灣或是在大陸，他們總是被大法師們誤導而「偏偏流出、邪邪流入」，自以爲流入佛菩提道中，結果卻是流入外道法中；因爲若不是常見，就是斷見；若不是非因計因，就是無因論。所以他們若是想要「圓妙開敷」，還眞的很困難呢。

如果還沒有證悟，就應該先找到一個正確的法門，就從這個正確法門一步一步跟著修習，才能眞的「中中流入」，不會再「偏偏流出、邪邪流入」。

確定是正確的法門以後，依照次第一步一步修習的結果，應該擁有的佛菩提正確知見，自然會漸漸地圓滿微妙起來，後來有一天自然就能開敷（打開綻放）出聞所得慧。再從聞所得慧的眞實微妙圓滿之中，深入修習而「重發眞妙」——重新發起更眞實、更微妙的聞所得慧；因爲每次重聽一次，就有不一樣的領受，有更深入的理解。

常常有人來聽經，聽完以後感嘆說：「唉呀！我總是聽不懂。」聽不懂也得聽呀！因爲如果聽不懂就不再聽，就永遠不會有聽懂的時候了！越是聽不懂，就越是要聽，但每一次聽聞熏習時都會有不同的領受；這樣一直累積下來，到後來突然間一念相應時就破參明心了，就「與如來法流水」相接了。當一念相應破參以後，就開始聽懂了；可是若沒有前面那些熏習的過程，也就是說：如果沒有前面的聽聞熏習，「即以此心中中流入」，沒有從眞如心的妙圓法性加以熏習，就無法再重新發起對眞如心「妙覺明性」的更正確理解，就會誤以爲密宗所講的意識心的明性就是佛性。就落入密宗在六塵中了了分明的六種自性中，那就不是「反流全一、六用不行」，而是「流轉六塵、六性分明」了，於是落入五陰十八界中，成爲具足異生性的凡夫眾生。如果密宗所說的覺知心的「明性」就是如來藏妙眞如性的明性，那就是與佛法知見完全相左而不是「中中流入」了，當然無法「重發眞妙」。一定要在正確的法義中不斷熏習之後，知見有了修正改變，從偏差的方向修正到正確的方向，才能在未來的某一天有因緣可以證悟；這樣的熏習過程就是「從眞妙圓，重發眞妙」；所以說，每一次的熏習都會有不同層次的領受。

「妙信常住」，是說心中相信自己也有這樣的微妙眞實心，而自己這個信心是堅定的、決定不移的、微妙的，這種「妙信」持續存在不失。雖然有時候會生起疑心：「眞的有這個微妙的眞如心嗎？」但是常常會有信心繼續生起，這就是「妙信常住」；到這裡，就是信根生起了。當「妙信常住」了，就是進入初信位中了。到這時，一切虛妄想已經滅盡無餘，當別人告訴你：「師父在這邊說法的一念心就是眞如心，你們在那邊聽法的一念心就是眞如心。」你會認爲他是妄說，因爲你已經可以離開這種表相大師的妄想，這叫作「一切妄想滅盡無餘」。

每當有人這樣爲你說中道：「中道就是我們覺知心不要落在常邊，也不要落在斷邊；既不要討厭別人，也不要喜歡別人，這就是中道。」你聽了就說：「你這個中道錯了！人家眞正的中道是第八識眞實心的中道，是本來就不落於兩邊，這才是眞的中道，不是把覺知心經過修行以後才不落兩邊。」

你有了這個知見，就說你對中道的知見是純粹正眞的：「中道純眞」。這時你對佛菩提道的正知見已經建立起來了，信心決定不會退轉了，所以成爲「信心住」，這表示信根已經成就了；信根成就以後自然就會住在這種信心之中，成爲「信心住」的菩薩，就是初信位的菩薩了。有了信根，接著當然是要修習念根了，所以 佛接著說：

「**真信明了，一切圓通，陰處界三不能為礙，如是乃至過去未來無數劫中捨身受身一切習氣，皆現在前，是善男子皆能憶念，得無遺忘，名念心住。**」當你有了「眞信」時，心中也明了：其實一切佛法，是以如來藏眞實心作爲依歸。這個知見確立以後，就知道：原來一切法都要匯歸到如來藏，所以一切法都是圓通法門，因爲一切法都從如來藏來。只要能把一切法都聯結到如來藏，在理論知見上就可以「一切圓通」，所以「陰處界三不能爲礙」。陰是五陰，界是十八界，處是六根與六塵等十二處。這時五陰、十二處、十八界都不能再障礙他修學佛菩提道了，因爲已經知道陰處界的虛妄性了。如果不知道陰處界的虛妄性，就會障礙佛菩提道。如今已經知道陰處界中沒有任何一法是眞實法，所以陰處界就不能再障礙他，這時他只要一心一意把如來藏找出來；由於這個緣故，當然陰處界就不能再障礙修習佛菩提道了。如果還執著離念靈知或陰處界中的某一法，或者執著十八界中的六識自性作爲佛性，就被侷限在陰處界中，於是陰處界就成爲修學佛菩提道的障礙了。

就像是這樣子憶持不忘，就好像在回憶往事一樣把它記住以後，有時會因爲心地開始清淨了，暫時離開現行了，所以過去、未來無數劫中捨身受身時曾經或即將出生的一切習氣，全部都會現前；這時會有一些障礙的現象出現，但因爲已經有決定信而有憶念如來藏微妙法的聞熏智慧，「**皆能憶念，得無遺忘**」，所以當一切習氣現前時，就會隨即想起來：「**這應該又是我的習氣。**」都知道是從如來藏心中流注出來的，不是自己故意要那樣，於是就不讓習氣轉變爲現行，不會再有惡業出現，身心便清淨了。當你心心念念記著這些智慧時，佛菩提道的念根已經出生了，就成爲「**念心住**」的第二信位菩薩。信根、念根有了，接下去還要再增進，才能發起精進根，所以 佛又說：

「**妙圓純真，真精發化，無始習氣，通一精明；唯以精明，進趣真淨，名精進心。**」接著再講三信位的精進根。由於瞭解一切習氣都是從自己微妙圓滿純眞的如來藏心中，由如來藏的眞實精明性中發生而化現出來的，於是了知無始劫以來所有熏習所成的習氣，全都接通到如來藏的精明性中。如是了知以後就知道，眞正想要修學佛法而成就佛道，只能依靠這一個眞實心如來藏來成就；如果不依靠這個精明性的眞實心，就無法「進趣眞淨」，無法邁進眞實清淨法中。

也許有人會懷疑而提出質疑：「他又沒有證得如來藏，如何進趣眞淨？」初想似乎疑得有理，可是問題來了：阿羅漢捨報以後剩下什麼心？剩下這一個眞精明心如來藏。如果不是有這個眞實精明的清淨心，阿羅漢捨報入無餘涅槃時滅盡十八界以後就變成斷滅空了，所以解脫道還是要依這個心；但阿羅漢們卻都不必親證這個眞實心，一樣可以成就解脫果。所以阿羅漢們沒有「進趣眞淨」，只是斷了我執而在捨報時把自己滅掉，成爲如來藏獨存的狀態，所以叫作無餘涅槃。那時阿羅漢已經不在了，又是誰「進趣眞淨」呢？當然沒有阿羅漢存在了，一定沒有誰「進趣眞淨」的。所以不但證得如來藏的菩薩們能夠「進趣眞淨」，讓覺知心、思量心繼續存在而轉依本來清淨的如來藏，這樣叫作「進趣眞淨」；然而還沒有證得如來藏眞實心的人，也可以這樣依信根、念根熏習正理而「進趣眞淨」，只要見解不落入陰處界中就行了。菩薩到了第三信位能夠如是了知，不斷往前努力聞熏如來藏妙義，把這種精進修習佛菩提的習慣養成了，他的精進根便成就了，成爲「精進心」菩薩，位在第三信位中，這時五根已經具足三個了。

「**心精現前，純以智慧，名慧心住。**」這時已經了知：一切法都是依如來藏而有生有滅，這樣不斷熏習、思惟的結果，有了思慧，稱之爲「**心精現前**」。爲什麼叫作「**心精**」呢？猶如俗話說「**某人很精明**」一般，表示他在佛菩提道的知見上已經跟一般學人不一樣了，在佛菩提道中已經很精明了，就是「**心精現前**」了，這時隨緣所說的法義純粹都以正確的聞慧來解說。現在大陸有好些人要去跟從某些法師學法，因爲那邊有一些法師讀了我的書，也深入思惟而有了思慧；雖然還沒有破參明心，可是「**心精現前，純以智慧**」時，就能隨緣爲人家正確講解佛菩提道。所以有些大學教授、政府官員聽了就說：「**師父！請您收我作徒弟。**」他說：「**我還不行，我還只是個沙彌；雖然出家了，還沒資格收徒弟。**」「**您一定開悟了，不然怎麼能夠講這麼勝妙的法？**」他說：「**我沒有啦！我沒有開悟啦！**」有人就說：「**開悟的人都客氣，都不說開悟。**」硬要拜他爲師。爲什麼會有這種現象呢？這個就是慧根已經發起了！慧根發起是在第四信位中，慧力發起則是在第五住位中，所以現在他當然已經超過慧根的境界了。所以「**純以智慧**」爲眾生說法，就是「**慧心住**」的菩薩，是第四信位。但第四信位的智慧是什麼慧呢？是聞所得慧，還沒有思慧、修慧與證慧。這時五根中的第四根慧根具足了，再來就必須要修習而發起定根了。

「**執持智明，周遍寂湛；寂妙常凝，名定心住。**」當你有了信根、念根、精進根、慧根，接下來你就執持這種清淨而且是光明性的智慧，不屬於無明性質的世間智慧，而且能夠周遍於一切法中。這是說，從聞熏的智慧加以思惟，並且加以修習觀察，雖然還沒有觸證本住心如來藏，但是已經能觀察到一切法其實可以說都是從如來藏來。譬如前面所說的七處徵心、八還辨見過程中，都還沒有觸證如來藏心，但是已經能觀察到無法把六種自性歸還到任何所藉與所緣的法中，也無法歸還於虛空或自然、因緣中，只能歸還到自心如來藏中；這時雖然還沒有親證如來藏，也可以經由這樣的觀察而確認下來。所以雖然還沒有實證如來藏心，也能知道如來藏周遍一切法中，但是祂本身卻又是寂靜的、澄澄湛湛而不動心的；因爲如來藏不屬於十八界法所攝，當然是寂靜澄湛的；祂從無始劫以來不曾在六塵中生起一念，只有覺知心才會在六塵諸法中起念，所以如來藏是「寂湛」之心。這就是「**執持智明，周遍寂湛**」。

這時心中有一個想法：確實是有如來藏存在。心中一直覺得：自己有一個如來藏存在，這個如來藏是周遍一切法中，也是永遠寂滅性，始終是澄澄湛湛而不動其心。這就是「寂妙常凝」，因爲心中的這種認知是絕對不會搖動的。既然心中常有如是想，所以心得決定，可以制心一處了，這就是「攝心爲戒，因戒生定」；從此以後不再依止二乘生滅法了，永遠依止大乘常住法了。也因爲這個緣故，精進心很強，很專心用功，也可以引生定力。所以你們剛來修學無相念佛時常常會打妄想，不會很精進努力用功，因爲還沒有決定相信有如來藏可以親證；可是越學到後來就越努力用功，一方面是因爲功夫漸漸摸熟了，另一方面也是親教師教導你們，讓你們在知見上面確定眞的有如來藏心存在，否則親教師怎麼會講得那樣斬釘截鐵？「他一定是證得了，不然怎麼敢拍胸脯說一定有如來藏心可以實證？而他如果不是實證如來藏心，爲什麼能有勝妙智慧來教導我？」所以，這時你就會努力去修習了！這時再來探討爲什麼自己會努力修習呢？是因爲已經心得決定了。心得決定時，這個決定心就叫作定根。

這不是指禪定的定；有很多人把「定」解釋錯了，總是解釋作禪定的定。五根中的定根，是指決定性，就是心得決定的意思。譬如有人說：「這個如來藏妙法我決定要學到底了，非要把祂悟了不行。我就是不信邪，不相信自己悟不到；無論如何，我這一世一定要拚出成績來，一定要把祂悟一回。」

這樣的心決定了，就是心得決定，這表示定根已經具足了。有了定根，從此不會再轉易，誰都轉不走你的決定性，即使是以前最崇拜的師父也一樣無法轉變你，這時就是「**定心住**」的第五信位菩薩。這都是因爲制心一處、心得決定，才成爲第五信位菩薩。凡是以定爲禪的人，最多就只能修到這裡；因爲他們老是認爲覺知心一念不生時就是證悟了，所以每天都求一念不生，都不想生起語言分別，智慧根本無法生起，寧願打坐去當白癡。可是心得決定時，這個決定心的力量還得要發起來才行。所以，接下來說：

「**定光發明，明性深入，唯進無退，名不退心。**」因爲心得決定了，每天一心一意想要求證如來藏心。自己的眞實心如來藏每天都與自己同在一起，是五欲生死中從來不曾稍離一分一秒的夥伴，自己竟然不知道祂藏在哪裡，這怎麼能忍受？眞正在修學佛法而不是羅漢法的人，如果這個也可以忍，那就什麼事都可以忍了！所以非要把祂找出來不可，開始付諸實行了，這時就是「**定光發明**」（光就是作用的意思），是把決定性的光明發顯出來，就會付諸於實際上的修行，一定要把祂親證。經過長時間熏習以後，有了聞熏所得的智慧了，就有佛菩提道中的「**明性**」；從「**明性**」繼續深入以後，「**唯進無退**」，從此只會精進修學而不退失了，這時就是慧根圓滿了。所以常常有人說：「不論參禪多麼苦，我是打死不退的。」就是已經到了這個地步了，這就叫作「不退心」的第六信位菩薩。不過，這個不退只是信不退，還不是位不退，更不是行不退、念不退。接下來說：

「**心進安然保持不失，十方如來氣分交接，名護法心。**」常常有人因為很努力保持不失以後，有一天突然在禮佛時或者打坐時，或者晚上睡覺作夢時，佛陀現前感應了，這就是「**如來氣分交接**」了。然而「**如來氣分交接**」，還有一個意思是：體認十方如來維護正法的決心，所以又名為「**護法心**」。一般感應時不一定能有這種「**如來氣分交接**」，因為只會信受如來而無法體認十方如來護持正法的決心。

一般人的「**如來氣分交接**」都只是感應，有時感應到過去佛，有時候感應到現在佛，有時候感應到他方佛不等，所以感應有很多種。前幾天有位師姊問我說：「**為什麼我作夢時只看見毗婆尸三個字，那三個字是什麼？我又沒有讀過，不知道是什麼意思。**」毗婆尸佛，是我們現在最近的過去七佛中的第一佛。我們賢劫中不是已經有四佛出世了嗎？從這四佛的第一佛再往前推的第三佛，就是 毗婆尸佛。毗婆尸佛住世時也是三會說法，與 釋迦世尊一樣；所以祂說法時也是聲聞解脫道、大乘般若、大乘唯識的次第，也是前後三會說法的。解脫道是聲聞阿羅漢們的所證，就是斷我見與我執；般若是如來藏學中的實相智慧，唯識是如來藏學中的一切種智，所以 毗婆尸佛也是前後三會說法的。

毗婆尸佛是過去七佛中的第一佛，我們這位師姊就是在 毗婆尸佛時發了菩提心，而在這一世明心了。這樣算是很快了。因爲我見過自己過去世曾經讀過《金剛經》，與 釋迦佛講的方式不太一樣，是用另外一種方式講，但是我如今已經背不起來；但那已經不是在七佛之內了。所以她在 毗婆尸佛時發心，現在明心，道業進展已經算是很快了。《金剛經》說：「有持戒修福者，於此章句能生信心，以此爲實，當知是人不於一佛二佛三四五佛而種善根，已於無量千萬佛所種諸善根。」是說若是有人聽聞《金剛經》中的所有章句以後，認定是眞實法而不是認爲在說一切法空的虛妄說，這都已經是在無量佛所種過善根了。

一般人讀《金剛經》時都認爲是在講一切法空的虛妄說，也就是印順法師所判的「性空唯名」。但是你能夠把經中所說，認定其中是說有一個眞實心，不是只說一切法虛妄；能這樣認知而且不懷疑、不驚懼經中所說的法義，佛說：「當知是人不於一佛二佛三四五佛而種善根，已於無量千萬佛所種諸善根。」所以，這位師姊在 毗婆尸佛時發菩提心，現在明心，算是很快了！一定是世世都很精進才能這樣。因爲佛菩提道的明心就是見道，佛菩提的見道是很困難的，因爲很難開悟；也因爲佛菩提的開悟見道，是跟世俗法全然相背的；而且這個法是菩薩道中的根本大法，所悟正是諸佛的根本心，哪有那麼容易就可以開悟？再加上這個世界中，想要找到眞正的善知識是很困難的，大多是冒充的。就好像想要買一顆眞珠時，買來買去都只能買到養珠，眞正的珍珠、天然的珍珠很少；因爲天然的珍珠，想要找到渾圓而碩大的，確實很不容易。善知識也是一樣，你想要找到一位內外如一的人，很難得；都是表面看來是善知識的模樣，裡面只是棉絮裝塡起來的。

而我們也算是運氣好，在賢劫就有千佛出世，可以持續進修佛菩提，算是運氣非常好。想要證悟佛菩提的人，都應該要供養、奉事很多佛，要護持很多佛所傳的正法，福德才會足夠；而我們賢劫之中就有一千尊佛可以奉事、供養、禮敬、護持，這很不容易。所以，雖然賢劫之中有很多人輕嫌世界不淨、五濁惡世等等；其實不該這樣輕嫌，因爲賢劫之中有千佛可以讓我們承事供養，想要修集佛菩提道中應有的福德就會非常快。要知道，有時往往十幾劫中連一尊佛都不曾出現，所以我們算是運氣很好的了。

當你精進聞法熏修，心中安然，保持對佛菩提的正確認知與信心，永遠保持不失以後，就會與「十方如來氣分交接」，也就是體認到十方如來對正法流傳的重視，而了知十方如來對護持正法常住於人間的事情，都非常重視，這就是與「十方如來氣分交接」了！這時當然會自然而然地生起護法的大心來，成爲「護法心」，就是第七信位的菩薩了。如果能夠加上感應到 世尊，這時也是自然而然會發起護法之心；當你見到 佛陀時，保證你會永生難忘，只要感應一次就足夠了，你就永遠記住不忘，這就是 佛的威德；這樣也會永遠護持正法，生起「護法心」。

不過第七信位的護法心生起，是要依前面的六個條件才會存在的；若沒有這六個基本條件，硬要去做護法的事，就會出問題；不然就只有三分鐘熱度，維持不了多久。如今有很多人在護持密宗的法，護到後來會怎麼樣呢？已經有好多密宗學人，讀了《狂密與眞密》的內容以後，心裡不曉得該怎麼辦了。一般人是十五個水桶七上八下，他們卻是動彈不得，不曉得該上或是該下。他們本來很護持、很努力擁護密宗，現在卻猶豫了：想要再護持下去，但顯然密宗是錯誤的，非佛法。因爲證據列舉在書中，連最清淨的藏密黃教都是雙身法。那該怎麼辦？還要繼續護持下去嗎？我相信台灣四大山頭中一定也會有這種現象，一定有很多人主張說：「**我們再繼續護持密宗，到底有什麼意義？**」一定有在檢討了。因爲印順法師的人間佛教思想，都只是意識思惟想像所得的中觀，本質還是藏密黃教應成派中觀的六識論；而藏密中剩下的另一個自續派中觀，仍然是常見外道思想的六識論思想。密宗這兩大派中觀都同樣是常見外道思想，也同樣是六識論邪見；如今被具體舉證出來辨正過了，到底還要不要繼續護持密宗的常見法呢？現在心中當然是很猶豫的了。他們「護法」竟然會護持到嚴重錯誤的外道法，那其實不是在護法，而是護外道法來破壞佛教正法。所以，這個護**法心**還要依前面的信、進、念、定、慧五根，一脈延續下來才行。如果不是依十信的信、進、念、定、慧等五根來發起護法心，就會做錯了。接下來說：

「**覺明保持，能以妙力迴佛慈光，向佛安住；猶如雙鏡光明相對，其中妙影重重相入，名迴向心。**」由於有了聞熏所得的智慧，而且心得決定的緣故，所以讓心安住於正法中不動；也已經發起護法心而開始護持正法了，於是保持著由聞法所覺悟到的正理，而以聞所得慧的勝妙智力迴向　佛陀的慈光，向佛座下安住。這時是心心念念都迴向　佛陀而不再有絲毫歸依外道天神之心了。這時心心念念迴向諸佛，猶如上下雙鏡的光明互相面對時，在兩鏡中間的微妙影像一重又一重互相涉入，每一重影像也都沒有離開兩鏡的影像——每一個心念都沒有離開於迴心諸佛，這就是第八信位的迴向心。「**覺明保持**」，是說經由聞熏正法以後，對於正理已經有所覺知，並且已經使這種覺知的力量出生了，然後就繼續保持這種覺知佛菩提道的光明——覺知佛菩提的智慧作用，繼續保持著進向佛菩提見道的方向前進。這時當然能夠心心念念都迴向佛菩提的見道，名爲迴向心。接下來說：

「**心光密迴，獲佛常凝，無上妙淨；安住無為，得無遺失，名戒心住。**」

這就是第九信位了。由於這樣繼續用功的關係，所以覺知心中有一些光明，也就是智慧的功能開始顯現出來了；但是這種光明性—智慧的功能—自己常常可以覺察到，別人還看不見你有這種聞所得慧，而你也還沒有往外去發出功能，還沒有爲人宣說出來，最多也只是隨緣而說，所以外人大多並不知道，只有你自己感覺出來，所以叫作「**心光密迴**」。於是心中獲得佛法中的眞正道理，常常如同凝住不動一般，沒有誰能搖動你對佛菩提道的求證決心；到這個地步時，知道自己已經接觸到無上微妙清淨法了。能夠凝住其心而不向外攀緣，自然可以安住於無爲法中「**得無遺失**」，也就是不再遺失於清淨法中，也不再迷失於二乘法中，這就是「**攝心爲戒、因戒生定**」，所以叫作「**戒心住」。是已經能把覺知心藉著大乘戒安住於大乘法中，不再向外道法與二乘法中攀緣了。

「**住戒自在能遊十方，所去隨願，名願心住。**」到了這個地步，以此而安住於大乘戒法中，完成「**攝心爲戒、因戒生定**」的功德以後，捨報時心裡想要往生西方極樂世界、東方琉璃世界，或者十方淨垢世界，每一世都能如願成功，這就是「**住戒自在能遊十方，所去隨願**」，這就是「**願心住**」，是第十信位的菩薩。這不是說入定以後，可以隨便到十方世界去；而是在每一世的生死過程中，十方清淨或不淨國土都可以隨意往生。有的人很執著：「**我是釋迦佛的弟子，爲什麼要去極樂世界？你們這些人都去極樂世界，這個世界的佛教正法該怎麼辦？**」然而並不是每一個人都會去，而且往生去了以後也不是永遠住那裡，終究是會回來娑婆世界的，所以不必有這種執著性。

當　釋迦佛的法還沒有滅盡之前，往生去極樂世界留學以後就隨即回來了，所以不必互分彼此。而且大眾也應該想一想：自己過去無量世以來奉事過多少佛了？否則怎麼會信受這種極深妙的如來藏勝法？有人轉述印順法師的說法：「**如來藏思想富有外道神我色彩。**」所以一般初機學人聽到如來藏法義時，總是會隨即迴避，轉向南傳「佛法」；他們心中想：「**如來藏就是**

外道神我，我爲什麼還要修學？」可是你們聽聞以後爲什麼會信受不疑？因爲你們過去世經歷奉事過很多佛，供養過很多佛了，早就聽過如來藏妙義了，所以現在聽我宣說如來藏法，你們一聽就信受了。既然這已表示你們過去世承事供養隨學了很多佛陀，曾經是很多佛陀座下的弟子，那爲什麼這一世偏要這麼執著於某一佛？

過去的每一世其實都跟這一世一樣，每次奉事到一尊佛，就執著那一尊佛；又經過多少世以後，再遇到另一尊佛時一樣奉事供養，然後又只執著那一尊佛；就這樣一世一世不斷執著下來，這樣經歷奉事過無量諸佛以後，還有沒有執著到原來的佛呢？並沒有嘛！總是承事一尊又一尊。一切菩薩都是這樣，所以菩薩無妨這樣子：現在無妨憶念著 釋迦牟尼佛，不念 阿彌陀佛，但我捨報時要請 釋迦佛送我去極樂世界；然而我只是去留學，階段性的道業完成了，我就立即回來娑婆世界。當娑婆世界的正法滅盡以後，又往生到別處有佛的世界去，就不在這裡了。菩薩就是這樣的觀念，所以不執著，只想著承擔諸佛的佛法慧命，要擁護諸佛如來的家業。所以都不必執著某一尊佛，因爲你們每一個人過去世都已經執著過很多佛了，這一世起不用再執著了。但是你們得了 釋迦佛的法以後，應該有感恩、報恩的心去護持祂的法，要努力去做而不是執著，這樣才叫作「願心住」。所以捨報之後，如果 釋迦佛正法的最後五十二年已經過了，所有聖者都隨月光菩薩入山去了；接下去就應該要像十信位的菩薩一樣「住戒自在能遊十方，所去隨願」，這就是願心住。而這還只是基本的修證而已。

那麼二乘無學聖者們迴入大乘別教以後，還是一樣要具足這十信位聞熏而發起的五種善根，必須同樣具有「攝心爲戒、因戒生定」的十信位功德，具足這十種善信，將來才能悟入諸佛的所知與所見。因爲二乘無學法中並沒有修學這些大乘法義，他們一開始就修學聲聞解脫道，所以這個部分並不具足；至於二乘法中的凡夫們更是如此，所以 釋迦佛即將演說《法華經》時，才會有五千位聲聞種性的凡夫退席。因爲他們對十信功德都還沒有修習，無法接受 釋迦佛即將宣講的法華勝義。所以二乘無學與有學或者凡夫，如果迴入大乘法中修學時，一定要修這十信法。如果沒有修習這十信位功德的人，就是還沒有菩薩種性的人。所以有的經中說菩薩性的「有性、無性」，並不是在說什麼眾生有佛性或無佛性，而是說學法眾生之中，有的人具有菩薩性，有的人還沒有發起菩薩性。還沒有菩薩性的原因，是因爲他們還沒有修這十信功德，所以菩薩心發不起來，就沒有菩薩種性，稱爲無菩薩性有情。

換句話說，五根發起以後再依這五根為基礎，進修後面的五信位功德，具足了十信功德時，就說你已經有了菩薩性，可以開始正修菩薩行了。所以，接下來就講十住位的菩薩行。

**【「阿難！是善男子以真方便發此十心，心精發揮，十用涉入，圓成一心，名發心住。心中發明，如淨琉璃內現精金，以前妙心履以成地，名治地住。心地涉知，俱得明了；遊履十方，得無留礙，名修行住。行與佛同，受佛氣分，如中陰身，自求父母，陰信冥通，入如來種，名生貴住。既遊道胎，親奉覺胤，如胎已成，人相不缺，名方便具足住。容貌如佛，心相亦同，名正心住。身心合成，日益增長，名不退住。十身靈相一時具足，名童真住。形成出胎，親為佛子，名法王子住。表以成人，如國大王，以諸國事分委太子，彼剎利王世子長成，陳列灌頂，名灌頂住。」】**

**講記**：「阿難！這位善男子以眞實方便而發起這十信位中的十心功德圓滿了，接著是心中深知佛菩提道而精明地發揮出來，於是這十心的不同功德作用可以互相涉入，卻還是圓滿匯歸於同一個如來藏心，這就稱為發心住的初住位菩薩。

接著要將心中所知的佛菩提道內涵加以發揮，讓自己對佛菩提道的內涵更加明白，也將自己的心地加以修治而更加清淨，猶如清淨透明的琉璃中映現出來的精鍊眞金一般清淨，就是以前面的發心住功德再加以實際履行而成就清淨的心地境界，名爲第二住位的治地住菩薩。

繼續修習佛菩提道以後，心地之中已經涉入佛菩提道的正知見了，了知一切佛土諸佛都以如來藏心作爲本體，全都沒有懷疑而確實明了這個法界中的事實；從此以後，每一世往生時都可以隨意求生諸佛國土而不再執著於現在世所住的世界，因此而能遊履於十方諸佛世界，不會再被同一個世界所留滯與阻礙，這樣的菩薩名爲修行住的第三住位菩薩。

接著是身行與口行都與諸佛相同，也領受了諸佛的氣分而有了佛菩提種；猶如中陰身自然而然會尋求父母一般，這個階位的菩薩總是冥冥之中就會自然與諸佛的氣分相通，進入如來種性之中，猶如有人死後中陰身進入王后胎中而住一樣，所以名爲生貴住，是第四住位菩薩。

既然已經遊歷於諸佛的道胎之中，親自承奉諸佛覺悟的血胤，猶如王子胎身已經成就，人相不缺了；也就是佛胎初成，再過一段時間即將出生爲佛子，這樣的菩薩名爲第五住位的方便具足住。

這時一心一意都想要實證佛菩提，因此使他的身行與口行都如同諸佛一般，而他心中的行相也是如同諸佛一樣，雖然還沒有出生為佛子，就稱為正心住的第六住位菩薩。

接著是如同懷胎十月過程中，身形開始具備了，也就是親證如來藏而開悟明心了，法身慧命開始生長而確定不會成為死胎了；這時可以現觀自己的色身與覺知心，是由如來藏生成而將身心和合為一個有情，法身慧命已經出現而成為剛具備身形的佛門胎兒；此時得要再繼續悟後進修，如同剛成形的胎兒繼續吸收母體中的養分而日益增長；佛子法身慧命生起以後，繼續吸收佛法血脈中的養分而使佛法身心日益增長，住於不退（法身慧命不死亡）的佛法胎兒境界中，就稱為第七住的不退住菩薩。

然後是繼續進修而使菩薩身中的十身靈相一時都圓滿具足了，這時的法身慧命生長而如同嬰兒即將出生一般，就稱之為第八住位的童真住菩薩。

法身慧命繼續生長，如同嬰兒具足成就人形而出胎一般，佛子繼續進修而使法身慧命成長，猶如嬰兒不需再依附於母體之內，終於能代替諸佛而出世說法了，這時就成為第九住位的法王子住。

身心顯現於外已經與成人一樣了，猶如國中大王，以種種國事分派委託給太子；菩薩悟後進修已經能獨力承擔弘法的任務了，外表看來已經如同完全勝任菩薩弘法大業的人了，於是諸佛分派委任弘法的大任，讓他就像那個剎利王的世子長成，陳列於灌頂壇中一般，名爲第十住的灌頂住菩薩。」

「**阿難！是善男子以真方便發此十心，心精發揮，十用涉入，圓成一心，名發心住。**」由這裡開始講十住位的內容了。十信位修習圓滿的善男子，他以眞正的方便而不是邪方便，發起了這十信之心。換句話說，一開始就得要遠離欲愛，才能證得佛菩提道的金剛三昧；若是像密宗那樣每天都想著淫欲之樂，根本不可能證得佛菩提道中的「金剛三昧」，只能證得外道法中的假金剛，只是戲論。然後再依如來藏爲本體來發起這十信心，如果不是依如來藏爲本體來發起十信心，就不是正方便發心，一定是邪方便發心；再怎麼修習以後，始終都進不了內門來修菩薩行，因此要以眞方便—就是以佛菩提道正知見—來發起這十心。

十心具足發起以後，意識覺知心在熏習佛菩提道的如來藏法義時，對佛菩提道的正知見越來越精明了，就是「心精發揮」；所以不論什麼人想要欺瞞他，都已經不可能，也是做不到的。「心精發揮」時，表示聞熏以後已經有深入理解了，所以他已經能夠將自己的聞所得慧發揮擴散出去；這時十信位中的十心德用開始互相涉入了，並且也都「**圓成一心**」，全都匯歸到如來藏一心之中，這樣就是「**發心住**」的菩薩了。在十住位中，開始第一住位的修行，要怎麼發心呢？就是要發起菩薩心而進入初住位，此時以財物布施爲首要，當然這時也已經能隨宜爲初機學人說法而同時作法布施了！這樣子一方面接引別人進入正法中，而自己也發心安住於佛菩提道中，才叫作「**發心住**」。若是十信沒有修習圓滿，菩薩性還沒有發起，當然不能叫作「**發心住**」，因爲既不肯發心財施護持正法，也不肯發心法施拯救別人於邪道中；雖然有時也能住於菩薩行當中，但仍然不是眞發心。必須十信圓滿了以後再來住於菩薩行中，才能夠叫作眞發心，也就是信力跟著發起了，依信根所發起的信力產生作用了，才能叫作「**發心住**」。

「**心中發明，如淨琉璃內現精金，以前妙心履以成地，名治地住。**」圓滿初住位的功德以後，還應該加以修治整理；就是在初住位中將修證如來藏時應有的法性知見，要再加以深入修治，使自己對如來藏的知見更能次第分明了知而顯明出來，不是如同以前只能爲別人隨緣略講的有限內容，所以叫作「**心中發明**」；這表示已經要作思惟與觀行了，不再只是**聞所得慧**了。十信位第一個部分是信根，到了初發心住，表示信根已經發起力量而成爲信力了！既有了信力的作用，所以二住位的治地住，就是把初住位的功德努力加以整治，使修行者確實得以安住於佛菩提道中，所以是發起精進力來用功。

這是把十信位中所得的精進根轉成精進力，已經有力量精進修學佛菩提道了，因此智慧就比以前多了一些。本來是不會爲人講解佛菩提道，或是只能爲人說一點點，但大多數時間是「心光密迴」而不能彰顯於外。現在才開始可以爲人宣講一些佛菩提道了！可是這時心中很清楚知道，如來藏才是一切法的根本，這時的知見就好像淨琉璃中顯現的精鍊眞金一般，知見精妙；這時就用初發心住的勝妙心，實際上加以履行觀察，成就這時候所應該有的智慧境界；也同時在持戒上面用心鍛鍊自己的心性，如實受持菩薩戒法，將修學佛菩提道所知的勝妙法義，在實際生活中鍛鍊自己，使原來有所染污的覺知心如同清淨的琉璃中顯現的精金一般，遠離雜染。這都是要經由持戒而實地鍛鍊成爲清淨境界的，所以叫作「履以成地」；換句話說，這時應該發起五力中的精進力，繼續深入精鍊自心，使自己的心地在知見上與戒德上，都比以前更清淨，如同清淨透明的琉璃中映照出來的精鍊眞金一般清淨；這樣修治清淨而安住下來時，就叫作「治地住」。

**「心地涉知，俱得明了；遊履十方，得無留礙，名修行住。」** 第三住是修行住，必須修忍；若不能安忍於佛菩提勝法，就會退轉。這時不會退轉於佛菩提道，是因爲原來十信位中擁有對佛菩提道的念根，修到這個階位時產生了念力，所以聞法以後心地涉入對於佛菩提道的了知；對佛菩提道的法義已經能夠聽聞之後有所理解而有了念力生起忍法，也因爲修忍的緣故而能憶念不失。由此緣故，能相信有十方諸佛世界，相信有諸佛住世弘法；從此開始，可以依自己的喜好而求生十方諸佛世界，繼續修行而不會被這一世所住的世界留住，障礙佛道的修行，所以名爲「修行住」。這也是由於第二信位的「眞信明了」，使「陰處界三不能爲礙」而對佛法有了念根，再經歷多世的修行以後轉生了念力，所以使他產生聞受佛法以後憶持不忘的力量，這也是五力之一，這是發起五根繼續修行之後轉變成五力的過程。

「心地涉知」，對於如來藏心的了知，經由念根、念力而覺得自己有一個如來藏存在；但畢竟只是知道而不是親證，所以名爲「心地涉知」。譬如常常有人找親教師小參，或者在禪三時小參：「我知道了，如來藏在我身體中，我知道了，我可以感覺到。」可是究竟在哪裡呢？依舊講不出來，就是這裡講的「心地涉知」。「俱得明了」，是確定自己有如來藏，也知道諸佛同樣是由這個如來藏心成就；因此對於諸佛世界有所嚮往而無恐懼，能忍於諸佛妙法同屬如來藏妙心，不害怕往生到別的佛世界，所以「**遊履十方，得無留礙**」；如果娑婆世界已經沒有佛法了，就可以往生到其他有佛住持佛法的世界去。也因爲知道十方諸佛都同樣是弘揚如來藏妙義，從此世開始就能「**遊履十方，得無留礙**」，世世都不會與佛法絕緣，所以名爲「**修行住**」。

「**行與佛同，受佛氣分，如中陰身，自求父母，陰信冥通，入如來種，名生貴住。**」布施、持戒、忍辱修完而能忍於如來藏妙法了，已經成就信力、精進力、念力而成爲「**修行住**」了，接下來當然可以成就如來種子；這就是說，「**修行住**」修習圓滿以後，轉入第四住中，如同在佛法中入胎而住了！在第三住中覺得自己好像有如來藏，然而終究只有定根而無定力；如今在第四住中熏入佛菩提法種子，而且心得決定，確定自己必然有如來藏心而無懷疑；這時對如來藏心的存在而且可以實證，已經心得決定而產生定力了，這當然不是指禪定的定力。從此時開始，他的身行、口行、意行就以諸佛爲標準，表面上的行爲都如同諸佛一樣，所以「**行與佛同**」。

這時期常常會感覺到佛的慈光在攝持，心中也確定自己有希望實證佛菩提，心中確實熏入佛菩提種子，由此開始心得決定，絕對不會想要改變佛弟子的身分，所以名爲「**受佛氣分**」，如同世間人的受精入胎一般。這時「**如**

中陰身」一樣「自求父母」，不必由別人告訴中陰身去找誰做他的父母，他自己會直接相應而入胎；同樣的道理，第四住位的菩薩也會自己尋找法身慧命父母——「陰信冥通」，自己找到可以幫忙證悟的善知識；有時往往還會有道教中的神祇，而不只是佛菩薩指示他去遇到法身慧命父母。有時甚至他自己突然生起一念，想要去某一個地方，覺得有什麼人在等他，然後就遇到眞善知識了。這就是「陰信冥通」而進入如來種姓的佛子中，也就是入住如來胎中，將來出生時的身分就是三界中最尊貴的菩薩，所以叫作「生貴住」。成爲「生貴住」時就是剛才入胎於佛法之中，未來必然會出生爲確實有法身慧命的佛子，將來一出生時就是三乘菩提中的貴子，就像諸位如今在正覺同修會中持續修習一般。

「**既遊道胎，親奉覺胤，如胎已成，人相不缺，名方便具足住。**」接著就開始有慧力了，因爲前面初住位有信力，二住位有精進力，三住位有念力，四住位有決定力——定力，如今第五住位當然是有慧力了！在佛菩提道中的每一階位都必須精進用功，所以精進力是遍在各個階段而有強弱不同的。由於前面的信、進、念、定四力在菩薩六度上面用功的關係，如今既然有決定力了，接著在第五住位中要做的就是繼續補足菩薩性，並且要努力修學佛菩提道中的智慧，繼續深入如來藏妙義中，熏習有關如來藏心性的正理；同時尋求親證如來藏的法門，使自己具備能夠親證如來藏的功夫與正見，這個過程完成時就是「既遊道胎」；具備這些正見與功夫時，就是「親奉覺胤，如胎已成，人相不缺」。這時已經是等待因緣成熟而親證了，名爲「方便具足住」。

「既遊道胎」，是已經成就了即將出生爲佛子的功德力，也就是破參明心應有的智慧—慧力—已經具備了，即將出生爲佛子，所以說爲「既遊道胎」。「親奉覺胤」，「胤」是指血脈，也就是已經親自得到覺悟佛菩提所應該有的血脈；這是由於即將生爲佛子而入胎時，血脈當然必須是佛的種子；如果所得到的知見與心性，都是來自外道法，就不是得到佛菩提的血脈，而是外道的種子，不能說是「親奉覺胤」。所以假使所學的法義是諸佛的第一義根本心如來藏，培植的功德也是修學佛法時應具備的菩薩性而不是聲聞性、外道性，這就是諸佛的血脈，就是「親奉覺胤」。到這時就好像佛子胎身已經成就了，佛菩提道的五力具足而廣修六度萬行了，即將可以出生了，所以稱之爲「人相不缺」，已經快要開悟而生爲佛子了；但這時還沒有開悟出生，還需要開悟的因緣，就暫時安住於佛胎之中，所以叫作「方便具足住」。

「**容貌如佛，心相亦同，名正心住。**」這時的心性轉變了，已經快要破參了，所說所行也都如同諸佛一般，所以「**容貌如佛，心相亦同**」。這時雖然還沒有開悟明心，但在第一義諦妙法上面已經有了深入理解；這時心性也有轉變，導致他的容貌顯現如同諸佛的慈悲相與智慧相。這時心地都不再歪曲，安住於正法中，叫作「**正心住**」。換句話說，這位菩薩修到這個地步，已經敢以菩薩的身分自居了；自從受了菩薩戒之後修學六度波羅蜜，前五度都修過了，如今正是在般若度中很努力修習，勤求開悟明心；心中已自居爲菩薩，都在佛菩提勝妙法中端正身心而安住下來。

「**身心合成，日益增長，名不退住。**」經由前面初住到六住位的外門六度萬行，就是從初住位的布施、二住位的持戒，到了第六住位的般若智慧修習，都還沒有證悟明心，但已經很明確斷除我見了，也正在參禪而幾乎要悟得如來藏了，正心住於佛菩提道中；然後當他進入第七住位的因緣成熟了，有一天就在六住滿心位中突然一剎那間與佛菩提相應—找到如來藏—破參明心開悟了，親見自己的如來藏心眞實而如如地存在，一直運作不曾中斷，就是在佛法中住胎完成而不可能流產了，這時就進入「**身心合成**」的境界中。因爲已經知道自己的眞心如來藏所在，能夠現前觀察：原來自己的色身也是由如來藏所出生的，而覺知心自己一樣是如來藏所生的，由如來藏把自己的色身與覺知心合成爲自己這個有情。這眞的是「身心合成」而同樣屬於一個有情而不是二法，了知色身與覺知心非一亦非異。

就在這樣一刹那相應之後，由於六度萬行的具足圓滿，使六住菩薩不退轉於所悟的如來藏心，所以進入第七住位中，名爲「不退住」的菩薩。但這時還需要在善知識教導下繼續吸取佛法養分而不斷深入觀行，才能使佛法智慧「日益增長」，才能決定不會退轉。當他「日益增長」以後，不論惡知識的名聲多麼大，前去否定他的親證智慧時，他絕對不會退轉，永遠住於第一義諦智慧—實相般若—的境界中，所以成爲「不退住」菩薩。如同《菩薩瓔珞本業經》中所說：「是人爾時從初一住至第六住中，若修第六般若波羅蜜，正觀現在前；復值諸佛菩薩知識所護故，出到第七住，常住不退。」這位菩薩正是從初住位進修到第六住位，由於精修「第六般若波羅蜜，正觀現在前」，也就是證得如來藏心而使般若正觀出現在眼前了，而且因爲有諸佛、菩薩等善知識攝受護持，以佛法血脈養分加以長養的緣故，所以正式進入第七住位中，「常住不退」而成爲「不退住」的菩薩，法身慧命已經住胎不壞，再也不可能流產了。從此以後，就開始內門廣修六度萬行了，這時就是法身慧命出生而確定不流產了，可以加快胎身的生長住於「佛子住」之中，不再退失了，除非沒有諸佛、菩薩等善知識攝受。這時就如同王子的胎身形成而且已經快要圓滿身根了，但已經不可能流產而失去王子身分了，所以名爲「**不退住**」。十住、十行、十迴向等三十心，都還沒有能力廣修初地到十地的十度波羅蜜多，仍然是在「遠波羅蜜多」的階段修習佛法；但從第七住起，已經開始進入內門勤修六度萬行了。

「**十身靈相一時具足，名童真住**。」受生在佛菩提道中，具足成就佛子胎身以後，就在第七住位不斷深入觀行如來藏自性，使實相般若日益啓發，圓滿第七住位功德而轉入第八住位中。在第八住位中畢竟還無法使自己的深妙般若智慧具足發起，所以還要繼續精進努力吸取佛法般若養分，促使佛子胎身更加圓滿；如同王子胎身雖然長大了一些，身形也更加圓滿了，卻還只是胎身，尚未達到可以出生的地步而獲得王子的名分；但已經具有王子色身應有的全部功能了；這表示在第八住位已經有了證悟菩薩的勝妙智慧，和剛悟入實相般若的初悟菩薩不同，已經有深妙般若慧的功德力開始出現了，所以叫作「**靈相**」。但也因爲功德力還沒有完全出生，所以說是「**靈相**」；如果完全發育成熟而可以出生了，則是具足相而不是「靈相」；所以這時的實相般若智慧，還不足以完全爲人宣說，卻已經顯示出證悟佛菩提的功德，已能稍微顯示實相般若智慧，猶如第十個月還住在母胎中，還沒有具足出生時應有的所有功能；就是在佛法之中還沒有足夠能力出世爲人說法，還住在佛法母胎之中一般，所以名爲「**童眞住**」

「**十身靈相**」的十身，是指菩提身、願身、化身、住持身、相好莊嚴身、勢力身、如意身、福德身、智身、法身，這是佛的十身。但是十地也有十身，十地的十身講的是平等身、清淨身、無盡身、善修身、法性身、不可覺知身、不思議身、寂靜身、虛空身、妙智身。初地滿心時的平等身也有十身，叫作波羅蜜平等身、四攝平等身，以及大悲、大慈、功德、智慧、淨法、方便、神力、菩提身等平等身，也是十身。佛的十身講的就是前者菩提身等十身，可是在悟後修到七住滿心而轉入第八住時，十身還只是靈相而不是具體生起，但已經有一些基本的功能；接著得要在第八住位中漸漸熏習增長，要經過這段時間繼續發育增長，並不是一悟就能爲人說法，更不是一悟就能荷擔如來家業而成爲初地菩薩。由「**十身靈相**」一直熏修，就是修學般若慧到了第八住滿心時，還沒有能力出離佛法母胎，也就是還必須依賴善知識佛法血脈的長養，要再過一段時間的長養以後，才能出胎而開始爲人說法，所以這時還要住於佛法母胎中，就稱爲「**童眞住**」。這時還無法立爲王子，因爲還只是「**十身靈相**」而沒有具足顯現出來，當然還不是法王子。

「**形成出胎，親為佛子，名法王子住**。」這個地步就是說，進入第九住位，已經可以爲人宣說佛菩提智，可以出世爲人宣說佛菩提道，就是法王子出生於人間了；如同世間人懷胎十月以後，終於有兒子正式出生了，這叫作「**形成出胎**」，「形成」是人的色身形狀完成了，也就是法王子的實質形成了，已經具備可以擔任佛法王子的資格了；這時就好像在王子的嬰兒時期，還不足以擔任大人—佛菩薩—的工作，但可以出世弘法而爲佛菩薩分擔一些比較不重要的小工作了。第八住的胎兒時期，跟這個第九住的嬰兒時期不太一樣；第九住的嬰兒還無法作大人的工作，畢竟已經可以出世爲人說法了；而胎兒是還沒有出生，雖有法身慧命，還得要依靠善知識的佛法養分滋長，才能在後來出世弘法。因此，悟後法身慧命繼續增長而在第八住位圓滿，在第九住位出生時就能分擔善知識的弘法工作，顯示他將來可以繼承善知識的弘法工作了，就稱爲法王子住；猶如王子還在嬰兒階段，雖然還沒有成年，但已經顯示他將來可以繼承王位繼續治理國家了，這就是法王子住。也就是說，到這時節已經開始幫助善知識弘法了，再經過一段時間歷練以後，當他具足成長時，他就能獨力承擔法主吩咐的弘法職責，這就是第九住位的法王子住。

「**表以成人，如國大王，以諸國事分委太子，彼剎利王世子長成，陳列灌頂，名灌頂住。**」「**表以成人**」是說，從表相上顯現出來已經成人了，就像王子成長到了二十歲以後，已經可以把各種國事吩咐委託他去做；如同剎利王的王子已經長成，可以陳列於灌頂大會中給臣民們瞻仰，宣示他為太子——王位繼承人；同時以四大海水為他正式灌頂，冊封為太子。當菩薩悟後可以分擔 佛陀弘法工作（或如佛陀入滅後，有弟子悟後進修到可以正式為法主分擔弘法事務時），就是「**灌頂住**」位的菩薩。意思是說，悟後進修一段時間，智慧已經有許多成長而可以正式弘法，來為法主分擔弘法工作了，這時即是「**灌頂住**」。所以如果能分擔諸佛的弘法事務而正確弘揚佛菩提道的人，已經出世為眾生宣揚正確的佛菩提道了，至少已是第十住位的灌頂住菩薩。

然而灌頂住的十住菩薩們，究竟是有什麼功德，可以作為佛法中的太子而分擔諸佛的弘法工作呢？這當然也要探究一下。絕不可能無緣無故就選定十住菩薩為已受佛法灌頂的太子位，而這位灌頂住的菩薩是十住滿心呢？或是十住位的入心與住心呢？所以我們選擇親教師，就是要選擇已經見性的人來當，因爲已經是十住位滿心的菩薩了；他可以爲學法者解說眞如心如來藏的法性，也能爲大眾解說佛性的實證境界，能在法主建立的佛法架構下，爲人宣說佛菩提道中的實相般若。因此，我們一向要求要眼見佛性的人出來當親教師，因爲這樣的人具有灌頂住的佛法太子本質。（作者案：進入十行位乃至第九地中，不一定要有眼見佛性的實證，詳見《大般涅槃經》所說。）

不過，將來如果班級的數目增加很快，就沒有辦法繼續這樣要求了；那時就只能選擇已經明心而到了九住位的同修們，就可以出來弘法了！弘法一段時間以後也可以成爲十住菩薩，繼續往前進修。因爲眼見佛性確實很困難，不是每一位明心的人都能達到的，因此《大般涅槃經》說有的菩薩直到九地時還沒有眼見佛性。所以將來也有可能選派在見性上解悟的人出來當親教師，乃至有可能選派明心的人出來當親教師。既然同修會的規矩：親教師不許引導學員明心與見性，全都規定是禪三主法和尚的事，當然只要能夠爲人解說佛菩提的法義就夠了。但目前還沒有尚未眼見佛性的親教師，這事情現在就暫且不談（編案：這是二〇〇二年夏天所講）。所以第十住位的「灌頂住」菩薩，一定是已經可以爲人宣說佛法。在《楞嚴經》中的「灌頂住」經文中並沒有說一定要見性，只說能爲人說法、能分擔諸佛的弘法事業就行了！但在《大般涅槃經》中說的十住菩薩，卻是眼見佛性而證得身心世界如幻觀的菩薩，當然這已經是十住滿心位的菩薩了。接下來，要開始講十行位了：

**【「阿難！是善男子成佛子已，具足無量如來妙德，十方隨順，名歡喜行。善能利益一切眾生，名饒益行。自覺覺他，得無違拒，名無嗔恨行。種類出生，窮未來際；三世平等，十方通達，名無盡行。一切合同種種法門，得無差誤，名離癡亂行。則於同中顯現群異，一一異相，各各見同，名善現行。如是乃至十方虛空滿足微塵，一一塵中現十方界；現塵現界不相留礙，名無著行。種種現前，咸是第一波羅蜜多，名尊重行。如是圓融，能成十方諸佛軌則，名善法行。一一皆是清淨無漏，一真無為，性本然故，名真實行。」】**

**講記**：「阿難！這個善男子成爲眞正的佛子以後，具足了無量數的如來妙德，對十方如來與眾生都能隨順，名爲初行位的歡喜行。善能假藉方便善巧來利益一切眾生在道業上的實證，名爲第二行位的饒益行。自己覺悟以後還能繼續覺悟他人，對於前來求法的人都沒違背推拒之心，名爲第三行位的無嗔恨行。對於從如來藏中出生的不同種類諸法，能窮未來際而不休止地宣說；現觀三世有情平等，十方有情的本際也都通達了，就能無止盡地廣行菩薩道，名爲無盡行。一切法都合在如來藏心中，都同屬於如來藏，卻因眾生的業種與無明差別而有種種法門差別；菩薩在這裡面一一了知而沒有差錯誤認，就稱爲離癡亂行的菩薩。接著就在攝歸同一法如來藏心中而顯現出無邊諸法的群落差異，菩薩卻在無邊群落差異諸法之中觀察一一異相諸法，逐一觀察以後所見卻都同屬自己的唯一如來藏心，這就稱爲善現行的菩薩。就像是這樣子，乃至十方虛空所有微塵都加以觀察，看見一一塵中都顯現出十方界；這樣子現塵與現界都不會互相留礙時，就名爲無著行的菩薩。種種諸法現前時，全都看見是最上第一到達無生無死的彼岸，名爲尊重行的菩薩。就像這樣子圓融世間出世間的一切法以後，漸漸能夠成就十方諸佛的軌則，便能奉行無礙，就稱之爲善法行的菩薩。繼續進修而將七識心修行轉變，成爲一一心都是清淨無漏法，這時完全轉依一眞無爲的如來藏眞如法性，使七識心的自性成爲自然而然都在清淨法中的緣故，就名之爲真實行的菩薩。」

**「阿難！是善男子成佛子已，具足無量如來妙德，十方隨順，名歡喜行。」**

接著是對十行位的開示。六住滿心位明心時，因爲明心而不退失就進入第七住位，十住滿心位眼見佛性時就進入初行位了！所以這樣的人當然是善男子、善女人。佛說這樣成爲**「灌頂住」**的善男子、善女人，成爲眞實佛子而不只是名義佛子，已能爲諸佛及大菩薩們分擔弘法的重任了，這時當然是具足無量數的如來妙德了！而這時最主要的妙德是指實相般若的智慧，當然也函蓋了解脫道的部分妙德。既然具足了如來示現的無量妙德，從此以後就可以對十方如來與眾生都隨順了！因爲他有了實相般若智慧而且又見性分明了，或者由於深入般若實相智慧而漸次到達十住位，能夠出世說法分擔如來家業了，心中非常喜歡，當然是十方隨順歡喜而行，不論往生到任何佛世界去，都一定是歡喜勤行菩薩道的人，所以名爲歡喜行。

當我們剛出世弘法而行歡喜行的時候，別人卻不跟我們行歡喜行。譬如現在有線電視台上有個東密的□□上師（編案：這是二〇〇二年十一月所講），他以前在三重弘法，當年有一位師姊很讚歎他，說他與我是完全一樣的心性，所以介紹我去見他。我想：世間也有人願意像我一樣當一個不求名利的人，也不會有慢心，這也是難得。所以我就答應去見他，那時我是非常低姿態的，純粹是善心結交善友的心態。所以我去了以後隨順聽眾們聞法，就坐在最後面的角落裡聽他說法，都不敢張揚。他說法結束時，師姊爲我引見。引見後，我是處處讚揚、奉承他，根本不想也不曾絲毫貶抑他，可是他卻處處顯示出一副傲慢相。最近他在宗教電視台上說法，我初看時覺得這個人很面熟，後來想起來，他應該姓陳，名爲□□。如今他卻是同時也在攀緣藏密的邪法，已經不純粹是東密的法了；這眞是很荒唐的事，但我們就此打住，不想再談他。

我的意思是說，我們是以歡喜行出來弘法，想要跟當代善知識們結善緣；可是他們都不曾出之以歡喜行，總是以傲慢行的心態跟我們接觸。這是我接觸當代台灣佛教界善知識的第一次惡劣印象，從那一次以後，我就沒有什麼意願要跟當代佛教界善知識接觸，所以我不太想跟會外的人對話。後來是有人一再慫恿我去見淨□法師；我從側面聽說這個人不貪供養，把人家對他供養的錢財都拿去印經書；我想這個人應該不錯，或許有機會把正法傳給他。沒想到去杭州南路見了他，還是一樣傲慢。那個過程就不談它，因爲他既不妄評我們，我也就不講他。自從那一次以後，我再也沒有意願要跟諸方善知識對話了。可是有一些人不瞭解這個情形，反而說我無法跟諸方對話。實際上也確實無法對話，因爲我若是要用實相般若的別相智與道種智，去跟所有凡夫們對話，也眞的很困難；根本就無從談起，沒有交集點。而我心中也沒有對話的意願，因爲我都不想攀緣大師們。不過我還是以歡喜行來對待他們，所以諸方大師如果不招惹我，我大約都不會拈提他們，所以我一向讚歎諸方大師。

只有兩個人是不曾招惹我，而我主動招惹他們的，一個是藏密，另外一個是印順法師。這是因爲他們把佛法破壞到很嚴重了，如果不加以對治，佛法絕對沒有光明的未來；所以我不得不奮勇而起，以微薄的力量去招惹勢力強大的印順與藏密。不過我聽說，最近網路上有些密宗信徒，他們要求與我開網路上的無遮大會。請問：網路上的無遮大會是無遮的嗎？其實都是遮名、遮姓、遮身分的，絕對不是無遮大會。古時的無遮大會，依規矩要先稟告國王，向國王提出舉辦無遮大會的要求；然後由國王貼榜出來，確定時間、地點、辯論主旨；或者由國王主動要求，獲得論主同意而召開。開始法義辨正無遮大會時，所有上台辨正法義的人，都是有名有姓而親身到場的，不許用傳遞言語的方式由別人代傳的；從初開始到結束時，都由國王派兵執行規矩，辯輸者或者禮拜對方爲師，或者自裁，不許賴皮；只是不限制上台者的身分，誰都可以上台辨正，那才叫作無遮大會，所以是自始至終都有人執行規矩的。如果上台辯論輸了還不肯認錯，現場的軍將是要主動執行規矩的，這才是眞的無遮大會。

藏密喇嘛們在網路上隨便弄個化名，同一個人可以今天用某甲化名，明天再用某乙化名，全都弄不清楚雙方的身分，都是把身分遮隱起來，怎能說是「無遮」大會？無遮大會都是親自到場而且身分清楚，只是不遮止任何人上台辯論而已。密宗那些人不懂無遮大會，又想要逃避辯輸時應負的責任，把面子看得極重要，有什麼資格召開法義辨正無遮大會？而且還是遮名、遮姓氏、遮身分的有遮大會而謊稱爲無遮大會，所以我不可能答應。我要求一位同修上網與他們聯繫說：無遮大會不在網站上開，你們誰都可以參加，但必須親身前來，我就爲他們召開無遮大會。但他們都不敢回應，都不肯將聯絡電話與身分表示出來。

以前密宗有人約過兩次要來正覺講堂作私下的辨正，但後來全都爽約，害楊老師空等了兩次；而他們爽約時連取消赴約的電話都沒有，無聲無息就爽約了，讓人久等而沒有絲毫消息，眞沒風度；這是連基本的禮貌都不懂，還能懂得佛法嗎？結果，是誰敢來開無遮大會呢？沒有人敢來啦！都是縮頭藏尾而想要在網路上作不必露臉、不必負責的辯論；那樣召開的結果，一定會成爲亂說一氣而不負責的無義語，哪能叫作無遮大會？說穿了，他們就是要跟我瞎掰或狡辯，卻不會洩露身分；背後的目的無非是想要藉這機會侮辱我，不斷地浪費我寶貴的時間，絕對不會依法論法的，完全沒有意義。所以當代佛教界都不曾眞行歡喜行，眞正歡喜行的人，總是以歡喜心跟人家見面；所以慈濟證嚴法師雖然沒有開悟，我也是歡喜讚歎；星雲法師雖然也沒有悟，我也是歡喜讚歎。但是，如果他們將來要是招惹我——故意抵制正法，那我就不再客氣了，只好開始對他們辨正法義了！那時就沒有情面可說了。（編案：這是二〇〇二年十一月所講。後來各大山頭都暗中抵制如來藏正法，又都不肯承認意識覺知心是生滅法，在大乘與二乘菩提法中，都公然違背世尊聖教，於是平實導師開始藉公案拈提……等書而作辨正。）

「**善能利益一切眾生，名饒益行。**」雖然我對密宗與印順法師有一些法義上的辨正，目的卻不是在羞辱，而是要饒益他們，因為「**善能利益一切眾生，名饒益行。**」我們作法義辨正，本質正是「**饒益行**」；因為他們的落處，我以法義辨正方式舉例並且作了辨正，明白指出正確與錯謬的所在；大眾知道了就不會再盲目崇拜而繼續走入岔路，被辨正的大法師們也可以改往修來，所以這是「**饒益行**」；也就是說，我們有方便善巧能夠為人宣說，使他們有機會改往修來，這才能叫作「**饒益行**」。所以，我即使辨正了密宗與印順法師，仍然是「**饒益行**」，都能夠利益他們；因為他們讀了我的評論文句，知道自己的錯誤所在，不就可以改正了嗎？這就是饒益他們。所以破邪顯正才是眞正的饒益行，和稀泥並不是饒益行，反而是在害他們繼續沉淪下去。「**自覺覺他，得無違拒，名無嗔恨行。**」無嗔恨行，是說先要「**自覺覺他**」，然後對任何一個求法的人都是「**得無違拒**」。必須自己能夠覺悟在先，然後也要覺悟別人，讓別人同樣可以覺悟。可是這個年代，想要讓別人覺悟是很難的；如果具備了正知見，讀了我的書，不悟也難；問題是沒有正知見，所以要悟很難。如果出來度眾生時，眾生歡喜來學法，你是既沒有歡喜心，也沒有厭惡心；眾生來聽了幾堂經以後，心中起了煩惱而離開了，你心中一樣既沒有歡喜心，也沒有瞋恨心。所以，我常常在講經時說：「**如果你們聽我講經，聽到半途聽不下去時，可以隨即走人，我會裝作沒看見。**」我往往會講這一句話，因爲眾生的知見不具足，偏又崇拜名師，聽到我如實舉說大師錯悟的例子與錯誤的說法時，眾生沒辦法忍受，心中不免生起煩惱。所以有的人聽到一半，忍不住而想要走人，都是正常的。

眾生來到正覺同修會以前，四處學法，他們的師父、老師都是這樣教導：「**你要明明白白、心無雜念地活在當下。能夠長時間這樣安住，就是開悟，就是證初果。**」我卻說：「**那是常見外道見，永遠無法證果。**」眾生聽了當然難過，因爲那是他們最崇拜的師父或老師所教的。請問：活在當下，是誰活在當下？（眾答：覺知心）正是覺知心意識嘛！請問：只管打坐，是誰在打坐？如來藏會不會打坐？（眾答：不會）所以說，學佛一定要有正知見。你既然覺悟了，當然要幫他們覺悟，當他們的覺悟因緣成熟時。可是要幫他們覺悟以前，必須先讓他們瞭解自己以前悟錯了，這是幫眾生開悟的第一步，這就是自覺覺他時應該注意的事相。可是自覺覺他時，並不是因爲瞋恨而說，而是爲了憐憫眾生、救護眾生而說，才坦誠地說明他們的法錯了，這才是眞的「自覺覺他」。

「得無違拒，」雖然過去他一直毀謗你，你卻不該記恨，一樣要幫助他。有些人來正覺學法以前是曾經毀謗我的，後來向我懺悔，我總是說：「接受你的懺悔，懺悔以後罪業清淨了，從此以後把它丟掉，不要再記著這件事情，只要專心學法。」後來他們都破參了。但是有的大師卻想：「竟然敢毀謗我！以後來學法時，讓他們學不成。」那就不是「無嗔恨行」，而且是「心有違拒」，根本就是凡夫的心行。在自覺覺他的過程中，完全不是因爲瞋恨而行，而是想要幫助眾生悟入佛法；所以到第三行位時，必須做到「無嗔恨行」，對所有前來求法者，一樣都是心無違拒，這就是第三行位的「無嗔恨行」。所以，你出來弘法時，如果有人無根毀謗你，你還是一樣能行「無嗔恨行」，就知道說自己又往前邁進一步了。如果心中起瞋起恨，就是往後退一步。如果能這樣子看待眾生的毀譽行為，就不會因瞋因恨而作；而是為了救眾生離開邪道，所以破邪顯正，應當如是觀。接著是第四行位：

「**種類出生，窮未來際；三世平等，十方通達，名無盡行。**」無盡行，是說「**種類出生，窮未來際**」。為什麼叫作種類？主要是指兩種法道的差異；解脫道以及佛菩提道，這兩種法道並不相同，是兩個不同的種類，不能混為一法。目前台南有個寺院在講解脫道，說解脫道就是成佛之道；同時還有另一個居士，他當中醫師，也在講解脫道，同樣是與佛菩提道混為一法。然而，佛菩提道的見道是明心證得如來藏，他們修學解脫道能明心嗎？永遠都不可能的。可是他們卻說：「**我見斷了就是開悟明心。**」眞是顚倒！我見斷除只是否定五陰（主要是否定覺知心），不是證如來藏，怎能明心？別說我見斷除時仍不能明心，乃至阿羅漢斷了我執時，都還是無法明心的，所以這些都是由於知見上的顚倒而產生誤導眾生的行為。從當代的弘法師在解脫道與佛菩提道的知見顚倒上面，就可以知道他們有沒有證悟聲聞菩提，或是有沒有明心、有沒有見性，都可以如實瞭解。他們又主張要「**活在當下**」，然而活在當下的心仍是意識心；他們卻認為活在當下的意識覺知心就是眞實心，顯然連我見都還沒有斷除。這樣子，連解脫道都不懂了，又怎麼能懂佛菩提道呢？菩薩則不然，菩薩對於「種類出生」的不同諸法都能了知而通達。

「窮未來際」是說，從不同法道中出生的不同法義，都是窮盡未來際而永遠不變。從這一世到未來世，在解脫道的法義或是佛菩提道的法義上，都是可以窮盡未來際的，因爲窮盡之後無非是同一個如來藏變生的不同種類有情境界；當你窮盡十方三世有情種類加以推究時，永遠都是如此。而這兩種不同種類的法義，菩薩已非常清楚了知，並且是三世不變而平等平等適用一切有情的，所以都能通達，才能窮盡未來際而不斷地爲人說法；如此自度度他乃至成佛，即是「無盡行」。只有「種類出生，窮未來際」的人，才能通達佛菩提；通達佛菩提的人，當然能夠現觀「三世平等」，能夠現觀「三世平等」時自然可以「十方通達」。意思是說，了知十方世界及一切有情，都是從如來藏心中出生及存在的；現在世如此，過去及未來世也是如此。

「三世平等」與「十方通達」，三世是縱觀，十方是橫觀。縱觀就是看自己過去世是由自己的如來藏中出生，現世也是由這個如來藏出生，到未來世時當然也是由這個如來藏出生，當然「三世平等」。也許上一輩子是下賤的人，因爲領受惡業的果報；而這一輩子是當普通的學佛者，下一輩子也許又生到天上去，在欲界天中行菩薩道。可是上一輩子的下賤，這一輩子的普通，下一世的天人菩薩相，本質都是平等的，同樣是自己這一個如來藏所生，哪裡有所差別呢？所以叫作「三世平等」。「十方通達」是說，在娑婆世界 釋迦佛傳授給我們所證的是這個如來藏，已經往生到西方極樂世界去的人們，也是修學這個如來藏妙法；如今正在東方 琉璃光如來的世界中學佛的人，也還是在修學如來藏妙法。不論去到十方哪一個佛世界去，一切世界凡聖有情都同樣是由如來藏所生，都同樣以如來藏心爲體；而如來藏從來平等無二，同樣具足諸法的功德；能這樣現觀確定無誤，就是「十方通達」。既然三世是平等的，十方是通達的，當然這個菩薩行，就可以無窮無盡地一直行下去，便可以成就第四行位的「無盡行」了。

不論生到哪裡去，都可以行菩薩道，不一定要在娑婆世界中。但是如果娑婆世界沒有人能住持正法，我們再怎麼苦也要留下來行菩薩道，都沒有關係。即使未來世邪見充滿，只要還能有度人的希望，我們一樣可以受生再來；就這樣一世又一世，永遠無窮無盡地把佛法正理弘傳下去，能這樣子，就叫作「無盡行」；因爲自從進入第四行位開始，就不再計較弘法的環境了，所以對於十方虛空不必選擇，現在、未來也將會是這樣，才能眞的行於「無盡行」。如果只有通達「十方虛空」，而不曾通達「三世平等」，那就無法眞的實修「無盡行」了；一定是橫剖面與縱向面都同樣平等現觀，才能如實履踐「無盡行」。如果明心又眼見佛性以後，精進修行而使見地確實到達這個地步，也眞的已經在實行了，就知道自己確實到了「無盡行」，進入第四行位了。不過，這不應該講出來；若是講出來了，就是「洩佛密因」；後面經文中還會有警示，所以不可以講。

**「一切合同種種法門，得無差誤，名離癡亂行。」**菩薩爲什麼能夠離癡亂？爲什麼不會被人所籠罩？我剛出道時就曾經被籠罩，往往有些同修們極力讚歎說：「**某某人是十地菩薩，某某人已經成佛了。**」還有人當上親教師了，竟然還會聯合某師姊，共同極力讚歎說：「**某老菩薩是八地菩薩，他每天都可以隨意來去極樂世界。**」強力讚歎了兩年，籠罩我。我想：他們都明心了，應該已經勘驗無誤了，才會整整兩年這樣讚歎，因此使我不得不相信。但是我拜他爲師兩、三年了，什麼問題都無法解答，後來也一一證實那兩位同修所說某老菩薩自行來往極樂世界的事情，都是虛假不實的謊言，終究還是要被我拆穿。雖然我總是心存仁厚而不想立即推翻他們的說法，但請教過許多事相與法義超過兩年以後，終究是無法再聯合欺瞞我，我還是要一一指出他們的過失。

從那一次以後，我就不再輕易相信任何人了，後來一定都要親自勘驗，不再輕易相信別人所作的勘驗。如果我已經遠離隔陰之迷了，每一世出生以後都會立即一直往前走；但因爲我還有胎昧，這一世不能在出生後立即延續前世的證量，所以無法出生之後就立即往前走。但我悟後繼續進修的時間長久以後，總是會發起往世的證量，到後來他們都無法再籠罩我；因爲「一切合同種種法門」我已經開始相應了，往世的證量開始陸續生起了，就開始自行判別那些所謂的大善知識們；即使有人高抬爲八地、十地，也都不能再籠罩我，因爲我的弘法行已經遠離癡亂了，能判定他們的說法錯誤所在。

你如果已經能夠現見一切法和合不異，本來都同樣屬於一法如來藏，後來都因爲業種與無明的差異而產生了許多不同的三界法，才會有三界中各種不同狀態的一合相；這表示「一切合同種種法門」，你已經通達了，不會再有差誤了，那你就遠離癡亂行了！這是對一切法的合同法相都有正確的觀察，才能「離癡亂行」，而這是因爲修學般若別相智而得到的智慧。從此親自現見：某一法本屬如來藏的自性，某一法直接從如來藏出生，某些法是從如來藏裡間接或者輾轉出生，但是全都和合爲一有情而無非是自己的如來藏。這時能以如來藏貫串一切法，全部都能一以貫之，這才是眞正的一貫道。

一貫道的名稱很響亮，很吸引人，然而一貫道中的古今大德們，有誰曾經做到呢？根本就沒有。眞正的一貫道，唯有佛法中才有。只有佛法才能將世間、出世間法一以貫之，才有資格自稱是一貫道。如今外道的一貫道法教中，並沒有一貫之道，從來不曾把世間法、出世間法一以貫之。五教諸法來到我這裡，我都可以講得通，全都能夠一以貫之；要是有人不信，把《舊約聖經》、《新約聖經》拿來，我也可以講；回教的《可蘭經》、道教的《道德經》，我一樣可以開講；只不過我所講的一定會跟他們所講的有些不一樣。我將會用如來藏來講，以如來藏一法來貫通五教之法，才能叫作一貫道，因爲我能夠一以貫之，所以五教之法來到我這裡都能以一法全部貫通。然而一貫道幾百年來號稱五教之法一以貫之，貫到現在爲止，五教仍然是五教，而佛教的解脫道他們也仍然不懂，至於更深妙的佛菩提道，就更別說了！所以他們一貫道確實沒資格自稱爲一貫道，應該改名爲五貫道。

如果「一切合同種種法門，得無差誤」了，你就可以認定自己是「離癡亂行」，誰都無法再籠罩你了。既然沒有人能再籠罩你，就表示你從此以後說一切法、行一切行時都不會再有癡亂，這就是五行位的菩薩摩訶薩了。所以諸位一定要把這些道理觀察清楚，破參以後一定要繼續進修而把諸法貫通，就是以一個如來藏法貫通一切法，才能離開別人的籠罩；否則一旦遇到一個大名聲的惡知識來籠罩時，可能就退轉了。這一退轉，什麼時候再回來正法之中？真的很難說得定。如同《菩薩瓔珞本業經》中說的，有的人退失一萬劫、二萬劫以後才又回來正法中，那就很可惜了！因此說，「離癡亂行」一定要好好的修證，要在諸法之中能夠一以貫之，把「一切合同種種法門」整個貫串起來，才能成爲「離癡亂行」的第五行位菩薩。

譬如解脫道是從如來藏來，雖然二乘聖人修出離觀時都不能如實了知解脫道如何從如來藏來，「唯信佛語」；又如佛菩提道也是從如來藏來，因爲佛菩提道本身就是以如來藏作爲見道所證的根本法，悟後進修也都是依如來藏的自性及種子而修，怎麼可能離開如來藏而有佛菩提呢？而世間法也是從如來藏來，因爲一切有情的五陰十八界全都是從如來藏來的；而世界也是從如來藏來，如同前面幾段經文中所說的道理一樣。這些就是「一切合同種種法門」，你由證悟如來藏以後的深入進修而作的現觀之中，可以如來藏一法貫穿世間法、佛菩提道、解脫道，那麼「一切合同種種法門」也就「得無差誤」，就說你已經離開了癡亂行，成爲第五行位的菩薩。

接下來又說善現行：「**則於同中顯現群異，一一異相，各各見同，名善現行。**」前一句是說，所有法都貫串到如來藏中，以如來藏一法合同而貫串起一切法來；但是貫串起來之後，同樣是如來藏所生的法，所以是同；卻「**於同中顯現群異**」，同屬如來藏所生的法，卻顯示出無量無數的差異相。可是，雖然如來藏所生諸法有很多不同的法相，譬如大概歸類為世間法、出世間法、染垢法、清淨法、勝妙法等，但是在這些不同法相的「**一一異相**」中，不論怎麼觀察與推斷，全都同樣是從如來藏中出生而附屬於如來藏，所以「**各各見同**」，從來不能外於如來藏而有。能夠這樣現觀時，隨便你怎麼說法都可以會通；當假名善知識說法時講得七顛八倒，你卻可以把他們所說七顛八倒的錯謬法，全都再轉圜為正法。這就是祖師說的「**邪人說正法，正法亦成邪；正人說邪法，邪法亦成正**」的意思；你已經能夠這樣了，就是「**善現行**」的菩薩摩訶薩。也就是說，你已經善於把佛菩提、解脫道，全部都用種種方便善巧顯現出來讓眾生瞭解，而且全都可以互通，永遠不會自相矛盾、自相衝突；可以將三乘菩提正理，以各種善巧方便如實顯現給眾生理解，因此成為「**善現行**」的菩薩，這時就是完成六行位的功德了。

接下來說：「**如是乃至十方虛空滿足微塵，一一塵中現十方界；現塵現界**

**不相留礙，名無著行。**」像這樣一個又一個次第進修以後，乃至十方虛空所有微塵，觀察在一一塵中顯現十方界；這時所顯現的無量微塵，所顯現的十方界都不會互相滯留與障礙，名爲「無著行」的菩薩摩訶薩。你們破參明心的人，還沒有想通這一點嗎？你們覺得好像很不可思議，其實說穿了，你就會認爲也是可思議的了。因爲十方虛空所有的微塵，不管你能夠看到哪一個微塵，在每一個微塵裡都已經顯現十方界了！請問：十方界，不都是相分嗎？你所見的每一微塵全都是同一個相分，都從哪裡來的？都從你的如來藏中生出來的——全都是從眾生的如來藏中生出來的，怎麼會有差別呢？

這時，你所見的十方界也就是一界，所見的一界就是十方界，所以有時候經中會說：「**一即一切，一切即一。**」因爲同樣都是這個如來藏心，所以當你看到一塵時，所見的這一塵也是如來藏法，無一法而非如來藏；當你在這裡看到的這一塵顯現的如來藏，去到十方界時所看到的每一塵豈不是都一樣嗎？這時就以比量推見，當然全部都一樣，於是「**現塵現界**」當然就「**不相留礙**」了！塵與界本來都是從如來藏中所生的，難道還能離開十八界而有塵與界嗎？當你這樣現觀的時候，不會這樣說：「**某某佛世界，我覺得比較熟悉；其他的佛世界，我不太熟悉，我不想去。**」還需要這樣嗎？都不必了。

這時你只要作下決定：「**我若是往生去某一個佛世界，道業進展會比較快，也可以比較快速利益眾生，能夠比較廣泛地利益眾生。**」然後就決定往生去某一個世界，這樣就行了！不必執著說：「**我跟阿彌陀佛比較熟，琉璃光如來不熟悉，我不想去。**」這就是有留礙、有執著了。當你依第七行位的內涵這樣如實觀察，所以「**現塵現界不相留礙**」時，就不必再執著一定要往生去某一個世界了！譬如極樂世界固然勝妙，但是將來捨報時如果釋迦牟尼佛說：「**蕭平實，你不要去極樂世界，你先去某處利益眾生。**」我一定說：「**好！我這就去。**」不會有第二句話，自己都不必作主，隨即就往生去了。

不論哪一個世界，即使是從來都沒聽過的世界，也沒有關係；只要世尊吩咐了，立刻就往生去。本來就應該這樣，只要世尊認爲那裡有人可以得度，我們就去，有什麼地方是不能去弘法的？何必一定要在娑婆世界？所以，有一位法師反對人家往生極樂，常常罵人家說：「**大家都去極樂，娑婆世界的眾生，你們都不管了？**」可是有每一個人都要去極樂世界嗎？沒有啊！而且人家去極樂世界，也不是永遠住在那邊，只是去留學，學成以後還是迴向娑婆來的。所以執著某一個佛世界，其實就成爲「有著行」了！

每一個有佛法的處所或國土，都可以往生；不必強求大眾都要往生彌勒淨土，或者強求大眾都要往生極樂世界，或者強求大眾都要留在娑婆世界；否則就成爲「有著行」而不是「無著行」。眞正實行「無著行」的人，只要捨報時佛陀指示應該往生去哪裡，就立即往生去，不該有任何執著。所以有的人很執著說：「我只有跟某一尊佛才會相應，別的佛都不相應。」我總是覺得可笑！事實上，他在過去世很多劫以來，跟隨過多少佛世尊了？每一次跟隨一尊佛時都是執著那一尊佛，但是無量世以來執著了那麼多的佛世尊以後，如今這一世怎麼都不執著以前的諸佛呢？現在爲什麼又變成只執著釋迦牟尼佛？或者只執著 阿彌陀佛？這樣就是「有著行」，不是「無著行」。

因此，應當如是現觀：一切塵、一切界，全都是如來藏一個法界；一切法界即是一界，一界即是一切法界，而一界就是如來藏界，除此以外沒有其他法界，所以一切界就是如來藏界。既然十方界都如此，而三世也都如此，悟後又何必去執著一定要去哪裡呢？又何必一定要執著某一尊佛呢？應該依止現在有緣的這一尊佛，當祂告訴你：「你去某一個佛世界，那邊證悟的菩薩們太少了，無法好好弘揚正法。」那你就去，你可別抗命說：「釋迦牟尼佛！我要留在你的世界中，我不想去別的世界。」不該這麼說，佛叫你去，你就去，有什麼好計較的？這樣才是「無著行」。如果你悟後有這個心量，才可以認定自己到了「無著行」位。但這不是自己認定了就算數，而是要在歷緣對境時確實可以做到，並且也是已經把前面應該實修的內涵都完成了，才能自認是「無著行」的菩薩。

「**種種現前，咸是第一波羅蜜多，名尊重行。**」這個階位的菩薩，現觀所有一切法現前時都是第一義諦，也都是第一到達無生的彼岸。為什麼一切法現行時都可以是第一義諦而且都是無上第一到達無生無死的彼岸？舉個例子來說，有一位禪師悟前參禪很辛苦，始終參不破迷團；有一天，他下山去村莊辦事情，當他走過肉案時，剛好有一個人在買肉說：「**你給我幾斤精肉。**」現代人說的瘦肉，古時候叫作精肉。那個賣豬肉的大老粗聽了，以為人家嫌他的肉太肥，心中不高興，於是把切肉刀子往刀砧上面一剁，手插腰，大聲反問：「**我哪一塊肉不是精肉？**」這位禪師一聽，當場就開悟了。你們看，這個屠夫這樣現前，不也是第一波羅蜜多嗎？

是呀！你們已經破參明心的人當然知道其中的蹊蹺，還沒有破參明心的人就只好跟著傻笑。但是沒關係，等禪三破參明心回來時，就懂得說：「**原來當時老師講的是那個意思。**」那你就學我：「**嗯！我知道了，我知道了。**」還是一樣的呀！又譬如有一位禪師老是參不透，有一天他去市鎮裡處理事情，剛好遇到人家辦喪事；其中有一個神巫扮演樂神，他跳起舞來唱著哀歌：「識神無！識神無！識神無！」這位禪師就這樣也開悟了！你看，這個神巫的作爲，對於這位禪師來講，正是第一波羅蜜多，悟了當下就住在無生無死的解脫彼岸了！可是對眾生而言，那個神巫只是在爲人辦喪事而已。

依眾生而言，當然要說那個肉販眞是強詞奪理，明明是一大串肥肉，卻還把手插在腰間不客氣地說每一塊肉都是精肉。但是菩薩證悟的因緣成熟了，當他才一看見肉販的說法與惡行時，當然就悟入了；悟後繼續進修與觀察，到最後，一定會發覺「種種現前，咸是第一波羅蜜多」。所以有的人抱怨說：「我來正覺講堂聽你講經這麼久了，從來不曾聽你爲我們明講如來藏的所在，既然你無法明講，就是講不出來。」那就是因爲他聽不懂；其實打從初見面開始，我就一直不斷地指出如來藏的所在，只是他聽不懂。因爲我有兩個部分同時在說法，我的每一句話、一舉一動，都是在說法，何處不曾明指如來藏的所在？問題是他的悟緣還沒有成熟，無法聽懂「種種現前，咸是第一波羅蜜多」；但是對我來講，「種種現前，咸是第一波羅蜜多」。

事實上，我在口中爲大眾說法時，口中也還是在別的方面同時爲大眾說法，不只是藉著言語來說法。事實上我爲大眾說了很多很多法，只是他聽不懂。假使有一天他突然聽懂了，悟後又一一現觀到達這個階位了，就是進到「尊重行」的菩薩摩訶薩了。所以悟後若是沒有跟隨大善知識這樣熏習，那麼十行位就是十行位，必須修習一大阿僧祇劫的三分之一時程才能完成，距離是很遙遠的；但是自己如果有好好修集廣大福德，只要藉著大善知識說破，然後付諸於實際上的觀行與實證，不但是十住位，連十行位都是很快就可以通過的。諸位之中已經破參明心的人，你們想想看：我今晚講的這一些法，你們一一加以體驗，看是不是眞的如此？當然是呀！不過，十住、十行、十迴向，都是前面幾個階位比較難，後面純是智慧，若有善知識指導，也就容易多了。十行位剛開始的歡喜行、無瞋恨行、離癡亂行，都不容易完成；但是這幾個階位修成了，再接下去的階位便容易成就了。

「**如是圓融，能成十方諸佛軌則，名善法行。**」經過前面八行位一一走過來以後，在解脫道和佛菩提道上的佛法見地已經圓融了，依於這些圓融的見地，便能成就十方諸佛的軌則。怎麼樣成就十方諸佛的軌則呢？也就是在弘法的各種事情上，應該如何行、應該如何說、應該如何看待，你都瞭解了，自然就「**能成十方諸佛軌則**」。所以出世弘法時，什麼時間應該說什麼法，你有能力判斷與決定；什麼時候又應該做些什麼事，也不必有佛菩薩來告訴你，你自己知道應該做什麼事；對於某一些事情應該如何看待？你也能正確地看待；能夠這樣子，你就是已經成就十方諸佛施設的軌則了。所以當你弘法時，在某一段時間應該說什麼法，到了什麼時節時應該做些什麼事，你都把握住了，就是「善法行」的菩薩。

有的人覺得奇怪說：「老師出書很快，一本又一本印出來。」覺得好像是只管趕快印書流通。可是你們不曉得，我出書是有次第性的；哪一本書該先印出來流通，哪一本書該在後時才印出來流通，都是先衡量過的，我是有分際與把握的。如果我的書籍是次序顛倒印行流通出來，台灣佛教界早就因爲我而開過無遮大會了；因爲一定會有一些不知死活、少聞寡慧的人會來踢館，那些少聞寡慧的人就像是台灣七月半的鴨子一樣，眞的不知死活！但是如果有次第設定，依照次第印出來流通，讓佛教界有次第性的逐漸提升知見，就永遠不會有無遮大會開得成。所以，在可預見的將來，法義辨正無遮大會依舊是開不成的。

這是因爲我們出書時有次第，先把《無相念佛》印出來，當代所有大法師們都不會這個功夫，在念佛功夫上面他們就不敢來踢館，也不會只因爲這個功夫就來踢館；接下來再講深一點的，譬如《禪—悟前與悟後》（這本書其實是很早就印出來流通的，最早期是一巨冊七百多頁的贈閱版），大法師們看到書中寫了一些公案，他們眞的讀不懂，就不敢來挑戰。然後再寫出《眞實如來藏》，我的「如來藏說」完全站得住腳，大法師們全都無法推翻；這是專爲釋印順寫的，連他都不敢吭聲，大法師們就更不敢講話了。等到印順那一派人都不敢寫書辯駁了（我不稱印順爲法師，因爲他是破壞佛法的人。隨便哪一位法師，我都尊稱他們爲法師；即使戒疤還沒乾的，我也都稱爲法師；唯獨印順，我不稱他法師，還要直接指名道姓，因爲他破壞佛法很嚴重），我還要再寫一些更深的法義出來，讓他們慶幸：**「還好，當初我忍住了，沒有寫書公開挑戰蕭平實。」**

所以《楞伽經詳解》漸漸的寫好印出來以後，接著是很早就講的《邪見與佛法》，整理好了以後，打字也是很早就打好了，都等著不去印；等了整整一年多，都不想印出來流通。因爲只要印了出來，立即就會有人來找我開無遮大會，那我是要收他作徒弟呢？還是要讓他自裁呢？若是收他作徒弟，他其實心不甘、情不願，我把法傳給他，他一定不可能生起忍法，將來還會反咬一口，正法反而會被破壞。若是看著他自裁，於心又不忍，所以不能先印出來流通。我只好在等待的整整一年之中，先寫出《宗通與說通》，在《宗通與說通》書中把佛法體系的概念臚列出來；當大眾讀了以後，我在一個月後再把《邪見與佛法》印出來，把佛教界錯誤大師們一網打盡，誰也不敢來跟我開無遮大會，大家都省了麻煩，我也有時間做更多事。

所以必須要有次第，若沒有先後次第考量，就不能印出來流通。然後我再以《狂密與眞密》印出來流通，這部分一定是排在更後面。若是不排到更後面，絕對不能印出來流通；否則一旦印出來流通，就是一場大是非，一定天下大亂，所以一定要有次第性。我這樣做，無遮大會的邀請函公開印在書中流通出去以後，一定沒有人會死在我的嘴裡；因爲他們對我有了一些理解，都知道自己是不知彼也不知己，所以不敢來挑戰，就不必自裁而死；也不會因此來拜在我的法座下當徒弟，就不會前來學法，自然不會因爲五力不足或五根尚未生起而勉強悟入，反而在將來破壞佛法。要這樣有次第性的弘法，佛法才能圓融地推廣出去。所以我現在還是很平安、很順利地弘法；雖然各大山頭會私底下聯合抵制，但是動搖不了正覺的正法，這樣才能叫作眞圓融。並不是將佛法拿來賣人情而可以叫作圓融，佛法的圓融是從來不賣人情的，是自古以來就不與人和稀泥的。這樣看清楚次第性了，那麼十方諸佛的軌則，你就把握住了。

譬如 釋迦牟尼佛三會說法，祂在說解脫道時，自稱是「一會」說法而只有阿羅漢弟子，還沒有菩薩弟子，也還沒有說到實相般若及一切種智。既然說是一會說法而且只有阿羅漢弟子，還沒有菩薩弟子，就顯示後面還有兩會說法，還得要第二會說法度菩薩弟子，還得要第三會說法解說成佛所憑藉的一切種智，才能圓滿化緣而入涅槃；否則即是化緣尚未圓滿，不可以入涅槃。那麼 世尊爲什麼要這樣做？因爲這也是諸佛的軌則，如果這時眾生的根性不是單純的菩薩種性，這個世界也不是純一清淨世界，就不可能一會說法而只度菩薩弟子。

若是在極樂世界，當然也可以一會說法；在這一會之中，前後幾十萬億劫所說的都是佛菩提道，把解脫道函蓋在佛菩提道中來說，成爲只說唯一佛乘的一會說法。然而，阿彌陀佛對往生極樂世界的人們，終究還是觀察根性而有所區分的，所以中品生人全都是證聲聞四果而不是證菩薩果，何況其餘非純一清淨的世界，當然都要三會說法：聲聞緣覺法、實相般若、一切種智。否則眾生是無法信受的，就無法獲得法利。若是一開始就專講三大阿僧祇劫才能成就的佛菩提道，眾生往往會退心；所以三會說法或一會說法的原則，也是十方諸佛的軌則。如果能夠把握住了，就知道什麼時候該講解脫道，什麼時候該講佛菩提道，也知道什麼時候該做什麼事情；如果都能把握住了，就是圓融於三乘菩提，就是「善法行」的菩薩摩訶薩。未來世如果想要帶頭弘法，這些道理也要再三修習以後加以現觀，否則就進不了「善法行」中。有了善法行的功德，接下來可以行「眞實行」了。

「**一一皆是清淨無漏，一真無為，性本然故，名真實行。**」「眞實行」是說，從自己的心性上用功；因爲到第十行完成時，得要完成性種性，也就是菩薩性的種性必須具足，才能再向上進入十迴向位的初迴向位中。想要使菩薩性的種性具足而轉入初迴向位，除了所需具備的智慧以外，還要具備慈悲與勇猛；這部分不具足時，就無法勝任初迴向位的工作。然而想要具備初迴向位的慈悲與勇猛，卻必須先具備十行位的清淨無漏，就是必須具足轉依如來藏的眞如性；以如來藏的一眞法界來看待一切世間法，才能「一眞一切眞」；於是一切身口意行都成爲無漏有爲法，使心性自然回到如來藏的本然清淨自性中，清淨無爲地利益眾生；在這個階位中，一直都是清淨無漏的，住於「一眞無爲」中，才算是成就「眞實行」。

如果悟後不這樣次第進修，一定無法成就「清淨無漏，一眞無爲」的眞實行；因爲第十行位的眞實行，是要以前面十住位以及初行位到第九行位的一切所修法來完成的；若是沒有前六住位的外門廣修六度萬行，就不可能明心；若是沒有明心，就不可能使般若波羅蜜多「正觀現在前」；若是沒有眼見佛性，就不可能使世界身心如幻的「如幻觀」現前；若是沒有歡歡喜喜持續饒益眾生，不斷地自覺覺他而且深入正法中無止盡地行菩薩道，就不可能教學相長而遠離癡亂，也無法具足各種因緣來深入現觀諸法同異，那麼「無著行」也不可能成就；無法從深心之中尊重實相般若的可貴性，即無法了知及遵守諸佛的軌則，那麼眞實行是絕對不可能成就的。自己都無法成就眞實行了，何況能成爲救護眾生離眾生相的初迴向位菩薩呢？一定不久就因爲被抵制而退心了。

因此前面九行位的般若部分，也就是在深入正法現觀的內容上，必須深入精研，使自己對諸佛的法道圓融了，才有可能勝任初迴向位的任務。可是，縱使這些都完成了，然而自己的性障如果還很深重，顯然菩薩種性是還不具足的，那麼性種性就不具足，無法持續行「眞實行」，必然會因爲橫逆、打擊而懈怠下來；這都是因爲還有一些有所得心，心性還不能完全轉依「一眞無爲」的「清淨無漏」性，心性仍然不是「本然清淨」的緣故，所以無法勝任初迴向位的任務與行門。由此緣故，第十行位的「眞實行」，確實是不可或缺的。所以應該繼續從自己的心性是否轉變爲「清淨無漏」來修行，使自己的十八界法全都清淨無漏，所以說「一一皆是清淨無漏」，正是講前七識；這七轉識必須都要清淨無漏，每一識都不能有所染汙，性種性才能圓滿具足。

意識從來都是染汙的，意根末那識更是無始染汙；而前五識「性境現量通三性」，所以有時跟著意識行善，有時候跟著意識造惡，也是有善惡性的。五識本身雖然是無記性，卻是可以有時具有善惡性的，因爲跟隨著意識、末那造作諸業；既有善惡性，表示不是清淨無漏。既然如此，就應當要轉依如來藏的「一眞無爲」法性，轉依如來藏顯示出來的佛性的本然清淨性。這樣轉依之後，在體與用兩方面全都成爲「清淨無漏」了，哪裡還有別的有爲有作法性可說呢？就遠離有漏法了。因爲所轉依的眞如與佛性的自性，本來就是清淨無爲的，「性本然故」。當你轉依完全成功，就完成十行位了，因爲已經可以確實在「眞實行」中廣行菩薩道了！從此以後一切身口意行都不是爲了自己，而是爲整個道場或整個佛教，乃至是爲整個世界眾生的法身慧命著想，這樣的人才能夠說是「眞實行」的菩薩。如果有私心，不能確實行「眞實行」，連十行位都無法完成，奢言諸地、等覺、成佛，都是大妄語人。

有很多人說：「悟了就沒事了，一悟即至佛地。」卻不知道證悟只是佛菩提道修行的入門，他們都不知道，都說開悟時就是成佛了。有些人「悟了」都還不知道佛菩提是什麼。今天我聽到一位師兄說：「現在讀了《大乘無我觀》，才知道那些內容好勝妙，以前親耳聽聞時都聽不懂是在說什麼。」我說：當然聽不懂，因爲當初我講《大乘無我觀》時有聲明，是爲同修會中已經證悟者演說的，不是爲當時台南地區來聽我演講的初機學人說的。所以，當時聽我演說的人若是沒什麼功德受用，不曾得到任何一法，都是正常的；當初聽聞時如果確實有破參明心了，才能確實理解而得到其中的法義。所以悟後讀了《大乘無我觀》，才會知道悟了以後還有那麼多佛法要學要證，才會知道佛菩提道的次第與內涵。

如果悟後都沒有好好研讀《大乘無我觀》，就無法了知悟後進修的成佛之道該如何進修，當然無法修到通達位而入初地心中。若是破參之前加以研讀，也沒有用，因爲跟他不相干；得要明心以後，其中的法義內容才會與他相干。否則只是知道有一些次第，卻都是自己所無法了知、無法到達的。若是眞的破參明心，讀後就知道自己如今是在什麼地步、什麼階位，接下來要做什麼。佛菩提的進程，自然都知道了！但是還沒有破參明心的人，書末的當場問答記錄，倒是很有用處的，因爲可以使他們對佛菩提道的入門有所了知，也等於是藉著研讀《大乘無我觀》，來找到佛菩提道的下手處；否則，號稱學佛三十年，還是佛法的門外漢，連入門的路子都找不到，何況能入門？

這兩三週所講的《楞嚴經》義理也是一樣，跟明心見道的人都是息息相關的。對於還沒有破參見道的人來說，則是為他們種下一些種子，至少已經知道破參明心而不退失時，只是第七住位的不退菩薩；可是入了七住位以後還有許多法義要深入修學，所以悟了還不等於是佛，得要最後身菩薩悟了才算是成佛。這樣熏習，攝取了一些知見以後，將來想要破參明心也會比較容易，破參明心以後也不會生起慢心；因為已經知道自己這麼辛苦走到開悟的地步時，也才只是第七住的不退住而已，後面成佛的道路還那麼長遠，就不會生起慢心了，然後修行就會很快。若是起了慢心，修行就會變得很緩慢。

接下來要講十迴向位的內容了。

**【「阿難！是善男子滿足神通，成佛事已，純潔精真，遠諸留患；當度眾生，滅除度相；迴無為心向涅槃路，名救護一切眾生離眾生相迴向。壞其可壞，遠離諸離，名不壞迴向。本覺湛然，覺齊佛覺，名等一切佛迴向。精真發明，地如佛地，名至一切處迴向。世界如來互相涉入，得無罣礙，名無盡**

功德藏迴向。於同佛地，地中各各生清淨因，依因發揮，取涅槃道，名隨順平等善根迴向。真根既成，十方眾生皆我本性，性圓成就，不失眾生，名隨順等觀一切眾生迴向。即一切法，離一切相，唯即與離，二無所著，名如相迴向。真得所如，十方無礙，名無縛解脫迴向。性德圓成，法界量滅，名法界無量迴向。」

講記：「阿難！這位善男子滿足了五神通，成就佛事以後，心地純潔精鍊而眞實，遠離了種種無始劫遺留下來的過患；這時應當開始度化眾生，但是卻在自己心中滅除了得度之相；迴轉無爲心而趣向涅槃大道，名爲救護一切眾生遠離眾生相的迴向。

接著是毀壞自己身心中各種可以被毀壞的惡法，也遠離了種種應該遠離的煩惱，從此以後不壞對三寶的清淨，不壞於淨戒，不壞於三乘菩提，不壞一切有情的慧命，就是不壞迴向。

再深入觀察如來藏的本覺無始無終而湛然不動，深入觀察自己的本覺齊等於諸佛的本覺，現見一切與諸佛平等無二，就稱爲等一切佛迴向。

接著是在諸法中把如來藏的精明眞實性加以闡發明顯，使自己所住的一切境界都能如同諸佛的境界一般，能將眞如法性至一切處中現觀，名爲至一切處迴向。

再深入觀察三世與十方界的如來互相涉入，心中如實觀察而不再對十方三世及諸佛有罣礙了，因此發起無止盡的智慧功德，名爲無盡功德藏迴向。

再於如同諸佛的境界中，在各種境界中各各生起清淨因，然後依各種境界中生起的清淨因來發揮，終於發起能夠取證無餘涅槃之功德，名爲隨順平等善根迴向。

眞正的善根既然已經成就了，現見十方眾生都與自我的如來藏本性相同，這個互同的法性觀察圓滿成就了，卻又不會失遺未來任何一世的五蘊眾生，世世不斷地與所有眾生同事、利行，名爲隨順等觀一切眾生迴向。

處在一切法中，卻又能夠遠離一切法相；然後也在一切法的即與離之中，對即與離等二法都沒有任何執著，名爲如相迴向。

眞正獲得所觀察的如如法性以後，對於十方世界都沒有罣礙或執著了，名爲無縛解脫迴向。

如來藏與佛性的功德圓滿成就時，已經不住於眾生法中，所以諸法的功能差別現量已經歸於滅盡，純依如來藏與祂所顯示的佛性而安住了，由此能夠迴向一切法界中，廣作無止盡的佛法布施，名爲法界無量迴向。」

**「阿難！是善男子滿足神通，成佛事已，純潔精真，遠諸留患；當度眾生，滅除度相；迴無為心向涅槃路，名救護一切眾生離眾生相迴向。」**有許多經中都只說「善男子」，不說「善女人」，因爲明心以後就叫作善男子了；所以早期已經破參明心的同修們，雖然依舊是女兒身，我往往都稱呼爲「師兄」；因爲破參明心以後已經轉依如來藏心了，而如來藏心從來沒有女人相，所以轉依如來藏以後就不應該有女人相。女人相就是心中諂曲，做事情不爽快，不乾淨俐落，拖泥帶水，心中總是言不由衷，就是世俗的女人相。破參以後轉依如來藏了，如來藏心中卻沒有這些諂曲；既然轉依而沒有這些諂曲了，當然就不再是女人。所以證了如來藏以後就是大丈夫，所以都說善男子而不說善女人。

這一段經文是依通教菩薩或聲聞俱解脫阿羅漢，迴心轉入大乘法中修行而說的初迴向位境界。但是，因爲菩薩不是完全都由通教菩薩或二乘解脫道的俱解脫無學聖人轉入大乘來說的，也有戒慧直往的菩薩。前面這一小段中，是講通教的俱解脫或者二乘俱解脫聲聞聖者迴入大乘別教來講的，因此說他們到這個地步時，要再修學五神通，先要滿足五神通的加行，也就是發起五神通。但是從戒慧直往的菩薩來說，是要到三地即將滿心時才開始修證五神通的。這裡說善男子滿足神通以後，成就了前面所說的十信、十行的所有佛事以後，心地已經是純潔的了，而且已經轉依精眞之性，就是轉依如來藏的精明眞實心性了；因此「遠諸留患」，也就是已經遠離無量劫殘留下來的種種過失。有過失，就會造成後來佛道修證上的種種障礙。

到這個地步，當然應該要出來度衆生了！這時說的出世度衆生，是說自己要先滅除得度之相，還要教導衆生滅除得度之相。如同《華嚴經》的初迴向位所說，這個階位的菩薩要如日中天，照滅衆生的一切黑暗無明，所以應當救護一切衆生遠離衆生相。不但如此，還要教導衆生滅除得度之相。爲什麼還要教衆生「滅除度相」呢？因爲衆生悟得佛菩提以後，心中往往有「我解脫了，我證得涅槃」的心相，就無法如實解脫而入涅槃了。聲聞法中的初果與二果人會說他們分證解脫、分證涅槃；可是到了四果時，絕對不會再這麼講，因爲已經無我、無我所了。可是如今同修會以外常常有一些法師、居士說：「我們早就證得四果解脫了，解脫就是明心見性。」然而我要請問：證得解脫時，請問是不是有住相？是有住相；既然住於得度之相中，那就表示他們還不懂解脫道。

阿羅漢們爲什麼不說自己已得解脫？因爲阿羅漢們很清楚：所謂解脫就

是把自我滅盡無餘。既然把自己滅掉無餘以後，不再有絲毫自我存在，是眞正的無我，十八界全都滅了，才是無餘涅槃，才是解脫，那麼這時還有誰得度呢？已經沒有誰得度了。由這個道理，《金剛經》說：「若阿羅漢作是念：『我得阿羅漢道。』即爲著我、人、眾生、壽者。」所以阿羅漢如果自稱是阿羅漢，他就不是阿羅漢了。般若講的就是這個道理，這是從事相上、也從理上來說般若。所以有某些大師說，他捨報的時候，要用覺知心進入無餘涅槃中安住。請問他能不能入涅槃？（眾答：不能）當然不能，所以他將來所入的必定是外道涅槃——流轉生死的假涅槃。這當然只是他們妄想所說的涅槃名相，所以他們當然入不了佛菩提的見道位中，也入不了二乘菩提所講的見道與涅槃中，因爲他們都有「住相」，住於我、人、眾生、壽者四相中。

菩薩到了初迴向位時，不但滅除了自己的得度之相，也應該要度眾生離開眾生相，不能再躲著不度眾生了。因爲他這時是沒有私心的，全都是爲了眾生；而他的心性也清淨了，不貪求眾生的利養與恭敬，所以應該出來度眾生。不但要度眾生，也要度眾生親證解脫以後再把度相滅掉；所以要教導眾生：你若是眞實得度了，其實是沒有得度之相。我在《邪見與佛法》中就是講這個道理，是舉例譬喻而告訴大眾：沒有誰可以得度，沒有誰可以證得無餘涅槃；因爲證無餘涅槃時是滅掉全部自我，不再有自我繼續存在了。我告訴大眾這個道理，就是「**當度眾生，滅除度相**」。可是海峽兩岸有好多大師讀了《邪見與佛法》以後卻不能接受：「**說什麼涅槃就是把我自己滅掉？胡說八道！我們應該把握自己，還要清清楚楚明明白白處處作主。**」因此把我們的《邪見與佛法》蒐集起來公開燒掉，這就表示他們的我見深厚、我執深厚，全都落入**眾生相**之中。

他們宣稱已經證得無我了，卻都只是文字上的無我，只是口頭名言的無我，因爲他們的我見都具足存在。十八界我，若是不能否定，捨報以後也沒有能力滅掉，怎麼可以說是證得無我法？怎麼可以說是證得解脫道呢？所以他們都是有度相，有度相就表示還沒有得度。眞實得度的人都沒有度相，因爲十八界我全都滅掉了，活著時也知道將來入涅槃時是滅盡十八界自我的，那時還會有誰得度呢？完全沒有自我得度了，沒有度相了，這才叫作得度。所以沒有得度之相的人才是眞正得度的人，這就是大乘佛法實相般若的道理。得要像這樣子修證，才是眞正證得涅槃路。

可是，菩薩所證得的「**涅槃路**」是從「**無爲心**」而入，不是從有爲心而入。無爲心是第八識如來藏，有爲心是前六識以及意根。如來藏無始劫以來就是本來無爲性，只有祂才是眞正的無爲心；所有菩薩都依如來藏無爲心修證佛菩提道，所以應該「**迴無爲心向涅槃路**」。也就是說，菩薩一樣要從斷除我執上面用心，然後再起最後一分思惑，以潤未來世生；藉著故意再起的最後一分思惑，滋潤未來世再度受生的種子。因爲最後一分思惑斷除了，捨壽時就一定會入無餘涅槃；所以三果人迴向佛菩提道時，是故意保留最後一分思惑，是能斷而不斷除；四果人則是乘願而重新生起最後一分思惑，捨壽後再度受生於人間，這樣都是「**迴無爲心向涅槃路**」，因爲都是以無爲心如來藏爲依止，迴向諸佛的大般涅槃。

像這樣子度眾生，教眾生度到無生無死的解脫彼岸以後，還要進而把得度之相滅除，教導眾生把所證的如來藏無爲心迴向諸佛的涅槃路；能夠這樣如實而行，就是「**救護一切眾生離眾生相迴向**」。所有初迴向位的菩薩們，都必須把自己的所證、所修，全部迴向「**救護一切眾生離眾生相**」，這就是十迴向位中的第一迴向位。

菩薩悟後想要進入初地以前，一定要凡事都**迴向**「**救護一切眾生離眾生相**」。一切眾生始終離不開眾生相，甚至於現代佛門中的大師們也一樣，全都無法離開眾生相；因爲現代佛門中的大師們也都是用覺知心、作主心—意識與意根—想要入住無餘涅槃中，這就是眾生相。離開眾生相時，是十八界全部否定，現觀十八界都可以滅壞，確定十八界全都是生滅法了，深心之中也已經完全接受這個現觀的結果時，才算是離開眾生相。離開眾生相的時候，還有誰得度而進入無餘涅槃中呢？都沒有人進入涅槃中，也沒有人得度，這樣才是眞正的離眾生相。凡是想要讓覺知心意識，或想要讓處處作主的意根自己進入無餘涅槃中繼續存在不滅，都是落入眾生相中。

所以當你度了眾生，教他們斷了我見以後又明心了，他們就有得度相了；接著還要再進一步教他們把度相滅除了，能夠往無餘涅槃修證，也就是有能力把我執斷除而親證無餘涅槃了，卻還要教導他們迴向大乘法中，不取無餘涅槃而迴向佛菩提道，這樣才是救護眾生離開眾生相；能夠確實這樣子做，才是到了初迴向位的菩薩。如果還會想要作人情而跟眾生和稀泥：明明某些大師悟錯了，還要賣人情說那些大師有開悟，維護他們的名聞利養，那就是還沒有到達初迴向位。大師們都教導眾生要用覺知心入住無餘涅槃中，你不戳破他，作人情給他，就是繼續維護大師們座下的學法者繼續留在眾生相之中，不是在救大師、救眾生遠離眾生相，就不是初迴向位的菩薩。

既不是初迴向位菩薩，卻在外面宣稱已經證得無生法忍，其實既是騙人，也是大妄語業；因爲連初迴向位功德都還沒有，怎有可能是入地的菩薩呢？所以悟了以後，身口意行都會顯現自己是在某一個階位中，重要的是自己有沒有智慧加以判別。如果有人證量在你之上，因爲他對佛菩提的見道智慧已經通達了，他就會知道你現在的證量在哪裡，能判定你是在初迴向位，或者只在初住位或者十信位等。因爲上地能知下地事，下地不知上地事，所以他能夠從你所說所行之中加以判斷，這都是瞞不了人的。所以，哪一個人到了哪個地步，我大概都知道，但是我從來不會說某某人到了某一個位階，因爲講了以後往往會有後遺症，所以我自己知道以後放在心中就行了。

如果有人來勸我停止破邪顯正，這就是勸我停止「救護一切眾生離眾生相」；而我如果接受了，那我就失去初迴向位的功德了，更別說是無生法忍等功德了！而那個勸我的人，當然也是不可能有初迴向位功德的人。至於那些正在誤導眾生繼續住在眾生相中的大法師們，譬如教人要「清清楚楚、明明白白、處處作主」的大法師，或者教人「放下煩惱、把握自己」的大法師，或者教人要離念無念、活在當下的大法師們，全都落入蘊處界相中，我見都還具足分明，也是連我見的內容都還不懂的人；還敢把自己落在我見中的說法印在書中四處流通，公開顯示自己都還無法離開眾生相，連第六住位的相似般若都還沒有證得，何況能證得如來藏心而轉入第七住位中？何況能有明心的智慧來度眾生遠離眾生相？所以都只是表相大師而仍然未斷我見，繼續住在漫漫無明長夜之中，自度未成、自顧不暇，何況能度人遠離眾生相？

初迴向位完成了，當然就要轉入第二迴向位了：「**壞其可壞，遠離諸離，名不壞迴向。**」不壞迴向就是「**壞其可壞，遠離諸離**」，才能夠成就不壞法。參禪人已經在善知識指導下，將可壞的全部壞滅，也就是全部確定都是生滅無住之無常法，最後剩下的當然就是不壞法了。所以，參禪時也是一樣，整個過程就是「**壞其可壞**」；若是沒有「**壞其可壞**」的過程，知道如來藏的密意以後還是不可能斷我見的，將來還是有可能誹謗如來藏妙法；這就是我們一再強調必須眞參實修的原因，所以我們必須禁止一切同修明說密意。所以參禪過程中，突然參到某一個心，覺得應該是如來藏了，其實仍然是識陰所攝的生滅法；當你進入小參室中請問時，我就爲你分析：這是虛妄法，是可壞法，爲什麼是可壞。我就一一爲你解析出來。你聽完了，果然體認到那確實是可壞法，只好垂頭喪氣回去禪堂繼續參究，這過程就是「**壞其可壞**」。

一直參到所有可壞法全都被我否定了，最後剩下的唯一不可壞法，當你找到了祂，卻還不敢肯定，不曉得這個是不是眞心如來藏。那時你就很猶豫了，因爲不論你怎麼想，始終都想不到會是祂，即使作夢也想不到是祂。然後不斷地體驗祂、領受祂、觀察祂，也用經中的種種聖教把祂加以比對判斷。判斷的結果，往往自己認爲如來藏應該不是祂；可是祂的體性卻跟經中聖教所講的，也跟蕭老師所講的完全一樣，最後才不得不痛苦地承擔起來，大部分人總是這樣。等到終於承擔起來了，再去把祂深入體驗而且加以檢查，才發覺這傢伙眞的不可壞，性如金剛。這就是參禪人與善知識應該要做的事情，所以度眾生開悟時，一定要先「壞其可壞」，悟後才能生起抉擇的智慧，才不會退轉。

然而度眾生「壞其可壞」以後，還要教眾生「遠離諸離」，這才是眞正的善知識。菩薩悟後完成初迴向位的功德以後，若是想要再往上升進，就要遠離所有應當遠離的惡法，也是遠離所有可以捨離的三界垢染諸法。什麼是應該要離的呢？凡是三界中法，都是所應遠離的，才能進升到第二迴向位中。還在六住位中的參禪人也是如此，如果離不開三界中的無常法、生滅法，想要找到不應該離、也不可能離的常住法如來藏，一定找不到。所以，這個知見，既可以作爲初迴向位菩薩進修之法，也可以當作凡夫證悟之道。

當代的大法師們爲什麼都找不到金剛心如來藏呢？因爲他們都不曾先

遠離可離之法，也都不願意捨離應離之法，都是認爲應離而可離的離念靈知生滅心就是眞實常住心。然而離念靈知是輾轉而生的法，還談不上是如來藏直接出生的生滅法。爲什麼是輾轉而生的生滅法呢？因爲首先要有如來藏的現行，以及如來藏所含藏的離念靈知心種子，還要先有意根，以及要有一念無明煩惱種子爲所緣，還要再加上五色根爲緣，離念靈知心才能出現。得要有這麼多藉緣，加上以如來藏爲因，才能使離念靈知心出生，因此離念靈知心是輾轉而生的生滅法。如果把五色根毀壞了，六塵就不現起了，這時離念靈知是會壞掉的，所以是可壞之法；既是可壞之法，應該先幫助他「壞其可壞」，那就應該遠離——不再認定離念靈知意識是常住法——才能完成「壞其可壞」，然後才有可能「遠離諸離」。如果連輾轉所生的離念靈知都無法否定，那麼離念靈知所依的各種俱有依等生滅法，當然更無法否定了，自然也是不能「壞其可壞」的凡夫，何況能「遠離諸離」？必須先能「壞其可壞」之後才能遠離可壞法，遠離可壞法以後才能證得離可壞法的如來藏心，然後才會有種種離的存在；但是心中尚有「離」的時候，仍然是意識心，所以還要進一步「遠離諸離」。

但這只是意識心對於「離」的了知應該遠離，而不是離開如來藏；如來藏心是不能離的，而且也是永遠都無法離開祂的；就算有人想要離開祂，也是離不了的；因爲一旦離開如來藏了，就是捨報的時候到了，所以說祂是不可離的。爲什麼不可離呢？因爲只能如來藏捨離我們，我們無法捨離如來藏，除非是自殺。當我們五陰的壽報應該終了時，如來藏就不再使命根與眾同分繼續存在，於是捨離五陰而去，轉生中陰身而到下一世去；所以是如來藏捨離我們而去，不是我們可以捨離如來藏而去，除非是自殺而使五色根毀壞，導致如來藏捨棄色身而去，於是覺知心就不能再於色身中生起了，就稱爲屍體——死人。

在正常情況下，沒有誰能夠捨離如來藏而去；所以世間才會有許多所謂的植物人存在各大醫院中，求死不得。只有一種人可以捨離如來藏而去，就是不迴心的定性聲聞俱解脫者，他們可以捨離如來藏而去，不是自殺。但他們捨離如來藏而去時，是無法繼續存在的，是十八界全部滅盡而成爲無餘涅槃；所以實際上是他們把自我滅盡，獨留如來藏繼續住於涅槃中，而他們的蘊處界全部滅盡，不再接受後有，所以稱爲「後有永盡、不受後有」。由此也證實定性聲聞捨報時都是滅盡自己，本質仍然不是捨離如來藏而去。然而，菩薩是永遠不離如來藏的，因爲菩薩必須世世受生於人間，繼續邁向佛地而且永遠不入無餘涅槃；所以在入地前應該實證無餘涅槃以後再迴心大乘，故意再生起最後一分思惑，藉以滋潤未來世再度受生之用；或者成爲四果向以後，已經有能力在捨報時取證無餘涅槃，卻繼續保留最後一分思惑而不斷除；藉此繼續受生於人間，世世勤行菩薩道、自度度他，所以還是應該先**「壞其可壞」**，生起出離三界的智慧功德；然後繼續受生人間時就必須**「遠離諸離」**，以免再度落入意識覺知心的自我執著之中，這樣才能完成第二迴向位的**「不壞迴向」**功德。

……。（學佛疑難解答，移到《正覺電子報》的〈般若信箱〉公開回答，此處略而不錄。）我們繼續講《楞嚴經》，上週講到十迴向，一五八頁倒數第三行，已經講完**「不壞迴向」**，接下來要講第三迴向位的**「等一切佛迴向」**。

**「本覺湛然，覺齊佛覺，名等一切佛迴向。」**「本覺湛然」當然不是在講覺知心意識，但是很多人誤會是在講覺知心，以爲覺知心一念不生時就變成本覺了。在宣講這一部經之前，我們在講《大乘起信論》時曾經談到「覺」與「不覺」。在「覺」的內容中也講到「始覺、本覺、漸覺、究竟覺」，但是這一些「覺」，都是依如來藏來施設言說。如果有親證如來藏，也就是覺知心證悟了自己的如來藏，以如來藏本覺的證知作爲覺悟，才是眞正的「覺」。

這段經文中既然是講「本覺」的「湛然」，當然是說如來藏的種子開始變清淨，而不是指意識覺知心變清淨，這樣才可以說是「本覺湛然」；因爲意識的覺是有生之覺，是入胎受生以後才有的妄生妄滅之覺，不像如來藏的覺是本來就在的無生無滅的覺。然而即使證得如來藏了，還得要悟後進修一段時間才能使種子比以前清淨；換句話說，即使已經開悟破參了，如果如來藏裡面所含藏的種子還沒有清淨，仍然不是「湛然」。

爲什麼這裡要講「本覺」的「湛然」呢？是因爲悟後想要進修到初地時，如來藏中煩惱障的現行必須先修掉，那就是除掉異生性。如果沒有除掉異生性（也就是凡夫性——還會墮落三惡道的可能性）的現行，就進不了初地，始終都會繼續留在三賢位的「內凡外聖」階位中，所以才說「本覺」必須要「湛然」。如來藏的本覺，固然在因地時即已是清淨性，但是所含藏的種子卻是有染汙性，所以仍然會有異生性種子現行的時候，當然不能叫作「湛然」。因此，從七住位的明心功德漸漸發起之後，漸漸修除煩惱障的現行，到了第三迴向位時，如來藏心中所含藏的異生性種子已經不會現行了，所以稱爲「覺齊佛覺」；這時覺知心已經類似諸佛的覺知心了，顯現在外時已經是清淨性的了。如果覺知心還沒有轉變爲究竟清淨，就不要跟人家宣稱成佛了；覺知心如果還沒有斷除煩惱障的現行如同阿羅漢一般，就別對任何人宣稱已經成爲初地菩薩了，因爲都會成爲大妄語人。如果「本覺」還沒有「湛然」，覺知心顯現在外時不能類似諸佛那樣清淨的體性，就不是「等一切佛迴向」的菩薩。除此以外，在這個第三迴向位所要作的修行，還要心心念念把「本覺湛然」的功德，迴向一切佛的智慧樂、三昧樂等功德，還要迴向一切佛的五根、五力、一切種智圓滿，在行住坐臥一切威儀中，全部都如此迴向，才能成爲「等一切佛迴向」。

「**精真發明，地如佛地，名至一切處迴向。**」由於如來藏中的種子開始清淨了，努力清淨到分段生死的煩惱障的現行不會再有了，那麼如來藏中精明而眞實的體性就會發明出來，這時所安住的境界猶如佛地一般。這裡所說的是「**地如佛地**」，不是「**地同佛地**」。這是說，心心念念都這樣子迴向：**以我悟後進修到此地步的所有善根功德，產生力量而能到達一切處；就好像諸法實際的如來藏心一般，無處不到；將一切功德迴向能到一切世間、能到一切三有、能到一切衆生處、能到一切刹土、能到一切法處、能到一切虛空等。**這樣迴向自己所得的功德能到達一切處，始終不曾改變，才是已經進到「**至一切處迴向**」的階位中。這時的智慧與心境，如同佛地一般，令人敬仰，就是進入第四迴向位的「**至一切處迴向**」。

「**世界如來互相涉入，得無罣礙，名無盡功德藏迴向。**」剛剛進入第五迴向位的菩薩摩訶薩，勤修悔過而圓滿善根，所以遠離了一切業障，然後隨喜一切有情善根以及諸佛的功德；接著觀察三世如來廣行普賢行，其實是涉入於三世的十方界之中，所以說「**世界如來互相涉入**」。世界和如來互相涉入，一般人不瞭解，依文解義時就以爲十方世界都在如來身中。特別是讀《華嚴經》善財童子遊普賢身中不盡，有很多人都從字面上瞭解，誤以爲 普賢菩薩色身無邊廣大，所以善財童子遊不盡。其實不是這個道理！普賢身是說每一位菩薩都要歷經三大無量數劫修行無盡的菩薩行，這就是普賢行；而普賢身講的是三大阿僧祇劫無量的菩薩行，整個過程所經歷的三世十方法界，就是普賢身的境界，其實就是如來藏的境界。而如來藏境界是遊不盡的，所以普賢身也是遊不盡的；直到成爲究竟佛時，才能說已經遊盡普賢身了！然而即使成佛了，也還是在自己的普賢身中度眾生。當你瞭解這個道理時，世界與如來不就是互相涉入的嗎？

再從另一方面來說，諸位各自的色身，就是你身中無量無數微細眾生的世界，而你的自心如來跟你的色身是同在一起的（當然這只是方便說爲住在一起，方便說爲自心如來住在身中，因爲自心如來無形無色，怎能說是住在某處），而你的色身又是你身中一切微細眾生的世界，同時也是你的自心如來所執持的世界，那麼請問：世界與如來是不是互相涉入？是呀！

再從另一個層次來說，由娑婆世界所有眾生的自心如來感應，生成這個娑婆世界，那麼這個娑婆世界是不是跟這裡一切眾生的自心如來互相涉入呢？是呀！顯然也是互相涉入的。所以當你破參之後開始修學一切種智，能現前觀察到這一些現象了，此時了知世界和如來是互相涉入的，這時還有什麼可以罣礙的呢？死了以後還會去到哪裡呢？其實並沒有來去。所以輪轉無量生死以後還是住在自心如來的世界中，並沒有到他方世界去，所以自心如來與世界是互相涉入的。

或許有人這樣說：「我發願往生極樂世界，往生後不就是去了嗎？」其實仍然沒有去，還是在你的自心如來境界中；正因爲你對極樂世界有信、有願、有念佛之行，所以極樂世界就產生了你專屬的一朵蓮花，而且極樂世界就會有你的自心如來種子感應而增生的一分世界，那還是你的自心如來與極樂世界互相涉入；所以實際上，你生前還住在娑婆世界中，而你的自心如來由於你念佛的信願行等業力感應，就由這個善淨業而在極樂世界創造了一朵蓮花，而且你往生過去以後所應增廣的一分世界剎土，也在那邊增生成就了，所以還是自心如來與世界互相涉入。而且將來往生到極樂世界去以後，仍然是住在自心如來所生的十八界中，所觸極樂世界的一切六塵，仍然是自心如來所顯現的六塵，從來不曾住於極樂世界外境中。

而且往生極樂世界以後住在自己專屬的蓮花之中，仍然是自心如來化現的境界，如同在這裡時住在自心如來化現的五陰十八界中；所以從這樣的事實看來，當你往生到極樂世界以後，到底去了沒有？還是沒有去呀！因爲那一朵蓮花依舊是你的自心如來變現的世界，你還是住在自己的自心如來世界中。因爲生到極樂世界以後，你生存的世界依舊是自己的十二處世界，從來沒有接觸到外面的世界，所以仍然是自心如來與世界互相涉入，不曾與外面的世界直接接觸。

當你這樣現前觀察時，眞的是「去則一定去，生則實無生」，哪裡還有往生去極樂？然而卻也是已經不在娑婆世界中了。這時如實思惟、現前觀察的結果，你心中當然就沒有罣礙了！然後迴向「無盡功德藏」。什麼功德藏呢？譬如在每一毛孔中，看見無量諸佛；又如進入無量諸法功德藏中，平等觀察一切即一、一即一切；或者受持無盡功德藏，能對正法受持不忘；乃至迴向具足十力、四無所畏等一切功德藏，迴向具足菩薩所修諸行，迴向成爲十地法王，迴向最後獲得一切種智，這才是第五迴向位的菩薩摩訶薩。而這些實證，都要經由證得如來藏而次第進修到第四迴向位滿足以後，轉入第五迴向位中，現前觀察「**世界如來互相涉入**」，把這種智慧顯發出來；於是對未來世應當往生什麼世界中，自然「**得無罣礙**」，那就表示你把第五迴向位修行完成了。話說回來，我今天講的「**世界如來互相涉入**」只是略說，詳細的部分你們已經明心的人要自己去加以思惟、現前觀察。

「**於同佛地，地中各各生清淨因，依因發揮，取涅槃道，名隨順平等善根迴向。**」前面不是說「**地如佛地**」嗎？圓滿第五迴向位而轉入第六迴向位時，則是「**於同佛地**」；因爲在這時會發覺自己所悟的如來藏，與諸佛所悟的如來藏心並沒有差別，那麼所住的如來藏境界就是諸佛所住的境界，因爲同樣是第八識心的境界。但是在如來藏境界中，每一個實證的人都可以在所證的如來藏境界中，各自出生清淨因；再依於各人的清淨因加以發揮，同樣斷除煩惱障，同樣取證涅槃道；而各人所證的涅槃道，卻都平等平等而無差別。那麼這樣看來，其實大家都同樣平等地具有這種善根：你可以取證涅槃，他也可以取證涅槃。破參明心之後若不精進用功，就只能經由七次的人天往返取證無餘涅槃；若是明心之後精進用功，就可以在一生之中取證無餘涅槃；不會因爲你很用功，他不用功，結果他跟你一樣可以獲得你所證的無餘涅槃，所以眞的很平等。

菩薩摩訶薩接著再從這個現觀，於三種布施時，將一切善根普皆迴向：願一切有情都如自己一樣確實斷除思惑，出離三界生死；又迴向一切眾生不退轉於大乘，迴向一切眾生獲得諸佛平等智慧，迴向一切眾生獲得諸佛無量平等功德，這就是「**隨順平等善根迴向**」。因爲諸佛所有無量平等功德，是每一個眾生本來都有的，只因爲無明及惡業、習氣所熏而被遮障，不能顯發光明；然而諸佛所有各類平等功德，卻是從本以來就具足的；而眾生的本來自性清淨涅槃也是本來具足、本來清淨、本來涅槃的，所以一切眾生都具足這些平等法。菩薩此時普皆迴向一切眾生，願諸眾生都獲得諸佛的平等功德，究竟獲得諸佛大般涅槃，也究竟獲得諸佛一切智智；這就是「**隨順平等善根迴向**」。

「**眞根既成，十方眾生皆我本性，性圓成就，不失眾生，名隨順等觀一切眾生迴向。**」菩薩摩訶薩完成六種迴向以後，眞實平等善根已經成就了；這時再觀察十方世界所有一切眾生都可以和自己一樣具足善根，也都同樣是眞如本性；然而卻被無明與業種所遮障，不能發起與證得。菩薩如此現觀，證實十方法界一切眾生都與自己同樣具足妙眞如性，而這種佛性也都是圓滿具足。這樣現觀圓滿成就以後，卻不失於眾生的蘊處界，繼續世世保有眾生身心而處於人間自度度他，迴向繼續隨順眾生而永遠在人間利樂有情，這樣就是「**隨順等觀一切眾生迴向**」。

「**十方眾生皆我本性，**」有很多人依文解義：大家都歸屬於同一個本性。於是有人解釋爲大家都從同一個主體中出生。其實應該說是一切眾生都和我一樣具有同一類本來清淨涅槃解脫的本性，而不是從同一個本性中出生；所以「**十方眾生皆我本性**」，應該這樣解釋才對。但一神教說一切有情都是從上帝來的，都被上帝所創造，所以有**造物主**的說法；香港的月溪法師就是這個觀念，所以他說：「**大家都是從同一個總合體中生出來的。**」與一神教的邪見相同。而一貫道後來也發展出與一神教相同的錯誤觀念，在明代創立了新說：所有的眾生，上自 釋迦佛，下至六道有情，全都是由老母娘出生的，都是老母娘放出來的原人；將來三期收圓時，還得要全部收歸老母娘。但這種觀念其實是與一神教「聖經」中的想像相同，卻不知道會與法界實相產生衝突，也不知道這樣主張會違背他們盜取自佛教經典中的眞實義。

一神教認爲所有的眾生，都是耶和華所創造的，但這種說法純屬誤會，所以我說一貫道想要貫通五教的教理，是不可能的，永遠都會繼續成爲五貫道，不可能成爲他們想要成就的一貫道。因爲一神教是主張大家共同來自一個本源——上帝，不論上帝是被稱爲耶和華、老母娘或者阿拉；而佛教所說的卻是一切眾生都各自擁有獨立的、互不攝屬的、唯我獨尊的如來藏，而如來藏心永遠不曾被出生，所以永遠不會有壞滅時，也永遠不可能被合併。當一貫道攝取所有一神教共有的造物主思想，開始主張「佛教教主釋迦佛也是老母娘所生」的時候，本質已經成爲一神教的上帝永遠獨尊而一切有情都歸上帝統攝的不平等法；但一貫道卻還要開演佛經所說的一切眾生平等，所以不論他們如何盜取佛法，終究無法成功，未來仍然會是五貫道而不可能眞正成爲一貫道。所以一貫道想要將五家之法一以貫之的理想，是一開始就註定會失敗的，這是一貫道永遠無法避免的命運。

「**十方眾生皆我本性，**」說的是十方所有眾生都跟菩薩自己一樣，同是如來藏妙眞如性的本性；因爲是本來就具足圓滿的本性，不是歸屬於同一個根源，卻反而是一切眾生全都是唯我獨尊、各自獨立的，全都是平等平等而不曾有隸屬關係。這一種體性的證知，也就是眞如與佛性的證知；菩薩親證以後再深入現觀，所以能夠如實觀察圓滿成就。但是這個本性又不是眾生，因爲自己的如來藏與眾生的如來藏不一不異，自己的眞如法性與佛性也都與眾生不一不異，並且也是與自己的五陰同時同處而不一不異；菩薩摩訶薩如此現觀，世世不失去眾生身而繼續行菩薩道，因此叫作「**不失眾生**」。能夠這樣去現前觀察，就是「**隨順等觀一切眾生迴向**」，這是第七迴向位。

這樣迴向了以後，當然世世捨報時都不許取涅槃。也因爲在前面的初迴向位中，就已經迴向要**救護一切眾生離開眾生相**了！所以這個菩薩摩訶薩的本願、初衷，永遠都不許捨離。所以當你在第六迴向位能夠取證無餘涅槃時，不應該、也不可以取證，要故意保留最後一分思惑——不滅卻對覺知心的全部執著，以這一分微小思惑來滋潤未來世重新再受生的種子，來繼續上求下化，才能夠成佛。所以到了這個第七迴向位「**隨順等觀一切眾生迴向**」時，不捨離任何眾生，願意普遍攝受一切眾生，也將所有功德**迴向隨順平等觀待一切眾生**。

「**即一切法，離一切相，唯即與離，二無所著，名如相迴向。**」即，是說如來藏在一切法當中，不離一切法；但是如來藏卻又離一切法的行相，不落入一切法的行相中；菩薩悟後就依如來藏這種自性而安住不動，名爲「**即一切法，離一切相」。還沒有破參明心時，無法理解這兩句；即使能出離三界生死的三明六通大阿羅漢也弄不懂，連最上品的辟支佛也是弄不懂的。從表面上看來，菩薩處於一切法中，本來都有一切相，怎麼可能是「離一切相」？但是證悟菩薩的現觀並不一樣，在一切法當中現前觀察到：在一切法中總是有無相法存在，所以「即一切法」當中就已經同時「離一切相」了。

二乘法是在離一切法中離一切相的，因爲二乘聖人是斷除對一切法的執著，所以離一切相時是不即一切法，是遠離一切法的；但二乘聖人雖然能斷除對一切法的執著，其實是方便說斷，不是眞正的斷；因爲他們還住在人間時，一切法的行相始終存在著；要入了無餘涅槃，才能夠滅掉一切相，才能遠離一切相；因爲二乘聖人都以蘊處界作爲觀行的對象，以蘊處界來與一切法的行相互爲對待。但是菩薩不以蘊處界來與一切法互相對待，而是現觀自心如來藏在一切法中運作自如；雖然在一切法中運行著，卻離一切法的行相而沒有一切相，所以眞正「離一切相」。然後覺知心在一切法的行相中，在即和離二法中都無所著：即也無所著，離也無所著。所以藥山惟儼禪師說：我就是這麼跛跛挈挈度日。跛，就是瘸腿；挈，就是手中有時拿著什麼物事時，手是不太穩的。說他就這麼跛跛挈挈地過一生。也就是說，即也好，離也好，都無所謂了。菩薩悟後還得要「即一切法」中卻「離一切相」，並且對於即和離兩邊都無所著，這樣才是「如相迴向」，也就是依於眞如相而迴向佛道；這不是沒有明心的人所能理解的，得要眞悟了如來藏而現觀眞如法性時才會瞭解。

「**真得所如，十方無礙，名無縛解脱迴向。**」這是第九迴向位了！是說眞正到了對所證的一切法皆已如如的境界，就可以往生十方世界而無所障礙了。當菩薩捨報時，世尊或者 觀世音菩薩來了，吩咐說：「**你本來想去極樂世界，但現在別去了，因爲還有別的地方需要你，你就犧牲一下吧！**」於是你就去了，不會有第二句話。如果你說：「**不行！我要先去極樂，我要得八地證量回來以後再去。**」那你就是有縛、不得解脫。眞正「**無縛解脱迴向位**」的菩薩，一旦 世尊或觀世音菩薩來吩咐時，不會有第二句話。如果有人說：「**我已經證得初地、二地了，但是我一定要去極樂世界以後再回來娑婆。**」那麼他一定不是初地菩薩，因爲他是有縛、不得解脫，不是「**無縛解脱**」。除此以外，還能在一切法中現觀眞如而永遠如如，於一切法中全都是如如的時候，才能處於十方世界而都解脫、無縛，才能稱爲第九迴向位的菩薩摩訶薩。

如今修到第九迴向位時是「**無縛解脱迴向**」，不管應該往生去哪裡，全都不問。不會先請問說：「**佛陀！請您先告訴我，您要我去的世界是怎麼回事？**」根本就不問，直接就往生去了！佛菩薩安排怎麼樣去，你就怎麼樣去。如果先要問清楚：「**那個地方到底好不好？**」可就是有縛而不得解脫，就不可能是第九迴向位的菩薩了！諸位聽經以後得要活用。當有人說他是某地的菩薩了，卻執著說：「**我下一世一定要繼續當佛光人、慈濟人，繼續再來領導大眾。**」那表示他絕對不是「**無縛解脫**」，而是「有縛、不得解脫」；尚且不能成爲第九迴向位，何況是諸地或佛位。當你心中對於十方世界都無所罣礙了，不論是什麼樣的世界，隨時都可以遵循 世尊的吩咐而去，而且已經明心、見性、能斷五上分結了，才可以說是第九迴向位菩薩。否則，連初行都不是，何況能自稱初地、五地、八地或佛位。

「**性德圓成，法界量滅，名法界無量迴向。**」從十住、十行而次第進修到第九迴向位完成時，才能進入第十迴向位中；這時進入聖位應有的菩薩聖性以及種種功德，全都已經圓滿完成了，對見道位所應現觀的眞如法性已經全部完成了，法界量就滅除了。「**法界量滅**」的意思是說，諸法功能差別的境界相已經不存在了！這時已經圓滿佛菩提道的通達位中應有的智慧，不再被諸法功能差別的見解所限制，所以名爲「**法界量滅**」。當菩薩完全依止一眞法界而不再著眼於諸法的功能差別時，世間諸法的法界現量已經滅除以後，這時就能迴向諸法功能差別之中，開始對眾生作無量迴向：迴向眾生都得清淨法、迴向眾生出離生死、迴向眾生證佛菩提、迴向眾生圓滿一切智。能對眾生作無量迴向，也能迴向自己盡未來際利樂眾生永無窮盡。但無量的迴向全都來自「**法界量滅**」，完全依止一眞法界，才能夠確實產生無量迴向的實質。

「**法界量滅**」就是法界的境界相滅除了，什麼叫作法界的境界相滅除了呢？就是諸法功能差別的境界相不復存在了！全部轉依眞如法性了。《華嚴經》不是也講**法界量滅**的道理嗎？有很多人誤會而依文解義，與經中所講的不能符契。法界就是講眾生界，也就是所有眾生的不同功能差別——諸法的功能差別。因爲有眾生，所以就有了六凡和四聖；然而對菩薩而言，並沒有所謂四聖與六凡可言，事實上就只有一眞法界，全都以眞如爲定量，也就沒有法界的現量境界可說了。有很多假名大師以世間法、以意識境界來解釋一眞法界，但一眞法界並不是世間法中的功能差別。一眞法界其實不是法界，但在佛菩提道勝妙法的弘傳中，必須方便假名說爲法界，才能弘傳。

從二乘聖人來看，各種法界是眞實存在的，所以都有各自的法界量；也是四聖六凡眞實存在，所以必然是「法界量在」。量就是事實，量就是現前的境界，是現前存在的事實，叫作現量。「法界量在」表示說，如果不是二乘聖人，那就是凡夫的境界，只有這兩種。對於證悟後久經修行的菩薩來說，法界量早就滅除了，他所見就只有一眞法界—只有如來藏自心如來的眞如法性境界—除此而外別無法界存在，這就叫作「法界量滅」。當菩薩次第進修到這個階段，現前觀察法界量滅盡，只剩下一眞法界時，才能成爲「法界無量迴向」的菩薩。在禪宗裡，對於「法界量滅」，眞淨克文禪師有這樣的說法：**事事無礙如意自在，手把豬頭口誦淨戒；趁出婬坊來還酒債，十字街頭解開布袋。**眞是完全依止眞如法性的一眞法界，也就是經得起任何檢驗而不動於心。這是於一切時、一切事中，全都依止眞如法性，無一事、無一法而不是眞如法性，不再著眼於諸法的功能差別之中，遠離意識所知的染淨貴賤分別了，所以法界的現量境界已經滅除了，就稱爲「法界量滅」。到了這種境界時，才能出現法界無量迴向的功德。

**【「阿難！是善男子盡是清淨四十一心，次成四種妙圓加行，即以佛覺用為己心，若出未出，猶如鑽火欲然其木，名為煖地。又以己心成佛所履，若**

依非依如登高山，身入虛空，下有微礙，名為頂地。心佛二同，善得中道，如忍事人，非懷非出，名為忍地。數量銷滅，迷覺中道，二無所目，名世第一地。」

**講記**：「阿難！這位善男子完成這個清淨四十一心的過程以後，接著還要再完成四種微妙圓滿的加行，就以第四十一心所獲得的佛地本覺，運用作爲自己的眞實心，來發起聖性；這時聖性好像是出生了，但其實還沒有眞的出生；這時猶如鑽火的人想要燃燒他的木柴一般，那根木柴已經有一些熱度了，所以就稱之爲煖地。這位善男子又以自己的清淨心，成就諸佛所履行的菩薩道；這時如同依止於初地境界了，但其實還無法入住初地心中；就如同攀登高山的人到達山頂時，身體已經進入虛空中了，然而腳下仍然還有一點點障礙，無法眞的進入虛空中，這就稱爲頂地。這時對自己的心與諸佛心，已經確認這兩個心是同一種心，所以具足善巧而獲得中道，不墮二邊；猶如安忍於某一件事情的人一樣，雖然並不是把某件事情抱在懷中，但也不是把這一件事情完全排出在自己的心外，這時就稱之爲忍地。接著是數目與境界都銷融滅除了，這時所謂的迷與覺或者中道，二邊都已經無所見了，所以名之爲世第一地。」

現在講到四加行了！在《楞嚴經》中講的四加行，和唯識五位所講的四加行有所差異，因爲內容與位階都不相同。唯識五位講的四加行，是說你要證悟如來藏而入內門修菩薩行之前，應當先有四加行；內容是在教你觀行而斷除我見與內我所，只是第六住位滿心時想要親證如來藏以前，應該要修的斷我見等加行，只是預先確保明心以後不會再退轉於我見中。但是這裡講的四加行，是說將要進入初地時所應修的四加行，是基於第十迴向心的智慧境界中，準備進入初地時所應修的確認與通達的內容。所以，這個四加行和唯識五位所說加行位的四加行內容與目的都有差異：目的與內涵有所差異，證量同樣有所差異。這一段經文中 佛說，這個善男子對於前面所說的清淨四十一心，已經修學完成了；也就是將十信心、十住心、十行心、十迴向心，以及最早學習三種漸次的過程，就是眞正努力修習三種漸次的心，確實「修習、眞修、增進」的初發心，總共是四十一個階段，叫作四十一心，不是講總共有四十一個心。把四十一個階段的心境完成以後，就是第四十一心的第十迴向位菩薩；接下來要成就四種勝妙圓滿的加行，是要把這四十一心中所修成的智慧與清淨性，全部加以檢視和確認以後才能通達；通達以後才能入地成爲聖位菩薩，確實離開三賢位。

這時要以勝妙圓滿的四種加行，使自己進入初地心中；是要以同於諸佛本覺的如來藏眞覺，作爲自己修行的心地。也就是說，這階段的四加行，與唯識五位在眞見道前應作的四加行不同。在唯識五位的眞見道前的四加行，是在斷除**五陰中有眞實常住不壞我**的邪見上面來作加行，要斷除我見，才能成爲世間法中的至高無上法，名爲**世第一法**。有這**世第一法**實證以後，才能證得眞如心如來藏，成爲眞見道位的第七住菩薩；接著才能進入相見道位進修別相智，漸漸圓滿相見道位的功德，才能圓滿三賢位而到達第十迴向位。所以明心前的四加行，斷盡能取與所取，雙印二取空，只是聲聞解脫道的斷我見等智慧，只是依解脫道而言**世間第一法**；因爲還沒有證得佛菩提道的見道所證之金剛心如來藏，還沒有發起「**金剛三昧**」，當然只是聲聞法中的**世第一法**而不是佛菩提道中的**世第一法**。但是在第十迴向位的滿心位中，準備進入初地心的時候應該要做的加行，是已經明心以後很多劫，已經完成第十迴向位以後才要做的出世間法的加行，不屬於聲聞道的**世第一法**。所以這個四加行的內容，與唯識五位中所說的四加行內容不同，所依的智慧基礎也完全不同：一是尚未明心的人應該先修的斷我見的四加行，是解脫於世間法的最高智慧，是**世第一法**；另一是已斷我見我執而且明心很多劫以後應該修的發起成佛聖性的四加行，是要對本來無生諸法生起忍法的四種加行，屬於出世間道中即將成爲佛菩提道中的聖位菩薩的**出世間第一法**，但因爲入地後仍然要住在世間，所以稱爲**世第一法**，這二種四加行的法性與層次是完全不同的。只有對本來無生諸法生起忍法以後，才能斷盡大乘見道所斷的異生性而發起聖性，確實進入初地心，當然入地前應該有這四種加行。

這位修到第十迴向位滿心的菩薩，要以悟後進修多劫才完成的同於諸佛的如來藏本覺，作爲自己修行佛菩提道的眞實心；這當然是很多劫以前還在七住位證悟時，依照十住、十行、十迴向位的次第進修上來的清淨心。這是想要發起聖性而做的第一種加行，這時初地聖性的功德「**若出未出**」，也就是初地的功德好像已經在出現了，可是又好像還沒有出現。就好像鑽火的人在鑽木頭而想要把木頭燃燒起來時，那根木頭已經開始發熱了，卻還沒有冒煙，也就是聖性還沒有眞的發起，這時就叫作「**煖地**」。也就是初地聖性功德還沒有出現，但已經有一些聖性生起的跡象了，所以稱爲「**煖地**」。

然後又用自己同於佛覺的本覺，以及經由修行而完成的覺知心所住第四十一心的境界，來成就諸佛的行履，也就是如實履踐諸佛所實行的一切事業；這時從表面上看來，所行是和諸佛一樣的。換句話說，想要進入初地時，必須要像諸佛一樣有各種行履；也就是普說三乘菩提妙義，同時破斥一切邪見，救護一切眾生遠離眾生相而闡揚佛菩提，這就是諸佛所履；像這樣實行而不中斷的人，才是「成佛所履」。這時必須要用自己所證得的自心如來的本覺，以及證得如來本覺的覺知心所生起的四十一心智慧作爲基礎，切實成就諸佛所履踐的一切事與業，才能發起入地時應有的聖性功德。已經如實履踐以後，好像已經依止於諸地聖性了，卻又還沒有眞的依止諸地的聖性功德，所以說是「若依非依」。這時「如登高山」到達山頂時，覺得已經超越了世間而進入虛空了，然而事實上畢竟還沒有眞的進入虛空中，還是依止於高山山頂的土地而站著，所以「若依非依」。這時似乎已經進入虛空了，但是下面畢竟還要依止於高山之頂，並非眞的進入虛空了！所以事實上是，想要眞的進入虛空中，卻是「下有微礙」，還是有輕微的阻礙，並不是眞的已經離開山頂而進入虛空中，所以叫作「頂地」。

從「頂地」繼續進修，「心佛二同，善得中道，」要使自己覺知心的智慧與聖性，都跟諸佛的智慧與聖性相同；雖然這是兩個不同層次的心，但這兩個心其實是同一類的心，因爲諸佛也是由第八識心成就，菩薩也是由第八識心成就；諸佛的覺知心具足聖性，菩薩自己的覺知心也正在發起聖性；而所證的如來藏心眞如法性，也同樣是第八識而沒有差別，並且同樣都是中道心。當菩薩正修這個加行，能現前觀察而發起「心佛二同」的智慧時，自然可以「善得中道」的法性，能在一切法中處處所見全都親見中道性。

剛破參明心時，還沒有辦法觀察一切法都是中道性；那時觀察到如來藏是中道，七轉識卻不是中道，生死也不是中道；但是漸漸地發起更深妙智慧以後，就會發覺一切法都是中道，所以生滅法也是中道，有爲法也是中道，這時智慧深妙了，就叫作「善得中道」。能夠在這樣深妙的中道智慧中安忍安住下來時，「如忍事人，非懷非出」。忍事的人知道自己絕對不許生起瞋心，一定要安忍下來，所以瞋心似懷似出，並沒有顯現出來；瞋心沒有生起來，當然是抱在懷中安忍著；可是明明知道自己心中有瞋，所以瞋心顯然已出；但在外表上卻看不出瞋心已經生起了，所以似出而未出，叫作「非懷非出」。同樣的，菩薩此時在中道法中具足功德，名爲「善得中道」，但是聖性畢竟還沒有完全發起，還無法確定能夠永遠安忍於聖性，因爲安忍於聖性時是要失去許多世間貪愛的。這時也還尚未完全通達中道而不能具足通達位的中道智慧，所以具足圓滿的中道智以及諸地聖性，都還是「非懷非出」，這樣就叫作「忍地」。也就是能夠安忍、安住於即將發起聖性與通達位智慧的境界中，所以名爲「忍地」。

四加行完成三個階段了，接下來是數和量都銷滅了。「數」是因爲有種種法同時存在，所以有數；譬如六識，眼識不同於意識，所以是兩個識，就有二數；六識各各不同，所以就有六數。量即是境界，也含有體積的意涵。數與量，是指有爲法的法性都不離數與量；所以有情眾生處於三界中，必然會產生數與量的差別不同；有了數與量，就不離三界有爲法，不能與法界實相的眞如法性完全相應，就無法通達實相般若的別相智慧。菩薩此時繼續觀察，深入現觀一眞法界而完全依止一眞法界以後，數和量都銷滅了，這時迷和覺以及中道，在如來藏眞如法性的境界中也是銷滅而不存在了！因爲所謂的迷與覺，都是覺知心的境界中才有，都是在五陰境界中才有；從自心如來的眞如法性境界中來說，根本沒有迷和覺可說，這時就說是「迷覺，二無所目」。

「中道」也是一樣的道理，是由於覺知心證得如來藏而發起佛法中的實相智慧，才有中道可說；然而中道所體證之標的是如來藏，是依能證如來藏的覺知心智慧境界，才有中道可說；若是從如來藏一眞法界的境界中來觀察時，卻沒有中道可說，當然更沒有迷與覺兩邊可說，所以對迷覺與中道全都

「二無所目」。當你證得如來藏時，縱使還無法以第十迴向心來完成這四加行，但你也可這樣實地觀察；觀察的結果也將證明確實是這樣，只是智慧還很粗淺，聖性也還不能發起，所以還無法入地，但已經可以在我解說之下，理解入地前四加行中的第四心了！菩薩若是確實完成這四加行時，當然「迷覺中道，二無所目」，這時就是入地前的最後一心：世第一地。這就是世間法中的最高地位，即將進入出世間聖位的初地了。

**【「阿難！是善男子於大菩提善得通達，覺通如來，盡佛境界，名歡喜地。異性入同，同性亦滅，名離垢地。淨極明生，名發光地。明極覺滿，名焰慧地。一切同異、所不能至，名難勝地。無為真如，性淨明露，名現前地。盡真如際，名遠行地。一真如心，名不動地。發真如用，名善慧地。阿難！是諸菩薩從此已往，修習畢功，功德圓滿，亦目此地名修習位。」】**

**講記：**「阿難！這些完成四種加行的善男子們，於大菩提的內涵善於獲得通達；這時的覺悟已經通達如來智慧了，盡知成佛過程中所應修習的諸佛境界，名爲歡喜地。不同的種種法性歸入同一個一眞法界的眞實性中，然後依止一眞法界的無分別性，使得一眞法界同屬一法的法性也隨之滅除而不住於其中，名爲離垢地。心地已經清淨到極點而使光明性出生了，顯發了與以前不同的各種功德力用，名爲發光地。這種光明進修到極點時就使覺悟的智慧圓滿生起了，如同火焰一般照耀出來，名爲焰慧地。一切人所知的諸法同屬一眞法界，或者諸法於一眞法界之中互有相異之處；眞諦與俗諦同屬一眞法界，而一眞法界中並沒有眞諦與俗諦相同或互異的事相存在；由於這樣的現觀，是一切人的智慧都不能到達的極勝妙智慧境界，名爲難勝地。如來藏的無爲無作眞如法性，這個法性的清淨光明具足顯露在眼前了，名爲現前地。已經窮盡眞如的邊際，對於眞如法性已經無所不知了，名爲遠行地。完全轉依一眞法界而使留惑所生的五陰，在一切行中都如同眞實心如來藏一般無所動心，名爲不動地。善於發起如來藏心體的眞如妙用，名爲善慧地。阿難！這一些菩薩們從九地滿心以後，對於想要進入十地以前所應修習的佛菩提道，已經窮盡一切加功用行而修習完畢，這時所應具足的功德已經圓滿了，也就認定這九個階位的境界名爲修習位。」

接下來要開始解說前九地、第十地與等覺境界了！這一段經文中說，善於修行佛法的人對大菩提道已經善得通達了，才能成爲初地心的菩薩。大菩提就是佛菩提，大菩提中的種種法道就稱爲佛菩提道。佛菩提所說的內容是包含三乘菩提的，所以又名大菩提。二乘菩提不能稱爲大菩提，因爲只能斷除分段生死，不能斷除變易生死。二乘菩提又名聲聞解脫道，在煩惱障的部分，只能斷除分段生死的煩惱——斷除我見與我執的現行，不能斷除煩惱障的習氣種子；在所知障的部分則是完全無法觸及的，當然更無法打破和修除；所以二乘菩提解脫道，不能稱爲大菩提。凡是以聲聞解脫道來取代佛菩提道的人，當然都是凡夫，因爲他們一定都是六識論者，才會做出這種愚癡的行爲。而六識論的所有支持者，也都必然無法斷除我見，一定會認定意識心是常住法，因爲恐怕依佛所說斷除我見我執以後會成爲斷滅空。只有佛菩提才能稱爲大菩提，因爲佛菩提函蓋二乘菩提，又具有二乘菩提所無法斷除的習氣種子斷除之道，也具有二乘菩提完全不能觸及的所知障斷除的正理，所以稱之爲大菩提。

這些經由初發心而進修到第四十一心的菩薩們，如果能夠進修入地前應修的四加行，完成實相般若智慧的通達而了知成佛之道的歷程與內容，也已經修行清淨而有能力取證無餘涅槃，所以永伏性障如阿羅漢了，再將入地應有的聖性發起了，這時就是「於大菩提善得通達，覺通如來，盡佛境界」了。他對大菩提已經善於通達了，所覺悟到的法性已經能夠和如來地的智慧相通了；也就是對於如何修行才能夠到達佛地，心中已經了知了，就叫作「覺通如來」。對於如來的境界中有什麼境界與智慧，雖然還沒有實證，但已經全部了知，所以「盡佛境界」。這是說，初地菩薩已經了知自己即將正式展開的成佛之道，是應該修習什麼法與清淨什麼法，都已經知道大概內容了！知道自己即將正式展開成佛之道，不是仍然停留在三賢位中，所以心中狂喜而名爲歡喜地。但這種狂喜絕對不會表現在外，是很深沉地一直潛藏在心中，永遠不會消失，所以才叫作歡喜地，又名極喜地。

極喜地、歡喜地，請諸位回想一下，從六住位滿心的雙印能取與所取空而斷除我見，然後進而證得如來藏，有諸佛菩薩等善知識所護持而不退失，所以成爲第七住菩薩；然後次第進修上來，到達初地心中，是以什麼爲基礎呢？（眾答：如來藏）確實是以如來藏的親證作爲進修入地的基礎。如今我要用現成的例子來爲諸位說明，讓諸位有更明確、更深入的了知。我以台灣四大法師之一來作正訛的比對。如果有人聽了生起煩惱，可以馬上起身走人，我會當作沒看見。有人送給我一本釋證嚴寫的《心靈十境》，說是講解十地的智慧境界。我說：「她也會講十地的內涵呀？唉！難得！難得！」因爲一個不懂佛法的人竟然能夠宣講十地的境界，眞的太難得了！但是她怎麼說呢？我就來為諸位轉述。

她在書中是從歡喜地開始講起，最後講到法雲地，意思當然是認為自己已經是法雲地菩薩或者已經成佛了。不過我唸了她在書中對十地的說法以後，諸位可能會啞然失笑。好在現在並不是吃飯的時間（眾笑⋯）。因為她的十地與世尊所講的十地完全不同，所以是她自己施設的十地，我就唸給諸位聽聽看。可是我為什麼要先唸給諸位聽呢？我要把她說的每一地舉示出來，配合《楞嚴經》中所說的十地來講給諸位聽，那麼諸位就不必再去買她這一本書了。她這本書總共一百三十三頁，就能講完十地的境界，眞是厲害。而且在每一地解說的區隔之間都有五到六頁的空白頁；諸位可以看到是這樣子（平實導師舉高書本翻開顯示），都是這樣的空白頁，這些空白頁只有底色而沒有法義講解的文字。像這樣子，每兩地中間都有五、六頁的空白頁，把這些空白頁扣掉以後只剩下幾頁呢？而且她的書本中每一行的字數都是很少，每一頁的空白也很多，而且也沒有幾行字。這樣缺乏內容的書竟然要賣兩百元台幣，實在是太貴了！我的書大部分是多出她這本書中的文字三倍以上，也都是法義勝妙而且內容很多。

在這裡，我要先說明今天以她為題材來說法的緣起：為什麼我要把她舉出來說。我一向都不講她，多少年來一向讚歎她接引初機的功德，從來不曾評論過。但是她對我既然已經有私底下所說的負面評論了，我的好意已經被抹殺了，所以就提出來說，免得她的負面說法影響到正法的弘傳。這也是對會中的某些人作個隨機教育，因爲有一些同修是從慈濟轉來的，或者當慈濟委員或者別的小職務；但是你們來到正覺同修會中得到正法而明心了，只因爲這個明心的密意是聽來的，所以智慧上的受用不大。最近這幾個月裡，由於聽到我舉述釋證嚴在私底下的說話，就認爲我在評論釋證嚴，所以心中生起了煩惱。如果你沒有批評我舉述事實的行爲，心中就不必覺得難過，因爲我今天所說的事情都跟你無關，因爲這只是少數人的事。如果因爲我開始舉發釋證嚴的法義錯誤，你生起了煩惱，那就生起了瞋心，我也覺得是正常的。但我要說的是，你以前度了一些慈濟的會員來學法，然後又把他們轉走，自己卻又留下來繼續聞法進修，這個心態確實有些異常，應受評論。如果你不認同如來藏正法，應該把他們轉走後，自己也同時走人，不應該繼續留下來進修；如果認同正覺的如來藏妙法，當初就不應該這樣做。因爲這樣做的後果很嚴重：是障礙別人的法身慧命生起。

過去有很多人得了我傳的正法以後，因爲對我別有所求，可是由於所求不遂，就起瞋心而作種種無根毀謗。但是後來情節嚴重的，都遭到護法神的處理，所以有人因此失掉了一個眼睛；我還是不計較，一樣買了水果前往長庚醫院看望他，希望他轉變心態而回歸正法。我自從幫他修學佛法，不曾收過他一毛錢或一顆水果的供養；每到週末，我把佛堂地板擦清潔了等他們來，他就一起來修學禪門差別智；我同修還切了水果、泡了茶請他們，他當然是一同受用的；但是後來竟然信受了月溪法師的邪見，反過來無根毀謗我，於是不久就出意外而壞掉了一個眼睛。我不曾虧待過任何人，但是也有人因為無根誹謗正法而使耳朵無緣無故聾掉了，也有人不久就出車禍而使兩條腿都斷了，經過一段時間才康復；也有人遭遇到爆炸，所幸沒有很嚴重，不必住院很久。這種事情很多，全都出現在無根謗法的同修們身上，都不曾發生在如實修學正法的同修們身上。那些嚴重謗法及無根誹謗我的人，都出問題了！但我不想再看到這種現象繼續發生，所以要在這裡把正確的知見告訴諸位，受不了的人就趕快離開同修會，免得因為私心不遂就生起無根誹謗之心，反而害了自己。

你已經破參了，雖然是打聽來的，但是在禪三共修時，我終究也幫你整理得更深細了，使你也能夠用經典如實印證無誤。我們正覺的正法，明心時所證的心是正確或錯誤，不論用三乘菩提的哪一類經典，你都已經證明是正確了，如今你已經進入第七住位了！可是釋證嚴，別說是七住位、六住位，她連三住位、四住位都還沒有完成，還在外凡位中。而你已經成爲外聖內凡的賢位菩薩，她還在外凡位中，四不壞信還沒有完成，還是一個凡夫，當然應該是她要依止你的證量，不該是你繼續依止她。所以大家要有正確的知見：不管名氣有多大，徒眾幾百萬，勢力有多大，她終究是個凡夫；因爲她還沒有證得如來藏，就表示她在佛菩提道中還沒有見道；她又落在意識境界中，認定意識常住不壞，就是沒有斷我見的聲聞解脫道中的凡夫。既然她是凡夫，而你已經證悟了，有了般若的總相智、別相智，當然應該是她要依止你，而不是你要依止她。

本來你度了一些人進入正法中，功德是很大的；如今只是因爲私底下聽我轉述釋證嚴抵制正法的事實而回應釋證嚴的錯誤言論，所以你心中起了瞋，作了一些小動作，於是自己的功德便損減乃至全部失去了。然而佛菩薩都不會計較這些，我也不會計較這些；但是我想要告訴你眞相，希望趕快修正你的行爲；讓你徹頭徹尾回歸正法，道業才有可能快速進展。既然《楞嚴經》中這個部分是大概略講十地的內容，而釋證嚴這一本書也是講解十地的境界，所以我當然要舉出來給諸位比對看看，讓大家更深入了知而不再被大名聲的名師所欺瞞，懂得走上自己應該走的成佛之道，不再跟隨著凡夫位的名師退回常見外道法中，免得成爲退分菩薩。當然，你們已經破參明心的人聽了以後，一定只有搖頭的份兒，講不出什麼話，因爲會覺得很難過：佛教界竟然也會出現這樣亂說法、狂妄說法的凡夫名師來誤導廣大眾生。

關於歡喜地，釋證嚴說菩薩「第一地歡喜地：學佛，一定要經過『菩薩十地』這十個階段。『地』是基礎的意思，第一個基礎階段就是『歡喜地』。要做一位歡喜地菩薩，須具備什麼條件呢？首先要培養歡喜心，也就是愛心、慈悲心；有了慈悲心，就願意施捨。不管出力或是物質的佈施，抑或以自己所體悟的道理去改變他人，都要從歡喜心和愛心開始，然後才能『捨得』，包括舍出金錢、物質與時間。如慈濟四大志業能夠成就，就是因爲有許多的護持者能生歡喜心，才有今天的規模。不過，當然不是保持三、五日的歡喜付出，就算是歡喜地菩薩；而是要經過長時間來考驗。不只是這一世，還有無數的來生來世，都要常常培養這分眞誠的歡喜心。」

然後有兩頁是閒言閒語，都是說世間法，與初地的法義無關，我就跳過去不唸。釋證嚴接著說：「所以說，修行就是這麼簡單的事：只要在日常生活中，時時培養般勤的心和歡喜心；有了歡喜心就沒有煩惱，有了般勤之心就不會懈怠，並且腳踏實地精進，就能恆持道心，進入菩薩的初地，也就是『歡喜地』。」不必明心發起實相般若，也不必修學般若的別相智——後得無分別智，也不必修證一切種智，就可以進入初地；只要你有歡喜心持之以恆地布施，這樣就是初地菩薩了。諸位！你們認爲這樣是不是初地菩薩？

釋證嚴又說：「歡喜心要盡形壽、盡未來際持續地培養，才能達到菩薩的『初地』。這說來簡單，但是經過分析之後，實在也不容易，難在於需要有耐心和恆常心，有了它，就能轉心念而逐漸顯露佛性。」她還是想要把妄知妄覺變爲佛性，所以她所說的佛性並不是本有的。最後她說：「我們要行菩薩道，一定要保持歡喜和般勤，這是進入菩薩地的初階，也就是第一歡喜地。」所以諸位要記住，釋證嚴認爲：行菩薩道保持歡喜和般勤不退，就是進入初地的初階了。她又說：「因爲歡喜就是幸福，快樂就是菩薩；面對一切境界，都能歡喜快樂、不計較人我是非，就是菩薩的初地。」不必修學無生法忍，不必開悟明心，不必生起法界實相的智慧，只要心中保持歡喜而不斷布施，持之以恆地做，就是初地菩薩了。

你看，這與 世尊所說的初地竟然相差那麼大！我們講的十地菩薩是要怎麼修習和什麼條件呢？至少要斷除大乘見道的通達位所應斷除的深廣異生性，但她這裡講的初地菩薩卻完全不必如 佛所說的見道和斷除異生性。不但是初地，她在後面講到的第五地、第六地聖位菩薩，竟然還會打麻將，也會因爲打麻將而跟別人起爭執，佛法中竟然會有這樣的五、六地菩薩？我只能說，這已經足以成爲佛門中的笑譚資料了。而這些都不是在無生法忍上面修證，都是只需要在世間法中行善就可以入地了。但我們講的初地菩薩，是要修除異生性的，也就是煩惱障永不現行如阿羅漢，而這個大前提是要斷我見與我執的，不許像釋證嚴認定意識是常住不壞的，而這只是第一個條件。第二個條件是如來藏諸法本來無生的無生法忍，因爲想要進入初地成爲初地的入地心，一定要有無生法忍；而無生法忍的初步實證就是《楞伽經》講的七種性自性、二種無我法……等。第三個條件，是要有廣大福德。第四個條件，是要發起十無盡願，這樣才能成爲初地菩薩。

釋證嚴書中的說法是不必開悟明心的，只要以凡夫智慧來歡喜的繼續布施，就可以成爲初地菩薩了。像釋證嚴這樣解釋佛法，究竟是在弘揚佛法還是在破壞佛法呢？其實是把佛法淺化、世俗化。所以我在《狂密與眞密》那本小冊子中（註）所說的「佛教的危機」，其中之一就是把佛法極度淺化。她不是把佛法學術化，而是極度淺化佛法；釋印順則是把佛法學術化、常見化，而她則是加以極度淺化、常見化。像她這樣淺化以後的結果，慈濟的信徒們都會相信自己已經是初地菩薩了，因為他們會振振有辭地說：「這是證嚴上人講的。」他們當然都不曉得什麼才是「上人」？上人這名詞是不能隨便用的！我破參了以後再進修到今天，都還不敢自稱上人；而她只是一介凡夫，卻敢讓大眾稱為上人，全都是由於她自認為十地的修證已經完成了！只不過，從她的書中所說看來，她的十地根本就不是　佛所講的十地境界。（註：後來增寫改編為正式的書籍，即是現在仍然繼續發行的《佛教之危機》一書。）

像這樣的「上人」，問題正是出在這裡：沒有明心的智慧功德，沒有眼見佛性的智慧功德，更沒有無生法忍的智慧功德。說一句更白的話：她連斷我見的智慧功德都還沒有，所知所見都與常見外道一樣，同樣錯認意識為常住不壞心。像這樣子，尚且不能得到二乘菩提的見道功德，至於大乘菩提的見道，那就更別提了！釋證嚴認為只要以歡喜心一直布施不斷，若是能夠布施到老死時都還是歡喜的，或者布施幾世以後都還是歡喜的，那就是初地菩薩了。若是真的如她所說，那麼初地也太容易證得了吧！依釋證嚴這樣的標準來判定，天主教的德蕾莎修女到底是幾地呢？當然應該是完成很多地的修行了！然而，德蕾莎至今都還只是凡夫，雖然已經是天主教的聖人，卻只是世間法中的行善者；從佛教最淺智慧的聲聞道來講，她都仍然是凡夫，更別說是佛菩提道的實證了！別說是德蕾莎修女，乃至諸天天主，依佛教的解脫道實證上來說，都還只是凡夫，但卻已經是釋證嚴所說的初地或好幾地的菩薩境界了。

所以，初地心的無生法忍智慧，必須具有如來藏的實證—了知如來藏的所在—生起根本無分別智，以及現觀如來藏的眞如法性，具足後得無分別智；還要具有五法、三自性、七種第一義、二種無我法……等實證。除此以外，還要有聲聞解脫道的實證，就是能夠取證無餘涅槃而不取證，故意保留最後一分思惑，以潤未來世再度受生的種子；並且要具備入地所應有的廣大福德；在禪定方面也至少要有初禪的取證，而且是不退失的初禪。如果這些條件欠缺其一，就不可能是初地菩薩了；如果這些全都沒有實證，就敢自稱或暗示說自己是初地或第幾地的大菩薩，都是地獄人，因爲全都是大妄語人。而釋證嚴是連初禪都沒有實證的人，也是未斷我見的凡夫。

「**異性入同，同性亦滅，名離垢地。**」我們接著再來講第二地，《楞嚴經》中說的第二地怎麼說呢：「**異性入同，同性亦滅。**」這意思是說，初地心的菩薩想要進入二地時，在智慧方面，得要修學百法明門。初地的入地心實證，是要經由修學七種第一義、二種無我、五法、三自性等法，也發了十無盡願才能進入的；至於入地前應修的廣大福德，譬如初迴向位所作的**救護一切眾生離眾生相**等等，全都修齊了，廣大福德滿足了，然後發十無盡願而進入初地。但是入了初地以後，想要進入二地時，得要在初地心中修學百法明門；當然，百法明門並不是那些唯識學研究者每天所研究的內容：這是別境心所法，那是煩惱心所法；這是遍行心所法，那是六種無為法。那種研究都只是意識上的思惟理解而無法親證。

百法明門，是證悟如來藏以後要一一加以親證的；百法中的每一法都親證了以後，再加上不斷的作佛法布施（初地菩薩主要不是在於財施，而是在法施上面努力），法布施的功德修集完成以後，最後當然是因緣成熟，自然會成就**猶如鏡像**的現觀；這就是我在《大乘無我觀》中所講的道理。時節因緣就是這麼恰好，釋證嚴這本書是一九九九年印出來的，我的《大乘無我觀》也正好在一九九九年時演講出來。我一直期待去台南演講以後，能夠促使台南地區有人學法而證悟了，然後有見道報告可用；如今等到兩篇見道報告，就附印在《大乘無我觀》之中；這兩位都是台南地區的菩薩，其中一位還是台南紡織侯氏宗祠供奉的侯氏先人的子孫，我是等這個因緣才出版的。我講的《大乘無我觀》所說十地境界，是在一九九九年講的；釋證嚴的《心靈十境》也是一九九九年出版的。她這本書是張老師最近才送給我的，宣講十地的因緣，剛好是在同一年，也眞是很巧。

話說回頭，入地以後在無量無數的佛法布施中努力修集廣大福德，完成了初地的法施廣大福德以後，同時也因爲百法明門的修證，使無生法忍圓滿成就了初地滿心應有的功德時，接著自然會在某個因緣下，使你產生**猶如鏡像**的現觀：親眼所見一切六塵都是自心現量。一切六塵相既然都是自心現量，還要執著什麼呢？當然就轉入二地了；這是初地滿心位必須具足的現觀——猶如鏡像觀，有了這個現觀而產生了初地滿心位的無生法忍智慧，才能說是初地的無生法忍圓滿了。可是這個無生法忍，現在已經沒有人知道了，就只有正覺同修會中還有這個無生法忍智慧，等待諸位一步一步來實踐它。

猶如鏡像的現觀完成時是初地滿心，隨即進入二地。初地菩薩是憑著什麼樣的無生法忍而進入第二地的？《楞嚴經》中這麼說：「**異性入同，同性亦滅**。」「**異性**」是說相分和見分這兩分的性質不同，因爲二者是相對待的。相分是被觀的六塵，色聲香味觸法都是被觀的，是被見分所觀，見分與相分性質不同，所以名爲「異性」。對三賢菩薩而言，相分是六塵，是被見分所見的法相；至於「見分」則是六識心，是眼耳鼻舌身意六個識；眼識能見、耳識能聞……乃至身識能覺、意識能知；這六識能見聞覺知，就是能觀的見分。所觀的六塵是相分，能觀的六識是見分；相分與見分的體性是不相同的，由於體性不相同，所以區分爲十二界，是由六識見分來了別六塵相分。

見分與相分是互相對待的，性質是迥異不同的；然而 世尊說「異性入同」，必須親見「異性入同，同性亦滅」時，才能成爲二地菩薩。爲什麼「異性入同」呢？因爲見分、相分都是從如來藏心中出生的，出生以後也都是依附於如來藏心而共同存在、共同運作的；既然同屬一心如來藏所有，本來同是一家人，當然都是如來藏自己心中的法性，不外於如來藏自心；因爲有這樣的現觀，就不再有見分異於相分的區別了，這就是「異性入同」。初地的住地心菩薩就是經由百法明門的修習，在這上面廣作觀行，一一確認見分與相分的這種事實而完全轉依於一眞法界。這樣繼續觀行下去以後，並且還持續在進行初地的佛法布施等事業，繼續在佛法上利益眾生。並不是到了初地即將滿心想要進入二地時，就不管初地時所做的弘法事業了！以佛法利樂眾生的事務是永遠不能棄捨的，因爲藉佛法布施來修集廣大福德，是無量無數劫乃至成佛之後還是繼續要做的修福大業，是永遠都不中斷的。當初地的百法明門一一實證完成以後，所證的內容就是「異性入同，同性亦滅」，所見都是自己的如來藏心，不但沒有異性，而且連同性也都不存在了！一切所見唯有自心如來藏所現。

但是「偉大」的證嚴「上人」是怎麼說二地菩薩呢？大家一起來看她怎麼解說二地的證境（平實導師把《心靈十境》書本高舉而翻頁給大眾看），在歡喜地說完之後，一頁、二頁、三頁、四頁，有四頁的空白頁，第五頁是斗大的三個字：「離垢地」，因為沒有任何解說法義的文字，所以也算是空白頁。請問第三講堂的同修們看得見嗎？看見時就請舉手！謝謝大眾！我沒有絲毫的隨意指控，而是依證據來講的，所以她講的每一地都會有整整五頁的空白頁，證明她對十地的解說內容是很空洞的。當然，已經說的內容也都是違背佛所說聖教的。她在離垢地中是怎麼說的呢？其中有許多閒聊故事的文字就不唸它，她說的離垢地是：「所以，學佛要先看透世間之理。大乾坤有四大不調，小乾坤也是剎那無常，有什麼好計較的呢？我們只需好好地清淨心地，不要讓它蒙上垢穢污染，並時時抱持著歡喜心和清淨心，這樣就是進入第二階段的『無垢地菩薩』了。」

這就是依文解義，連經中怎麼說二地心的修行內容，她都不曾讀一下，或者根本就是否定大乘經，就想要完成二地的修證而進入三地心了。依照她的說法，你只要覺知心中常常保持著歡喜心與清淨心，一生繼續不斷布施而不要去想起別人心中是污垢的，都不要想起人家的心是不清淨的，而自己心中也不要生起對五欲的貪染，這樣就是二地滿心菩薩了！就可以準備進入三地心了！都不必明心，也不必見性，更不必有無生法忍的般若和種智的修證，連我見都不必斷除，三縛結俱在，只要一生都歡喜而清淨不貪的布施，就是二地滿心的菩薩了。然而，佛法中有這樣的二地凡夫菩薩嗎？佛陀如果有因緣示現在人間時，一定會搖頭嘆息。這眞是令人啼笑皆非，眞是太荒唐了！我在這裡很具體地公開舉證出來，釋證嚴是這樣把佛法加以徹底淺化、徹底世俗化，已經世俗化到這麼嚴重的地步了！然而我們不免要探討的是：她爲什麼要寫出這樣荒腔走板的佛法書籍而大量公開印行出來？目的無他，只是想要讓人覺得釋證嚴眞的是上人，十地的境界她已經全部都通達了，早就是十地法王了！她的目的無非如此。然而她實際上是不是入地或到達十地了？諸位聽我舉證一遍也就知道了。

「**淨極明生，名發光地。**」當這些法事都修證完成了，在百法明門的實證與體驗還得要更深入，我就方便說爲二地以後所修的千法明門。然而在初地即將滿心時，就是在修證「異性入同，同性亦滅」的二地初心無生法忍。在利益眾生的過程中，必然也會對戒法的本質加以探究，使心地更加清淨。當這些全部都圓滿成就時，突然間會出現一個因緣，或許只是因爲佛菩薩給你一句話（不論是定中或夢中），也許佛菩薩示現一個境界給你，乃至有時佛菩薩在你的徒弟或親友中，故意突顯一個境界給你看見；然後你在這上面起了疑心，於是加以深入參究；然後再深入整理，最後是猶如光影的現觀成就了，於是滿足二地心的現觀，成爲二地滿心位的菩薩。這時「同性亦滅」，根本就沒有所謂的同性可說了，完全都是自心現量；於是從此不再學戒，成爲不再犯戒的二地滿心菩薩。從此開始，乃至夢中也不會犯戒，因爲已經有二地滿心位的無生法忍來制約意根了。

這是說，初地滿心實證猶如鏡像的現觀；如來藏就好像一面鏡子，鏡子裡的影像比喻我們所接觸的六塵相——色聲香味觸法；但是所有色聲香味觸法都是在如來藏心的表面映現出來的，如同鏡子的影像都是由鏡子表面顯現出來的。能夠這樣子現觀了，就是初地滿心位的猶如鏡像現觀完成了，這就是「覺通如來，盡佛境界」，因爲諸佛境界都不外於如來藏所顯現的一切相分。但是二地滿心的猶如光影現觀卻大不相同，所親證的是見分猶如光影；這時並不是把見分歸結到如來藏，因爲那已經在初地滿心位現觀完成了；所以這時是現觀見分六識全都是如來藏所顯現出來的光影，都是由光影見分在轉變而使如來藏所生的相分跟著產生轉變；所以如來藏鏡像的光影其實就是見分，其實是見分在掌控著如來藏明鏡所顯示的六塵相分。

你們現在可能還是聽不懂，雖然已經明心了。但是，二地菩薩經過幾個月，反覆進入那個境界中觀察證實，也反覆離開那個境界而回到世間六塵境界中，再三思惟整理，又再三進去裡面觀察證實；這樣經過兩三個月的反覆觀察與體驗整理之後，將會發覺一個事實：鏡子中的六塵相分（也就是鏡中的六塵影像），其實都是由光影來控制的；光影怎麼樣，影像就會跟著怎麼樣。換句話說，你的七轉識見分怎麼樣做，你的如來藏顯現的六塵相分就會隨之轉變。證實了這一點以後，也反覆加以實驗而證實自己可以改變相分；從此時開始，如來藏中的相分就由你自己控制了——你的內相分開始由你自己控制了。諸位！你不要以爲絕對做不到，當因緣成熟時，當你的性障修除如阿羅漢了，無生法忍功德顯現了，所應該修集的圓滿二地的廣大福德也具足了，你自然就會親證祂；只是一個很簡單的因緣觸發，你就會親證了；這才是二地滿心菩薩應有的修證，依舊是在無生法忍上面取證。二地滿心以前都無法控制內相分的六塵法相，二地滿心以後開始由自己控制了！所以，二地滿心以上的菩薩們，都可以自己掌控內相分，當然乃至夢中也不可能會犯戒。若是連夢中都不可能犯戒了，還會貪求世間的財物、女色、名聲、飲食與睡眠嗎？

因爲第二地滿心位的**猶如光影**現觀功德，可以轉變自己的內相分：要使它染汙也可以，要使它清淨也可以，要很快速清淨自心中的染污種子，或者先在別的部分努力，放慢清淨種子的速度，全都開始由自己控制了。當你能夠自己控制時，你會故意讓自己如來藏心中的種子回到染汙狀態嗎？當然不會！就好比金礦中的黃金被提煉清淨以後，不可能有人愚癡到還會把黃金重新融化倒入沙礫中。當二地滿心的猶如光影現觀親證了，心地已經清淨到極點了；於是遮障開始消失了，這時光明性就出現了！光明性出現的意思，是說發出功能性了，這時就進入第三地而成爲發光地的菩薩了！這時就成爲三地的入地心菩薩了，名爲發光地。

再來看證嚴「上人」是怎麼說的？二地之後一樣是有五頁的空白，然後她這樣解說進入三地的過程與內容：「**如果討厭某個人，就等於種了一顆『怨**

嫌』的種子；對一個人產生恨意，就多了一株恨的禍根，將來就會產生障礙，所以要去除這種心態。時常培養歡喜心，結歡喜緣，得『歡喜地』。第二是離垢地，即心地常常保持純淨、沒有雜念。」然後她在三地的部分這麼說：「第三階段是『發光地』。一面鏡子若是蒙上一層污垢，就無法清楚地映照出人的面貌或景物。我們的心就像鏡子一樣，心若被污染了，清淨的智慧就無法顯現其良能效用。學佛，就是希望我們的心地能發光（智慧光能）；而且不僅能自照，還要照亮他人。」她說只要心地發光了，就是能夠幫助別人了，就是發光地，就是第三地了！最後她作了結論：「所以，要使我們的心地發光、智慧光明顯現，就要懂得堅忍的道理。才能進入菩薩的第三階段，也就是『發光地菩薩』。」從釋證嚴這段話看來，她顯然不是以方便說的立場來講十地境界的親證，她是以究竟解說眞實佛法，是以親證的立場來說這十地境界。所以，她的意思是很清楚的：慈濟委員們大約都是初地以上的菩薩了！可是那些釋證嚴書中所說的初地菩薩，是全都沒有斷我見，也是全都沒有開悟明心的菩薩。這樣舉證以後，諸位就瞭解釋證嚴的法義本質了！我們只能說，她所講的三地心內涵，全屬胡說八道。（未完，詳見第十二輯續講。）

# 佛教正覺同修會〈修學佛道次第表〉

## 第一階段

* 以憶佛及拜佛方式修習動中定力。
* 學第一義佛法及禪法知見。
* 無相拜佛功夫成就。
* 具備一念相續功夫—動靜中皆能看話頭。
* 努力培植福德資糧，勤修三福淨業。

## 第二階段

* 參話頭，參公案。
* 開悟明心，一片悟境。
* 鍛鍊功夫求見佛性。
* 眼見佛性〈餘五根亦如是〉親見世界如幻，成就如幻觀。
* 學習禪門差別智。
* 深入第一義經典。
* 修除性障及隨分修學禪定。
* 修證十行位陽焰觀。

## 第三階段

* 學一切種智真實正理—楞伽經、解深密經、成唯識論…。
* 參究末後句。
* 解悟末後句。
* 透牢關—親自體驗所悟末後句境界，親見實相，無得無失。
* 救護一切眾生迴向正道。護持了義正法，修證十迴向位如夢觀。
* 發十無盡願，修習百法明門，親證猶如鏡像現觀。
* 修除五蓋，發起禪定。持一切善法戒。親證猶如光影現觀。
* 進修四禪八定、四無量心、五神通。進修大乘種智，求證猶如谷響現觀。

# 佛菩提二主要道次第概要表——二道並修，以外無別佛法

佛菩提道——大菩提道

遠波羅蜜多

資糧位

十信位修集信心——一劫乃至一萬劫

初住位修集布施功德（以財施為主）。
二住位修集持戒功德。
三住位修集忍辱功德。
四住位修集精進功德。
五住位修集禪定功德。
六住位修集般若功德（熏習般若中觀及斷我見，加行位也）。

外門廣修六度萬行

見道位

七住位明心般若正觀現前，親證本來自性清淨涅槃。
八住位起於一切法現觀般若中道。漸除性障。
十住位眼見佛性，世界如幻觀成就。

一至十行位，於廣行六度萬行中，依般若中道慧，現觀陰處界猶如陽焰，至第十行滿心位，陽焰觀成就。

一至十迴向位熏習一切種智；修除性障，唯留最後一分思惑不斷。第十迴向滿心位成就菩薩道如夢觀。

內門廣修六度萬行

初地：第十迴向位滿心時，成就道種智一分（八識心王一一親證後，領受五法、三自性、七種第一義、七種性自性、二種無我法）復由勇發十無盡願，成通達位菩薩。復又永伏性障而不具斷，能證慧解脫而不取證，由大願故留惑潤生。此地主修法施波羅蜜多及百法明門。證「猶如鏡像」現觀，故滿初地心。

二地：初地功德滿足以後，再成就道種智一分而入二地；主修戒波羅蜜多及一切種智。滿心位成就「猶如光影」現觀，戒行自然清淨。

解脫道：二乘菩提

→ 斷三縛結，成初果解脫

→ 薄貪瞋癡，成二果解脫

→ 斷五下分結，成三果解脫

入地前的四加行令煩惱障現行悉斷，成四果解脫，留惑潤生。分段生死已斷，煩惱障習氣種子開始斷除，兼斷無始無明上煩惱。

近波羅蜜多 —— 大波羅蜜多 —— 圓滿波羅蜜多

修道位 —— 究竟位

三地：二地滿心再證道種智一分，故入三地。此地主修忍波羅蜜多及四禪八定、四無量心、五神通。能成就俱解脫果而不取證，留惑潤生。滿心位成就「猶如谷響」現觀及無漏妙定意生身。

四地：由三地再證道種智一分故入四地。主修精進波羅蜜多，於此土及他方世界廣度有緣，無有疲倦。進修一切種智，滿心位成就「如水中月」現觀。

五地：由四地再證道種智一分故入五地。主修禪定波羅蜜多及一切種智，斷除下乘涅槃貪。滿心位成就「變化所成」現觀。

六地：由五地再證道種智一分故入六地。此地主修般若波羅蜜多——依道種智現觀十二因緣一一有支及意生身化身，皆自心眞如變化所現，「非有似有」，成就細相觀，不由加行而自然證得滅盡定，成俱解脫大乘無學。

七地：由六地「非有似有」現觀，再證道種智一分故入七地。此地主修一切種智及方便波羅蜜多，由重觀十二有支一一支中之流轉門及還滅門一切細相，成就方便善巧，念念隨入滅盡定。滿心位證得「如犍闥婆城」現觀。

八地：由七地極細相觀成就故再證道種智一分而入八地。此地主修一切種智及願波羅蜜多。至滿心位純無相觀任運恆起，故於相土自在，滿心位復證「如實覺知諸法相意生身」故。

九地：由八地再證道種智一分故入九地。主修力波羅蜜多及一切種智，成就四無礙，滿心位證得「種類俱生無行作意生身」。

十地：由九地再證道種智一分故入此地。此地主修一切種智——智波羅蜜多。滿心位起大法智雲，及現起大法智雲所含藏種種功德，成受職菩薩。

等覺：由十地道種智成就故入此地。此地應修一切種智，圓滿等覺地無生法忍；於百劫中修集極廣大福德，以之圓滿三十二大人相及無量隨形好。

妙覺：示現受生人間已斷盡煩惱障一切習氣種子，並斷盡所知障一切隨眠，永斷變易生死無明，成就大般涅槃，四智圓明。人間捨壽後，報身常住色究竟天利樂十方地上菩薩；以諸化身利樂有情，永無盡期，成就究竟佛道。

# 圓滿成就究竟佛果

佛子蕭平實 謹製

（二〇〇九、〇二 修訂）

（二〇一二、〇二 增補）

七地滿心斷除故意保留之最後一分思惑時，煩惱障所攝色、受、想三陰有漏習氣種子全部斷盡。

煩惱障所攝行、識二陰無漏習氣種子任運漸斷，所知障所攝上煩惱任運漸斷。

斷盡變易生死成就大般涅槃

## 佛教正覺同修會 共修現況 及 招生公告　2020/05/03

**一、共修現況：**（請在共修時間來電，以免無人接聽。）

**台北正覺講堂** 103 台北市承德路三段 277 號九樓 捷運淡水線圓山站旁 Tel..**總機** 02-25957295（晚上）（**分機：九樓**辦公室 10、11；知客櫃檯 12、13。 **十樓**知客櫃檯 15、16；書局櫃檯 14。 **五樓**辦公室 18；知客櫃檯 19。**二樓**辦公室 20；知客櫃檯 21。）Fax..25954493

**第一講堂** 台北市承德路三段 277 號九樓

**禪淨班：**週一晚班、週三晚班、週四晚班、週五晚班、週六下午班、週六上午班（共修期間二年半，全程免費。皆須報名建立學籍後始可參加共修，欲報名者詳見本公告末頁。）

**增上班：瑜伽師地論詳解：**單週六晚班。雙週六晚班（重播班）。17.50～20.50。平實導師講解，2003 年 2 月開講至今，僅限已明心之會員參加。

**禪門差別智：**每月第一週日全天　平實導師主講（事冗暫停）。

**不退轉法輪經**詳解　本經所說妙法極爲甚深難解，時至末法，已然無有知者；而其甚深絕妙之法，流傳至今依舊多人可證，顯示佛法眞是義學而非玄談，其中甚深極妙令人拍案稱絕之第一義諦妙義。已於 2019 年元月底開講，由平實導師詳解。每逢週二晚上開講，第一至第六講堂都可同時聽聞，歡迎菩薩種性學人，攜眷共同參與此殊勝法會現場聞法，不限制聽講資格。本會學員憑上課證進入第一至第四講堂聽講，會外學人請以身分證件換證進入聽講（此爲大樓管理處安全管理規定之要求，敬請諒解）；第五及第六講堂（B1、B2）對外開放，不需出示任何證件，請由大樓側門直接進入。

**第二講堂** 台北市承德路三段 267 號十樓。

**禪淨班：**週一晚班。

**進階班：**週三晚班、週四晚班、週五晚班、週六早班、週六下午班。禪淨班結業後轉入共修。

**不退轉法輪經**詳解：平實導師講解。每週二 18.50~20.50 影像音聲即時傳輸

**第三講堂** 台北市承德路三段 277 號五樓。

**禪淨班：**週六下午班。

**進階班：**週一晚班、週三晚班、週四晚班、週五晚班。

**不退轉法輪經**詳解：平實導師講解。每週二 18.50~20.50 影像音聲即時傳輸

**第四講堂** 台北市承德路三段 267 號二樓。

**進階班：**週一晚班、週三晚班、週四晚班（禪淨班結業後轉入共修）。

**不退轉法輪經**詳解：平實導師講解。每週二 18.50~20.50 影像音聲即時傳輸

**第五、第六講堂**

**念佛班** 每週日晚上，第六講堂共修（B2），一切求生極樂世界的三寶弟子皆可參加，不限制共修資格。

**進階班：**週一晚班、週三晚班、週四晚班。

**不退轉法輪經**詳解：平實導師講解。每週二 18.50~20.50 影像音聲即時傳輸。第五、第六講堂為**開放式講堂**，不需以身分證件換證即可進入聽講，台北市承德路三段 267 號地下一樓、地下二樓。每逢週二晚上講經時段開放給會外人士自由聽經，請由大樓側面梯階逕行進入聽講。**聽講者請尊重講者的著作權及肖像權，請勿錄音錄影，以免違法；若有錄音錄影被查獲者，將依法處理。**

**正覺祖師堂** 大溪區美華里信義路 650 巷坑底 5 之 6 號（台 3 號省道 34 公里處 妙法寺對面斜坡道進入）電話 03-3886110 傳眞 03-3881692 本堂供奉 克勤圓悟大師，專供會員每年四月、十月各三次精進禪三共修，兼作本會出家菩薩掛單常住之用。開放參訪日期請參見本會公告。教內共修團體或道場，得另申請其餘時間作團體參訪，務請事先與常住確定日期，以便安排常住菩薩接引導覽，亦免妨礙常住菩薩之日常作息及修行。

**桃園正覺講堂（第一、第二講堂）：**桃園市介壽路 286、288 號 10 樓（陽明運動公園對面）電話：03-3749363(請於共修時聯繫，或與台北聯繫)

**禪淨班：**週一晚班（1）、週一晚班（2）、週三晚班、週四晚班、週五晚班。

**進階班：**週四晚班、週五晚班、週六上午班。

**增上班：**雙週六晚班（增上重播班）。

**不退轉法輪經**詳解：平實導師講解。每週二晚上，以台北正覺講堂所錄 DVD 放映；歡迎會外學人共同聽講，不需出示身分證件。

**新竹正覺講堂** 新竹市東光路 55 號二樓之一 電話 03-5724297（晚上）

**第一講堂：**

**禪淨班：**週五晚班。

**進階班：**週三晚班、週四晚班、週六上午班（由禪淨班結業後轉入共修）。

**增上班：**單週六晚班。雙週六晚班（重播班）。

**不退轉法輪經**詳解：平實導師講解。每週二晚上，以台北正覺講堂所錄 DVD 放映。歡迎會外學人共同聽講，不需出示身分證件。

**第二講堂：**

**禪淨班：**週一晚班、週三晚班、週四晚班、週六上午班。

**不退轉法輪經**詳解：每週二晚上與第一講堂同步播放講經 DVD。

**第三、第四講堂：**裝修完畢，即將開放。

**台中正覺講堂** 04-23816090（晚上）

**第一講堂** 台中市南屯區五權西路二段666號13樓之四（國泰世華銀行樓上。鄰近縣市經第一高速公路前來者，由五權西路交流道可以快速到達，大樓旁有停車場，對面有素食館）。

**禪淨班**：週四晚班、週五晚班。

**進階班**：週一晚班、週三晚班、週六上午班（由禪淨班結業後轉入共修）。

**增上班**：單週六晚班。雙週六晚班（重播班）。

**不退轉法輪經**詳解：平實導師講解。每週二晚上，以台北正覺講堂所錄DVD放映。歡迎會外學人共同聽講，不需出示身分證件。

**第二講堂** 台中市南屯區五權西路二段666號4樓

**禪淨班**：週一晚班、週三晚班。

**第三講堂**台中市南屯區五權西路二段666號4樓

**禪淨班**：週一晚班。

**第四講堂**台中市南屯區五權西路二段666號4樓。

**進階班**：週一晚班、週四晚班、週六上午班（由禪淨班結業後轉入共修）。

**不退轉法輪經**詳解：每週二晚上與第一講堂同步播放講經DVD。

**嘉義正覺講堂** 嘉義市友愛路288號八樓之一 電話：05-2318228

**第一講堂**：

**禪淨班**：週四晚班、週五晚班、週六上午班。

**進階班**：週一晚班、週三晚班（由禪淨班結業後轉入共修）。

**增上班**：單週六晚班。雙週六晚班（重播班）。

**不退轉法輪經**詳解：平實導師講解。每週二晚上，以台北正覺講堂所錄DVD放映。歡迎會外學人共同聽講，不需出示身分證件。

**第二講堂** 嘉義市友愛路288號八樓之二。

**第三講堂** 嘉義市友愛路288號四樓之七。

**禪淨班**：週一晚班、週三晚班。

**台南正覺講堂**

**第一講堂** 台南市西門路四段15號4樓。06-2820541（晚上）

**禪淨班**：週一晚班、週三晚班、週四晚班、週五晚班、週六下午班。

**增上班**：單週六晚班。雙週六晚班（重播班）。

**第二講堂** 台南市西門路四段15號3樓。

**不退轉法輪經**詳解：每週二晚上與第三講堂同步播放講經DVD。

**第三講堂**　台南市西門路四段 15 號 3 樓。

**進階班**：週一晚班、週三晚班、週四晚班、週五晚班（由禪淨班結業後轉入共修）。

**不退轉法輪經**詳解：平實導師講解。每週二晚上，以台北正覺講堂所錄 DVD 放映。歡迎會外學人共同聽講，不需出示身分證件。。

**高雄正覺講堂**　高雄市新興區中正三路 45 號五樓 07-2234248（晚上）

**第一講堂**（五樓）：

**禪淨班**：週一晚班、週三晚班、週四晚班、週五晚班、週六上午班。

**增上班**：單週六晚班。雙週六晚班（重播班）。

**不退轉法輪經**詳解：平實導師講解。每週二晚上，以台北正覺講堂所錄 DVD 放映。歡迎會外學人共同聽講，不需出示身分證件。

**第二講堂**（四樓）：

**進階班**：週三晚班、週四晚班、週六上午班（由禪淨班結業後轉入共修）。

**不退轉法輪經**詳解：每週二晚上與第一講堂同步播放講經 DVD。

**第三講堂**（三樓）：

**進階班**：週四晚班（由禪淨班結業後轉入共修）。

**香港正覺講堂**

九龍觀塘，成業街 10 號，電訊一代廣場 27 樓 E 室。

（觀塘地鐵站 B1 出口，步行約 4 分鐘）。電話：(852) 23262231

英文地址：Unit E，27th Floor, TG Place, 10 Shing Yip Street, Kwun Tong, Kowloon

**禪淨班**：雙週六下午班、雙週日下午班、單週六下午班、單週日下午班

**進階班**：雙週五晚上班、雙週日早上班（由禪淨班結業後轉入共修）。

**增上班**：每月第一週週日，以台北增上班課程錄成 DVD 放映之。

**增上重播班**：每月第一週週六，以台北增上班課程錄成 DVD 放映之。

**大法鼓經**詳解：平實導師講解。每週六、日 19:00～21:00，以台北正覺講堂所錄 DVD 放映；歡迎會外學人共同聽講，不需出示身分證件。

**美國洛杉磯正覺講堂**　**☆已遷移新址☆**

825 S. Lemon Ave Diamond Bar, CA 91789 U.S.A.

Tel. (909) 595-5222（請於週六 9:00~18:00 之間聯繫）

Cell. (626) 454-0607

**禪淨班**：每逢週末 16：00~18：00 上課。

**進階班**：每逢週末上午 10：00~12：00 上課。

**不退轉法輪經**詳解：平實導師講解。每週六下午 13：30~15：30 以台北所錄 DVD 放映。歡迎各界人士共享第一義諦無上法益，不需報名。

二、招生公告　本會台北講堂及全省各講堂、香港講堂，每逢**四月、十月**下旬開新班，每週共修一次（每次二小時。開課日起三個月內仍可插班）；但美國洛杉磯共修處之禪淨班得隨時插班共修。各班共修期間皆爲二年半，全程免費，欲參加者請向本會函索報名表（各共修處皆於共修時間方有人執事，非共修時間請勿電詢或前來洽詢、請書），或直接從本會官方網站(http://www.enlighten.org.tw/newsflash/class)或成佛之道網站下載報名表。共修期滿時，若經報名禪三審核通過者，可參加四天三夜之禪三精進共修，有機會明心、取證如來藏，發起般若實相智慧，成爲實義菩薩，脫離凡夫菩薩位。

三、新春禮佛祈福　農曆**年假**期間停止共修：自農曆新年前七天起停止共修與弘法，正月 8 日起回復共修、弘法事務。新春期間正月初一～初七 9.00～17.00 開放台北講堂、正月初一~初三開放新竹、台中、嘉義、台南、高雄講堂，以及大溪禪三道場（正覺祖師堂），方便會員供佛、祈福及會外人士請書。美國洛杉磯共修處之休假時間，請逕詢該共修處。

**密宗四大派修雙身法，是外道性力派的邪法；又以生滅的識陰作為常住法，是常見外道，是假的藏傳佛教。**

**西藏覺囊巴以他空見弘揚第八識如來藏勝法，才是真藏傳佛教**

# 佛教正覺同修會　弘法行事表

2019/02/18

1、**禪淨班**　以無相念佛及拜佛方式修習動中定力，實證一心不亂功夫。傳授解脫道正理及第一義諦佛法，以及參禪知見。共修期間：二年六個月。每逢四月、十月開新班，詳見招生公告表。

2、**進階班**　禪淨班畢業後得轉入此班，進修更深入的佛法，期能證悟明心。各地講堂各有多班，繼續深入佛法、增長定力，悟後得轉入增上班修學道種智，期能證得無生法忍。

3、**增上班 瑜伽師地論**詳解　詳解論中所言凡夫地至佛地等 17 師之修證境界與理論，從凡夫地、聲聞地……宣演到諸地所證無生法忍、一切種智之眞實正理。由平實導師開講，每逢一、三、五週之週末晚上開示，僅限已明心之會員參加。2003 年二月開講至今，預定 2019 年講畢。

4、**不退轉法輪經**詳解　本經所說妙法極爲甚深難解，時至末法，已然無有知者；而其甚深絕妙之法，流傳至今依舊多人可證，顯示佛法眞是義學而非玄談，其中甚深極妙令人拍案稱絕之第一義諦妙義。已於 2019 年元月底開講，由平實導師詳解。不限制聽講資格。

5、**精進禪三**　主三和尚：平實導師。於四天三夜中，以克勤圓悟大師及大慧宗杲之禪風，施設機鋒與小參、公案密意之開示，幫助會員剋期取證，親證不生不滅之眞實心——人人本有之如來藏。每年四月、十月各舉辦三個梯次；平實導師主持。僅限本會會員參加禪淨班共修期滿，報名審核通過者，方可參加。並選擇會中定力、慧力、福德三條件皆已具足之已明心會員，給以指引，令得眼見自己無形無相之佛性遍佈山河大地，眞實而無障礙，得以肉眼現觀世界身心悉皆如幻，具足成就如幻觀，圓滿十住菩薩之證境。

6、**阿含經**詳解　選擇重要之阿含部經典，依無餘涅槃之實際而加以詳解，令大眾得以現觀諸法緣起性空，亦復不墮斷滅見中，顯示經中所隱說之涅槃實際—如來藏—確實已於四阿含中隱說；令大眾得以聞後觀行，確實斷除我見乃至我執，證得**見到**眞現觀，乃至**身證**……等眞現觀；已得大乘或二乘見道者，亦可由此聞熏及聞後之觀行，除斷我所之貪著，成就慧解脫果。由平實導師詳解。不限制聽講資格。

7、**解深密經**詳解　重講本經之目的，在於令諸已悟之人明解大乘法道之成佛次第，以及悟後進修一切種智之內涵，確實證知三種自性性，並得據此證解七眞如、十眞如等正理。每逢週二 18.50~20.50 開示，由平實導師詳解。將於《**不退轉法輪經**》講畢後開講。不限制聽講資格。

8、**成唯識論**詳解　詳解一切種智眞實正理，詳細剖析一切種智之微細深妙廣大正理；並加以舉例說明，使已悟之會員深入體驗所證如來藏之微密行相；及證驗見分相分與所生一切法，皆由如來藏—阿賴耶識—直接或展轉而生，因此證知一切法無我，證知無餘涅槃之本際。將於增上班《瑜伽師地論》講畢後，由平實導師重講。僅限已明心之會員參加。

9、**精選如來藏系經典**詳解　精選如來藏系經典一部，詳細解說，以此完全印證會員所悟如來藏之眞實，得入不退轉住。另行擇期詳細解說之，由平實導師講解。僅限已明心之會員參加。

10、**禪門差別智**　藉禪宗公案之微細淆訛難知難解之處，加以宣說及剖析，以增進明心、見性之功德，啓發差別智，建立擇法眼。每月第一週日全天，由平實導師開示，僅限破參明心後，復又眼見佛性者參加（事冗暫停）。

11、**枯木禪**　先講智者大師的《小止觀》，後說《釋禪波羅蜜》，詳解四禪八定之修證理論與實修方法，細述一般學人修定之邪見與岔路，及對禪定證境之誤會，消除枉用功夫、浪費生命之現象。已悟般若者，可以藉此而實修初禪，進入大乘通教及聲聞教的三果心解脫境界，配合應有的大福德及後得無分別智、十無盡願，即可進入初地心中。親教師：平實導師。未來緣熟時將於正覺寺開講。不限制聽講資格。

**註：**本會例行年假，自 2004 年起，改爲每年農曆新年前七天開始停息弘法事務及共修課程，農曆正月 8 日回復所有共修及弘法事務。新春期間（每日 9.00~17.00）開放台北講堂，方便會員禮佛祈福及會外人士請書。大溪區的正覺祖師堂，開放參訪時間，詳見〈正覺電子報〉或成佛之道網站。本表得因時節因緣需要而隨時修改之，不另作通知。

## **佛教正覺同修會　贈閱書籍 目錄**　2018/10/20

1.**無相念佛**　平實導師著　回郵 36 元
2.**念佛三昧修學次第**　平實導師述著　回郵 52 元
3.**正法眼藏—護法集**　平實導師述著　回郵 76 元
4.**真假開悟簡易辨正法&佛子之省思**　平實導師著　回郵 26 元
5.**生命實相之辨正**　平實導師著　回郵 31 元
6.**如何契入念佛法門**（附：印順法師否定極樂世界）平實導師著　回郵 26 元
7.**平實書箋**—答元覽居士書　平實導師著　回郵 52 元
8.**三乘唯識**—如來藏系經律彙編　平實導師編　回郵 80 元
（精裝本　長 27 cm　寬 21 cm　高 7.5 cm　重 2.8 公斤）
9.**三時繫念全集**—修正本　回郵掛號 52 元（長 26.5 cm×寬 19 cm）
10.**明心與初地**　平實導師述　回郵 31 元
11.**邪見與佛法**　平實導師述著　回郵 36 元
12.**甘露法雨**　平實導師述　回郵 36 元
13.**我與無我**　平實導師述　回郵 36 元
14.**學佛之心態**—修正錯誤之學佛心態始能與正法相應　孫正德老師著　回郵52元
附錄：平實導師著**《略說八、九識並存…等之過失》**
15.**大乘無我觀**—《悟前與悟後》別說　平實導師述著　回郵 36 元
16.**佛教之危機**—中國台灣地區現代佛教之真相（附錄：公案拈提六則）
平實導師著　回郵 52 元
17.**燈　影**—燈下黑（覆「求教後學」來函等）　平實導師著　回郵 76 元
18.**護法與毀法**—覆上平居士與徐恒志居士網站毀法二文
張正圜老師著　回郵 76 元
19.**淨土聖道**—兼評**選擇本願念佛**　正德老師著　**由正覺同修會購贈**　回郵 52 元
20.**辨唯識性相**—對「紫蓮心海《辯唯識性相》書中否定阿賴耶識」之回應
正覺同修會 台南共修處法義組 著　回郵 52 元
21.**假如來藏**—對法蓮法師《如來藏與阿賴耶識》書中否定阿賴耶識之回應
正覺同修會 台南共修處法義組 著　回郵 76 元
22.**入不二門**—公案拈提集錦 第一輯（於平實導師公案拈提諸書中選錄約二十則，
合輯為一冊流通之）平實導師著　回郵 52 元
23.**真假邪說**—西藏密宗索達吉喇嘛《破除邪說論》真是邪說
釋正安法師著　上、下冊回郵各 52 元
24.**真假開悟**—真如、如來藏、阿賴耶識間之關係　平實導師述著　回郵 76 元
25.**真假禪和**—辨正釋傳聖之謗法謬說　孫正德老師著　回郵 76 元

26.**眼見佛性**—駁慧廣法師眼見佛性的含義文中謬說

游正光老師著　回郵52元

27.**普門自在**—公案拈提集錦 第二輯（於平實導師公案拈提諸書中選錄約二十則，合輯爲一冊流通之）平實導師著　回郵52元

28.**印順法師的悲哀**—以現代禪的質疑為線索　恒毓博士著　回郵52元

29.**識蘊真義**—現觀識蘊內涵、取證初果、親斷三縛結之具體行門。

—依《成唯識論》及《唯識述記》正義，略顯安慧《大乘廣五蘊論》之邪謬

平實導師著　回郵76元

30.**正覺電子報** 各期紙版本　免附回郵　每次最多函索三期或三本。

(已無存書之較早各期，不另增印贈閱)

31.**現代人應有的宗教觀**　蔡正禮老師 著　回郵31元

32.**遠惑趣道**—正覺電子報般若信箱問答錄　第一輯　回郵52元

33.**遠惑趣道**—正覺電子報般若信箱問答錄　第二輯　回郵52元

34.**確保您的權益**—器官捐贈應注意自我保護　游正光老師 著　回郵31元

35.**正覺教團電視弘法三乘菩提 DVD 光碟（一）**

由正覺教團多位親教師共同講述錄製 DVD 8 片，MP3 一片，共 9 片。有二大講題：一爲「三乘菩提之意涵」，二爲「學佛的正知見」。內容精闢，深入淺出，精彩絕倫，幫助大眾快速建立三乘法道的正知見，免被外道邪見所誤導。有志修學三乘佛法之學人不可不看。(製作工本費 100 元，回郵 52 元)

36.**正覺教團電視弘法 DVD 專輯（二）**

總有二大講題：一爲「三乘菩提之念佛法門」，一爲「學佛正知見(第二篇)」，由正覺教團多位親教師輪番講述，內容詳細闡述如何修學念佛法門、實證念佛三昧，以及學佛應具有的正確知見，可以幫助發願往生西方極樂淨土之學人，得以把握往生，更可令學人快速建立三乘法道的正知見，免於被外道邪見所誤導。有志修學三乘佛法之學人不可不看。(一套 17 片，工本費 160 元。回郵 76 元)

37.**喇嘛性世界**—揭開假藏傳佛教譚崔瑜伽的面紗　張善思 等人合著

由正覺同修會購贈　回郵52元

38.**假藏傳佛教的神話**—性、謊言、喇嘛教　張正玄教授編著

由正覺同修會購贈　回郵52元

39.**隨　緣**—理隨緣與事隨緣　平實導師述　回郵52元。

40.**學佛的覺醒**　正枝居士 著　回郵52元

41.**導師之真實義**　蔡正禮老師 著　回郵31元

42.**淺談達賴喇嘛之雙身法**—兼論解讀「密續」之達文西密碼

吳明芷居士 著　回郵31元

43.**魔界轉世**　張正玄居士 著　回郵31元

44.**一貫道與開悟**　蔡正禮老師 著　回郵31元

45.**博愛**—愛盡天下女人　正覺教育基金會 編印　回郵36元

46.**意識虛妄經教彙編**—實證解脫道的關鍵經文　正覺同修會編印　回郵36元

47.**邪箭囈語**—破斥藏密外道多識仁波切《破魔金剛箭雨論》之邪說
陸正元老師著　上、下冊回郵各52元

48.**真假沙門**—依　佛聖教闡釋佛教僧寶之定義
蔡正禮老師著　俟正覺電子報連載後結集出版

49.**真假禪宗**—藉評論釋性廣《印順導師對變質禪法之批判
及對禪宗之肯定》以顯示真假禪宗
附論一：凡夫知見　無助於佛法之信解行證
附論二：世間與出世間一切法皆從如來藏實際而生而顯
余正偉老師著　俟正覺電子報連載後結集出版　回郵未定

★ 上列贈書之郵資，係台灣本島地區郵資，大陸、港、澳地區及外國地區，請另計酌增（大陸、港、澳、國外地區之郵票不許通用）。尚未出版之書，請勿先寄來郵資，以免增加作業煩擾。

★ 本目錄若有變動，唯於後印之書籍及「成佛之道」網站上修正公佈之，不另行個別通知。

**函索書籍**請寄：佛教正覺同修會　103台北市承德路3段277號9樓
台灣地區函索書籍者請附寄郵票，無時間購買郵票者可以等值現金抵用，但不接受郵政劃撥、支票、匯票。大陸地區得以人民幣計算，國外地區請以美元計算（請勿寄來當地郵票，在台灣地區不能使用）。欲以掛號寄遞者，請另附掛號郵資。

**親自索閱**：正覺同修會各共修處。　★請於共修時間前往取書，餘時無人在道場，請勿前往索取；共修時間與地點，詳見書末正覺同修會共修現況表（以近期之共修現況表爲準）。

**註**：正智出版社發售之局版書，請向各大書局購閱。若書局之書架上已經售出而無陳列者，請向書局櫃台指定洽購；若書局不便代購者，請於正覺同修會共修時間前往各共修處請購，正智出版社已派人於共修時間送書前往各共修處流通。 郵政劃撥購書及 大陸地區 購書，請詳別頁正智出版社發售書籍目錄最後頁之說明。

**成佛之道 網站**：http://www.a202.idv.tw　正覺同修會已出版之結緣書籍，多已登載於 成佛之道 網站，若住外國、或住處遙遠，不便取得正覺同修會贈閱書籍者，可以從本網站閱讀及下載。　書局版之《宗通與說通》亦已上網，台灣讀者可向書局洽購，售價300元。《狂密與眞密》第一輯~第四輯，亦於 2003.5.1.全部於本網站登載完畢；台灣地區讀者請向書局洽購，每輯約400頁，售價300元（網站下載紙張費用較貴，容易散失，難以保存，亦較不精美）。

**＊＊假藏傳佛教修雙身法，非佛教＊＊**

## 正智出版社 籌募弘法基金發售書籍目錄 2020/11/14

1.**宗門正眼**—公案拈提 第一輯 重拈　平實導師著　500 元

因重寫內容大幅度增加故，字體必須改小，並增爲 576 頁 主文 546 頁。比初版更精彩、更有內容。初版《禪門摩尼寶聚》之讀者，可寄回本公司免費調換新版書。免附回郵，亦無截止期限。(2007 年起，每冊附贈本公司精製公案拈提〈超意境〉CD 一片。市售價格 280 元，多購多贈。)

2.**禪淨圓融**　平實導師著　200 元 (第一版舊書可換新版書。)

3.**真實如來藏**　平實導師著　400 元

4.**禪—悟前與悟後**　平實導師著　上、下冊，每冊 250 元

5.**宗門法眼**—公案拈提 第二輯　平實導師著　500 元

(2007 年起，每冊附贈本公司精製公案拈提〈超意境〉CD 一片)

6.**楞伽經詳解**　平實導師著　全套共 10 輯　每輯 250 元

7.**宗門道眼**—公案拈提 第三輯　平實導師著　500 元

(2007 年起，每冊附贈本公司精製公案拈提〈超意境〉CD 一片)

8.**宗門血脈**—公案拈提 第四輯　平實導師著　500 元

(2007 年起，每冊附贈本公司精製公案拈提〈超意境〉CD 一片)

9.**宗通與說通**—成佛之道 平實導師著 主文 381 頁 全書 400 頁售價 300 元

10.**宗門正道**—公案拈提 第五輯　平實導師著　500 元

(2007 年起，每冊附贈本公司精製公案拈提〈超意境〉CD 一片)

11.**狂密與真密 一～四輯**　平實導師著　西藏密宗是人間最邪淫的宗教，本質不是佛教，只是披著佛教外衣的印度教性力派流毒的喇嘛教。此書中將西藏密宗密傳之男女雙身合修樂空雙運所有祕密與修法，毫無保留完全公開，並將全部喇嘛們所不知道的部分也一併公開。內容比大辣出版社喧騰一時的《西藏慾經》更詳細。並且函蓋藏密的所有祕密及其錯誤的中觀見、如來藏見……等，藏密的所有法義都在書中詳述、分析、辨正。每輯主文三百餘頁　每輯全書約 400 頁　售價每輯 300 元

12.**宗門正義**—公案拈提 第六輯　平實導師著　500 元

(2007 年起，每冊附贈本公司精製公案拈提〈超意境〉CD 一片)

13.**心經密意**—心經與解脫道、佛菩提道、祖師公案之關係與密意　平實導師述　300 元

14.**宗門密意**—公案拈提 第七輯　平實導師著　500 元

(2007 年起，每冊附贈本公司精製公案拈提〈超意境〉CD 一片)

15.**淨土聖道**—兼評「選擇本願念佛」　正德老師著　200 元

16.**起信論講記**　平實導師述著　共六輯　每輯三百餘頁　售價各 250 元

17.**優婆塞戒經講記**　平實導師述著 共八輯 每輯三百餘頁 售價各 250 元

18.**真假活佛**—略論附佛外道盧勝彥之邪說 (對前岳靈犀網站主張「盧勝彥是證悟者」之修正)　正犀居士 (岳靈犀) 著　流通價 140 元

19.**阿含正義**—唯識學探源　平實導師著　共七輯　每輯 300 元

20.**超意境** CD 以平實導師公案拈提書中超越意境之頌詞，加上曲風優美的旋律，錄成令人嚮往的超意境歌曲，其中包括正覺發願文及平實導師親自譜成的黃梅調歌曲一首。詞曲雋永，殊堪翫味，可供學禪者吟詠，有助於見道。內附設計精美的彩色小冊，解說每一首詞的背景本事。每片 280 元。【每購買公案拈提書籍一冊，即贈送一片。】

21.**菩薩底憂鬱** CD 將菩薩情懷及禪宗公案寫成新詞，並製作成超越意境的優美歌曲。 1.主題曲〈菩薩底憂鬱〉，描述地後菩薩能離三界生死而迴向繼續生在人間，但因尚未斷盡習氣種子而有極深沈之憂鬱，非三賢位菩薩及二乘聖者所知，此憂鬱在七地滿心位方才斷盡；本曲之詞中所說義理極深，昔來所未曾見；此曲係以優美的情歌風格寫詞及作曲，聞者得以激發嚮往諸地菩薩境界之大心，詞、曲都非常優美，難得一見；其中勝妙義理之解說，已印在附贈之彩色小冊中。 2.以各輯公案拈提中直示禪門入處之頌文，作成各種不同曲風之超意境歌曲，值得玩味、參究；聆聽公案拈提之優美歌曲時，請同時閱讀內附之印刷精美說明小冊，可以領會超越三界的證悟境界；未悟者可以因此引發求悟之意向及疑情，眞發菩提心而邁向求悟之途，乃至因此眞實悟入般若，成眞菩薩。 3.正覺總持咒新曲，總持佛法大意；總持咒之義理，已加以解說並印在隨附之小冊中。本 CD 共有十首歌曲，長達 63 分鐘。每盒各附贈二張購書優惠券。每片 280 元。

22.**禪意無限** CD 平實導師以公案拈提書中偈頌寫成不同風格曲子，與他人所寫不同風格曲子共同錄製出版，幫助參禪人進入禪門超越意識之境界。盒中附贈彩色印製的精美解說小冊，以供聆聽時閱讀，令參禪人得以發起參禪之疑情，即有機會證悟本來面目而發起實相智慧，實證大乘菩提般若，能如實證知般若經中的眞實意。本 CD 共有十首歌曲，長達 69 分鐘，每盒各附贈二張購書優惠券。每片 280 元。

23.**我的菩提路**第一輯　釋悟圓、釋善藏等人合著　售價 300 元

24.**我的菩提路**第二輯　郭正益等人合著　售價 300 元（停售，俟改版後另行發售）

25.**我的菩提路**第三輯　王美伶等人合著　售價 300 元

26.**我的菩提路**第四輯　陳晏平等人合著　售價 300 元

27.**我的菩提路**第五輯　林慈慧等人合著　售價 300 元

28.**我的菩提路**第六輯　劉惠莉等人合著　售價 300 元

29.**我的菩提路**第七輯　余正偉等人合著　售價 300 元　預定 2021/6/30 出版

30.**鈍鳥與靈龜**—考證後代凡夫對大慧宗杲禪師的無根誹謗。

平實導師著 共 458 頁 售價 350 元

31.**維摩詰經講記** 平實導師述 共六輯 每輯三百餘頁 售價各 250 元

32.**真假外道**—破劉東亮、杜大威、釋證嚴常見外道見 正光老師著 200 元

33.**勝鬘經講記**—兼論印順《勝鬘經講記》對於《勝鬘經》之誤解。
平實導師述　共六輯　每輯三百餘頁　售價250元

34.**楞嚴經講記**　平實導師述　共**15**輯，每輯三百餘頁　售價300元

35.**明心與眼見佛性**—駁慧廣〈蕭氏「眼見佛性」與「明心」之非〉文中謬說
正光老師著　共448頁　售價300元

36.**見性與看話頭**　黃正倖老師　著，本書是禪宗參禪的方法論。
內文375頁，全書416頁，售價300元。

37.**達賴真面目**—玩盡天下女人　白正偉老師　等著　中英對照彩色精裝大本800元

38.**喇嘛性世界**—揭開假藏傳佛教譚崔瑜伽的面紗　張善思　等人著　200元

39.**假藏傳佛教的神話**—性、謊言、喇嘛教　正玄教授編著　200元

40.**金剛經宗通**　平實導師述　共九輯　每輯售價250元。

41.**空行母**—性別、身分定位，以及藏傳佛教。
珍妮·坎貝爾著　呂艾倫　中譯　售價250元

42.**末代達賴**—性交教主的悲歌　張善思、呂艾倫、辛燕編著　售價250元

43.**霧峰無霧**—給哥哥的信　辨正釋印順對佛法的無量誤解
游宗明　老師著　售價250元

44.**霧峰無霧**—第二輯—救護佛子向正道　細說釋印順對佛法的各類誤解
游宗明　老師著　售價250元

45.**第七意識與第八意識？**—穿越時空「超意識」
平實導師述　每冊300元

46.**黯淡的達賴**—失去光彩的諾貝爾和平獎
正覺教育基金會編著　每冊250元

47.**童女迦葉考**—論呂凱文〈佛教輪迴思想的論述分析〉之謬。
平實導師　著　定價180元

48.**人間佛教**—實證者必定不悖三乘菩提
平實導師　述，定價400元

49.**實相經宗通**　平實導師述　共八輯　每輯250元

50.**真心告訴您(一)**—達賴喇嘛在幹什麼？
正覺教育基金會編著　售價250元

51.**中觀金鑑**—詳述應成派中觀的起源與其破法本質
孫正德老師著　分為上、中、下三冊，每冊250元

52.**藏傳佛教要義**—《狂密與真密》之簡體字版　平實導師　著　上、下冊
僅在大陸流通　每冊300元

53.**法華經講義**　平實導師述　共二十五輯　每輯300元
已於2015/05/31起開始出版，每二個月出版一輯

54.**西藏「活佛轉世」制度**—附佛、造神、世俗法
許正豐、張正玄老師合著　定價150元

55.**廣論三部曲**　郭正益老師著　定價150元

56.**真心告訴您(二)**—達賴喇嘛是佛教僧侶嗎？

—補祝達賴喇嘛八十大壽

正覺教育基金會編著　售價 300 元

57.**次法**—實證佛法前應有的條件

張善思居士著　分爲上、下二冊，每冊 250 元

58.**涅槃**—解說四種涅槃之實證及內涵　平實導師著 上、下冊 各 350 元

59.**山法**—西藏關於他空與佛藏之根本論

篤補巴．喜饒堅贊著　傑弗里．霍普金斯英譯

張火慶教授、張志成、呂艾倫等中譯　精裝大本 1200 元

60.**佛藏經講義**　平實導師述　2019 年 7 月 31 日開始出版　共 21 輯

每二個月出版一輯，每輯 300 元。

61.**假鋒虛焰金剛乘**—揭示顯密正理，兼破索達吉師徒《般若鋒兮金剛焰》

釋正安法師著 簡體字版 即將出版 售價未定

62.**廣論之平議**—宗喀巴《菩提道次第廣論》之平議　正雄居士著

約二或三輯　俟正覺電子報連載後結集出版　書價未定

63.**大法鼓經講義**　平實導師講述　《佛藏經講義》出版後發行，每輯 300 元

64.**不退轉法輪經講義**　平實導師講述　《大法鼓經講義》出版後發行

65.**八識規矩頌**詳解　○○居士 註解　出版日期另訂　書價未定。

66.**中觀正義**—註解平實導師《中論正義頌》。

○○法師（居士）著　出版日期未定　書價未定

67.**中論正義**—釋龍樹菩薩《中論》頌正理。

孫正德老師著　出版日期未定　書價未定

68.**中國佛教史**—依中國佛教正法史實而論。 ○○老師 著　書價未定。

69.**印度佛教史**—法義與考證。依法義史實評論印順《印度佛教思想史、佛教史地考論》之謬說　正偉老師著　出版日期未定　書價未定

70.**阿含經講記**—將選錄四阿含中數部重要經典全經講解之，講後整理出版。

平實導師述　約二輯　每輯 300 元　出版日期未定

71.**寶積經講記**　平實導師述　每輯三百餘頁 優惠價 300 元 出版日期未定

72.**解深密經講義**　平實導師述 約四輯　將於重講後整理出版

73.**成唯識論略解**　平實導師著　五～六輯　每輯 300 元　出版日期未定

74.**修習止觀坐禪法要講記**　平實導師述　每輯三百餘頁

將於正覺寺建成後重講、以講記逐輯出版　出版日期未定

75.**無門關**—《無門關》公案拈提　平實導師著　出版日期未定

76.**中觀再論**—兼述印順《中觀今論》謬誤之平議。正光老師著 出版日期未定

77.**輪迴與超度**—佛教超度法會之真義。

○○法師（居士）著　出版日期未定　書價未定

78.**《釋摩訶衍論》平議**—對偽稱龍樹所造《釋摩訶衍論》之平議

○○法師（居士）著　出版日期未定　書價未定

79.**正覺發願文**註解—以真實大願為因 得證菩提

正德老師著　出版日期未定　書價未定

80.**正覺總持咒**—佛法之總持　正圜老師著　出版日期未定　書價未定

81.**三自性**—依四食、五蘊、十二因緣、十八界法，說三性三無性。

作者未定　出版日期未定

82.**道品**—從三自性說大小乘三十七道品　作者未定　出版日期未定

83.**大乘緣起觀**—依四聖諦七真如現觀十二緣起 作者未定　出版日期未定

84.**三德**—論解脫德、法身德、般若德。　作者未定　出版日期未定

85.**真假如來藏**—對印順《如來藏之研究》謬說之平議　作者未定 出版日期未定

86.**大乘道次第**　作者未定　出版日期未定　書價未定

87.**四緣**—依如來藏故有四緣。　作者未定　出版日期未定

88.**空之探究**—印順《空之探究》謬誤之平議　作者未定 出版日期未定

89.**十法義**—論阿含經中十法之正義　作者未定　出版日期未定

90.**外道見**—論述外道六十二見　作者未定　出版日期未定

# 正智出版社有限公司 書籍介紹

**禪淨圓融**：言淨土諸祖所未曾言，示諸宗祖師所未曾示；禪淨圓融，另闢成佛捷徑，兼顧自力他力，闡釋淨土門之速行易行道，亦同時揭櫫聖教門之速行易行道；令廣大淨土行者得免緩行難證之苦，亦令聖道門行者得以藉著淨土速行道而加快成佛之時劫。乃前無古人之超勝見地，非一般弘揚禪淨法門典籍也，先讀為快。平實導師著 200元。

**宗門正眼—公案拈提**第一輯：繼承克勤圜悟大師碧巖錄宗旨之禪門鉅作。先則舉示當代大法師之邪說，消弭當代禪門大師鄉愿之心態，摧破當今禪門「世俗禪」之妄談；次則旁通教法，表顯宗門正理；繼以道之次第，消弭古今狂禪；後藉言語及文字機鋒，直示宗門入處。悲智雙運，禪味十足，數百年來難得一睹之禪門鉅著也。平實導師著 500元（原初版書《禪門摩尼寶聚》，改版後補充為五百餘頁新書，總計多達二十四萬字，內容更精彩，並改名為《宗門正眼》，讀者原購初版《禪門摩尼寶聚》皆可寄回本公司免費換新，免附回郵，亦無截止期限）（2007年起，凡購買公案拈提第一輯至第七輯，每購一輯皆贈送本公司精製公案拈提〈超意境〉CD一片，市售價格280元，多購多贈）。

**禪—悟前與悟後**：本書能建立學人悟道之信心與正確知見，圓滿具足而有次第地詳述禪悟之功夫與禪悟之內容，指陳參禪中細微淆訛之處，能使學人明自眞心、見自本性。若未能悟入，亦能以正確知見辨別古今中外一切大師究係眞悟？或屬錯悟？便有能力揀擇，捨名師而選明師，後時必有悟道之緣。一旦悟道，遲者七次人天往返，便出三界，速者一生取辦。學人欲求開悟者，不可不讀。　平實導師著。上、下冊共500元，單冊250元。

**眞實如來藏**：如來藏眞實存在，乃宇宙萬有之本體，並非印順法師、達賴喇嘛等人所說之「唯有名相、無此心體」。如來藏是涅槃之本際，是一切有智之人竭盡心智、不斷探索而不能得之生命實相；是古今中外許多大師自以爲悟而當面錯過之生命實相。如來藏即是阿賴耶識，乃是一切有情本自具足、不生不滅之眞實心。當代中外大師於此書出版之前所未能言者，作者於本書中盡情流露、詳細闡釋。眞悟者讀之，必能增益悟境、智慧增上；錯悟者讀之，必能檢討自己之錯誤，免犯大妄語業；未悟者讀之，能知參禪之理路，亦能以之檢查一切名師是否眞悟。此書是一切哲學家、宗教家、學佛者及欲昇華心智之人必讀之鉅著。　平實導師著　售價400元。

**宗門法眼**——**公案拈提**第二輯：列舉實例，闡釋土城廣欽老和尚之悟處；並直示這位不識字的老和尚妙智橫生之根由，繼而剖析禪宗歷代大德之開悟公案，解析當代密宗高僧卡盧仁波切之錯悟證據，並例舉當代顯宗高僧、大居士之錯悟證據（凡健在者，爲免影響其名聞利養，皆隱其名）。藉辨正當代名師之邪見，向廣大佛子指陳禪悟之正道，彰顯宗門法眼。悲勇兼出，強捋虎鬚；慈智雙運，巧探驪龍；摩尼寶珠在手，直示宗門入處，禪味十足；若非大悟徹底，不能爲之。禪門精奇人物，允宜人手一冊，供作參究及悟後印證之圭臬。本書於2008年4月改版，增寫爲大約500頁篇幅，以利學人研讀參究時更易悟入宗門正法，以前所購初版首刷及初版二刷舊書，皆可免費換取新書。平實導師著500元（2007年起，凡購買公案拈提第一輯至第七輯，每購一輯皆贈送本公司精製公案拈提〈超意境〉CD一片，市售價格280元，多購多贈）。

**宗門道眼**——**公案拈提**第三輯：繼宗門法眼之後，再以金剛之作略、慈悲之胸懷、犀利之筆觸，舉示寒山、拾得、布袋三大士之悟處，消弭當代錯悟者對於寒山大士……等之誤會及誹謗。亦舉出民初以來與虛雲和尚齊名之蜀郡鹽亭袁煥仙夫子——南懷瑾老師之師，其「悟處」何在？並蒐羅許多眞悟祖師之證悟公案，顯示禪宗歷代祖師之睿智，指陳部分祖師、奧修及當代顯密大師之謬悟，作爲殷鑑，幫助禪子建立及修正參禪之方向及知見。假使讀者閱此書已，一時尚未能悟，亦可一面加功用行，一面以此宗門道眼辨別眞假善知識，避開錯誤之印證及歧路，可免大妄語業之長劫慘痛果報。欲修禪宗之禪者，務請細讀。平實導師著 售價500元（2007年起，凡購買公案拈提第一輯至第七輯，每購一輯皆贈送本公司精製公案拈提〈超意境〉CD一片，市售價格280元，多購多贈）。

**楞伽經詳解**：本經是禪宗見道者印證所悟眞僞之根本經典，亦是禪宗見道者悟後起修之依據經典；故達摩祖師於印證二祖慧可大師之後，將此經典連同佛缽祖衣一併交付二祖，令其依此經典佛示金言、進入修道位，修學一切種智。由此可知此經對於眞悟之人修學佛道，是非常重要之一部經典。此經能破外道邪說，亦破佛門中錯悟名師之謬說，亦破禪宗部分祖師之狂禪：不讀經典、一向主張「一悟即成究竟佛」之謬執。並開示愚夫所行禪、觀察義禪、攀緣如禪、如來禪等差別，令行者對於三乘禪法差異有所分辨；亦糾正禪宗祖師古來對於如來禪之誤解，嗣後可免以訛傳訛之弊。此經亦是法相唯識宗之根本經典，禪者悟後欲修一切種智而入初地者，必須詳讀。 平實導師著，全套共十輯，已全部出版完畢，每輯主文約320頁，每冊約352頁，定價250元。

**宗門血脈**—**公案拈提第四輯**：末法怪象—許多修行人自以爲悟，每將無念靈知認作眞實；崇尚二乘法諸師及其徒眾，則將外於如來藏之緣起性空—無因論之無常空、斷滅空、一切法空—錯認爲 佛所說之般若空性。這兩種現象已於當今海峽兩岸及美加地區顯密大師之中普遍存在；人人自以爲悟，心高氣壯，便敢寫書解釋祖師證悟之公案，大多出於意識思惟所得，言不及義，錯誤百出，因此誤導廣大佛子同陷大妄語之地獄業中而不能自知。彼等書中所說之悟處，其實處處違背第一義經典之聖言量。彼等諸人不論是否身披袈裟，都非佛法宗門血脈，或雖有禪宗法脈之傳承，亦只徒具形式；猶如螟蛉，非眞血脈，未悟得根本眞實故。禪子欲知佛、祖之眞血脈者，請讀此書，便知分曉。平實導師著，主文452頁，全書464頁，定價500元（2007年起，凡購買公案拈提第一輯至第七輯，每購一輯皆贈送本公司精製公案拈提〈超意境〉CD一片，市售價格280元，多購多贈）。

**宗通與說通**：古今中外，錯誤之人如麻似粟，每以常見外道所說之靈知心，認作眞心；或妄想虛空之勝性能量爲眞如，或錯認物質四大元素藉冥性（靈知心本體）能成就吾人色身及知覺，或認初禪至四禪中之了知心爲不生不滅之涅槃心。此等皆非通宗者之見地。復有錯悟之人一向主張「宗門與教門不相干」，此即尚未通達宗門之人也。其實宗門與教門互通不二，宗門所證者乃是眞如與佛性，教門所說者乃說宗門證悟之眞如佛性，故教門與宗門不二。本書作者以宗教二門互通之見地，細說「宗通與說通」，從初見道至悟後起修之道、細說分明；並將諸宗諸派在整體佛教中之地位與次第，加以明確之教判，學人讀之即可了知佛法之梗概也。欲擇明師學法之前，允宜先讀。平實導師著，主文共381頁，全書392頁，只售成本價300元。

**宗門正道**—公案拈提第五輯：修學大乘佛法有二果須證—解脫果及大菩提果。二乘人不證大菩提果，唯證解脫果；此果之智慧，名爲聲聞菩提、緣覺菩提。大乘佛子所證二果之菩提果爲佛菩提，故名大菩提果，其慧名爲一切種智—函蓋二乘解脫果。然此大乘二果修證，須經由禪宗之宗門證悟方能相應。而宗門證悟極難，自古已然；其所以難者，咎在古今佛教界普遍存在三種邪見：1.以修定認作佛法，2.以無因論之緣起性空—否定涅槃本際如來藏以後之一切法空作爲佛法，3.以常見外道邪見（離語言妄念之靈知性）作爲佛法。如是邪見，或因自身正見未立所致，或因邪師之邪教導所致，或因無始劫來虛妄熏習所致。若不破除此三種邪見，永劫不悟宗門眞義、不入大乘正道，唯能外門廣修菩薩行。平實導師於此書中，有極爲詳細之說明，有志佛子欲摧邪見、入於內門修菩薩行者，當閱此書。主文共496頁，全書512頁。售價500元（2007年起，凡購買公案拈提第一輯至第七輯，每購一輯皆贈送本公司精製公案拈提〈超意境〉CD一片，市售價格280元，多購多贈）。

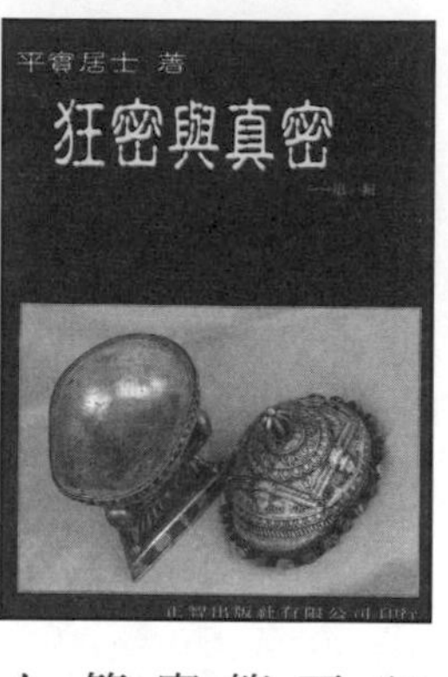


**狂密與眞密**：密教之修學，皆由有相之觀行法門而入，其最終目標仍不離顯教經典所說第一義諦之修證；若離顯教第一義經典、或違背顯教第一義經典，即非佛教。西藏密教之觀行法，如灌頂、觀想、遷識法、寶瓶氣、大聖歡喜雙身修法、喜金剛、無上瑜伽、大樂光明、樂空雙運等，皆是印度教**兩性生生不息思想**之轉化，**自始至終**皆以**如何能運用交合淫樂之法達到全身受樂**爲其中心思想，純屬欲界五欲的貪愛，不能令人超出欲界輪迴，更不能令人斷除我見；何況大乘之明心與見性，更無論矣！故密宗之法絕非佛法也。而其明光大手印、大圓滿法教，又皆同以常見外道所說**離語言妄念之無念靈知心**錯認爲佛地之眞如，不能直指不生不滅之眞如。西藏密宗所有法王與徒眾，都尚未開頂門眼，不能辨別眞僞，以**依人不依法、依密續不依經典**故，不肯將其上師喇嘛所說對照第一義經典，純依密續之藏密祖師所說爲準，因此而誇大其證德與證量，動輒謂彼祖師上師爲究竟佛、爲地上菩薩；如今台海兩岸亦有自謂其師證量高於 釋迦文佛者，然觀其師所述，猶未見道，仍在觀行即佛階段，尚未到禪宗相似即佛、分證即佛階位，竟敢標榜爲究竟佛及地上法王，誑惑初機學人。凡此怪象皆是狂密，不同於眞密之修行者。近年狂密盛行，密宗行者被誤導者極眾，動輒自謂已證佛地眞如，自視爲究竟佛，陷於大妄語業中而不知自省，反謗顯宗眞修實證者之證量粗淺；或如義雲高與釋性圓…等人，於報紙上公然誹謗眞實證道者爲「騙子、無道人、人妖、癩蛤蟆…」等，造下誹謗大乘勝義僧之大惡業；或以外道法中有爲有作之甘露、魔術……等法，誑騙初機學人，狂言彼外道法爲眞佛法。如是怪象，在西藏密宗及附藏密之外道中，不一而足，舉之不盡，學人宜應愼思明辨，以免上當後又犯毀破菩薩戒之重罪。密宗學人若欲遠離邪知邪見者，請閱此書，即能了知密宗之邪謬，從此遠離邪見與邪修，轉入眞正之佛道。

平實導師著 共四輯 每輯約400頁（主文約340頁）每輯售價300元。

**宗門正義**—**公案拈提**第六輯：佛教有六大危機，乃是藏密化、世俗化、膚淺化、學術化、宗門密意失傳、悟後進修諸地之次第混淆；其中尤以宗門密意之失傳，爲當代佛教最大之危機。由宗門密意失傳故，易令世尊本懷普被錯解，易令世尊正法被轉易爲外道法，以及加以淺化、世俗化，是故宗門密意之廣泛弘傳與具緣佛弟子，極爲重要。然而欲令宗門密意之廣泛弘傳予具緣之佛弟子者，必須同時配合錯誤知見之解析、普令佛弟子知之，然後輔以公案解析之直示入處，方能令具緣之佛弟子悟入。而此二者，皆須以公案拈提之方式爲之，方易成其功、竟其業，是故平實導師續作宗門正義一書，以利學人。 全書500餘頁，售價500元（2007年起，凡購買公案拈提第一輯至第七輯，每購一輯皆贈送本公司精製公案拈提〈超意境〉CD一片，市售價格280元，多購多贈）。

**心經密意**—心經與解脫道、佛菩提道、祖師公案之關係與密意。 二乘菩提所證之解脫道，實依第八識心之斷除煩惱障現行而立解脫之名；大乘菩提所證之佛菩提道，實依親證第八識如來藏之涅槃性、清淨自性、及其中道性而立般若之名；禪宗祖師公案所證之眞心，即是此第八識如來藏；是故三乘佛法所修所證之三乘菩提，皆依此如來藏心而立名也。此第八識心，即是《心經》所說之心也。證得此如來藏已，即能漸入大乘佛菩提道，亦可因證知此心而了知二乘無學所不能知之無餘涅槃本際，是故《心經》之密意，與三乘佛菩提之關係極爲密切、不可分割，三乘佛法皆依此心而立名故。今者平實導師以其所證解脫道之無生智及佛菩提之般若種智，將《心經》與解脫道、佛菩提道、祖師公案之關係與密意，以演講之方式，用淺顯之語句和盤托出，發前人所未言，呈三乘菩提之眞義，令人藉此《心經密意》一舉而窺三乘菩提之堂奧，迥異諸方言不及義之說；欲求眞實佛智者、不可不讀！主文317頁，連同跋文及序文…等共384頁，售價300元。

**宗門密意**—公案拈提第七輯：佛教之世俗化，將導致學人以信仰作為學佛，則將以感應及世間法之庇祐，作為學佛之主要目標，不能了知學佛之主要目標為親證三乘菩提。大乘菩提則以般若實相智慧為主要修習目標，以二乘菩提解脫道為附帶修習之標的；是故學習大乘法者，應以禪宗之證悟為要務，能親入大乘菩提之實相般若智慧中故，般若實相智慧非二乘聖人所能知故。此書則以台灣世俗化佛教之三大法師，說法似是而非之實例，配合真悟祖師之公案解析，提示證悟般若之關節，令學人易得悟入。平實導師著，全書五百餘頁，售價500元（2007年起，凡購買公案拈提第一輯至第七輯，每購一輯皆贈送本公司精製公案拈提〈超意境〉CD一片，市售價格280元，多購多贈）。

**淨土聖道**—兼評日本本願念佛：佛法甚深極廣，般若玄微，非諸二乘聖僧所能知之，一切凡夫更無論矣！所謂一切證量皆歸淨土是也！是故大乘法中「聖道之淨土、淨土之聖道」，其義甚深，難可了知；乃至真悟之人，初心亦難知也。今有正德老師真實證悟後，復能深探淨土與聖道之緊密關係，憐憫眾生之誤會淨土實義，亦欲利益廣大淨土行人同入聖道，同獲淨土中之聖道門要義，乃振奮心神、書以成文，今得刊行天下。主文279頁，連同序文等共301頁，總有十一萬六千餘字，正德老師著，成本價200元。

**起信論講記**：詳解大乘起信論**心生滅門**與**心眞如門**之眞實意旨，消除以往大師與學人對起信論所說**心生滅門**之誤解，由是而得了知眞心如來藏之非常非斷中道正理；亦因此一講解，令此論以往隱晦而被誤解之眞實義，得以如實顯示，令大乘佛菩提道之正理得以顯揚光大；初機學者亦可藉此正論所顯示之法義，對大乘法理生起正信，從此得以眞發菩提心，眞入大乘法中修學，世世常修菩薩正行。平實導師演述，共六輯，都已出版，每輯三百餘頁，售價各250元。

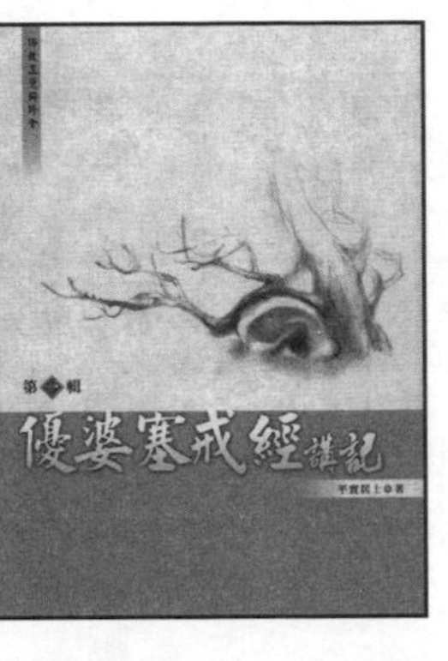


**優婆塞戒經講記**：本經詳述在家菩薩修學大乘佛法，應如何受持菩薩戒？對人間善行應如何看待？對三寶應如何護持？應如何正確地修集此世後世證法之福德？應如何修集後世「行菩薩道之資糧」？並詳述第一義諦之正義：五蘊非我非異我、自作自受、異作異受、不作不受……等深妙法義，乃是修學大乘佛法、行菩薩行之在家菩薩所應當了知者。出家菩薩今世或未來世登地已，捨報之後多數將如華嚴經中諸大菩薩，以在家菩薩身而修行菩薩行，故亦應以此經所述正理而修之，配合《楞伽經、解深密經、楞嚴經、華嚴經》等道次第正理，方得漸次成就佛道；故此經是一切大乘行者皆應證知之正法。平實導師講述，每輯三百餘頁，售價各250元；共八輯，已全部出版。

**真假活佛**——略論附佛外道盧勝彥之邪說：人人身中都有眞活佛，永生不滅而有大神用，但眾生都不了知，所以常被身外的西藏密宗假活佛籠罩欺瞞。本來就眞實存在的眞活佛，才是眞正的密宗無上密！諾那活佛因此而說禪宗是大密宗，但藏密的所有活佛都不知道、也不曾實證自身中的眞活佛。本書詳實宣示眞活佛的道理，舉證盧勝彥的「佛法」不是眞佛法，也顯示盧勝彥是假活佛，直接的闡釋第一義佛法見道的眞實正理。眞佛宗的所有上師與學人們，都應該詳細閱讀，包括盧勝彥個人在內。正犀居士著，優惠價140元。

**阿含正義**——唯識學探源：廣說四大部《阿含經》諸經中隱說之眞正義理，一一舉示佛陀本懷，令阿含時期初轉法輪根本經典之眞義，如實顯現於佛子眼前。並提示末法大師對於阿含眞義誤解之實例，一一比對之，證實唯識增上慧學確於原始佛法之阿含諸經中已隱覆密意而略說之，證實 世尊確於原始佛法中已曾密意而說第八識如來藏之總相；亦證實 世尊在四阿含中已說此藏識是名色十八界之因、之本——證明如來藏是能生萬法之根本心。佛子可據此修正以往受諸大師（譬如西藏密宗應成派中觀師：印順、昭慧、性廣、大願、達賴、宗喀巴、寂天、月稱、……等人）誤導之邪見，建立正見，轉入正道乃至親證初果而無困難；書中並詳說三果所證的**心解脫**，以及四果**慧解脫**的親證，都是如實可行的具體知見與行門。全書共七輯，已出版完畢。平實導師著，每輯三百餘頁，售價300元。

**超意境**ＣＤ：以平實導師公案拈提書中超越意境之頌詞，加上曲風優美的旋律，錄成令人嚮往的超意境歌曲，其中包括正覺發願文及平實導師親自譜成的黃梅調歌曲一首。詞曲雋永，殊堪翫味，可供學禪者吟詠，有助於見道。內附設計精美的彩色小冊，解說每一首詞的背景本事。每片280元。【每購買公案拈提書籍一冊，即贈送一片。】

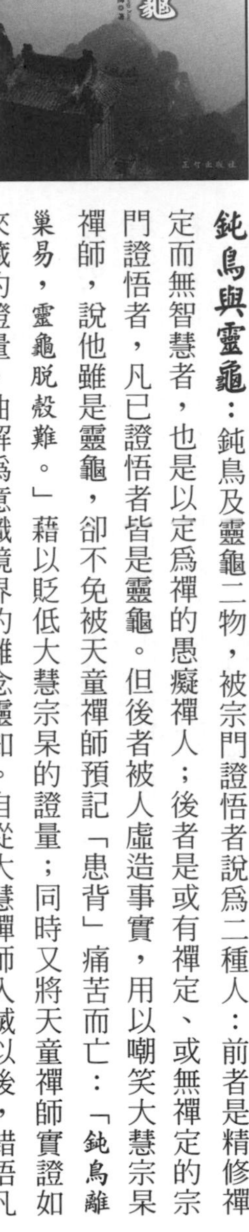


**鈍鳥與靈龜**：鈍鳥及靈龜二物，被宗門證悟者說爲二種人：前者是精修禪定而無智慧者，也是以定爲禪的愚癡禪人；後者是或有禪定、或無禪定的宗門證悟者，凡已證悟者皆是靈龜。但後者被人虛造事實，用以嘲笑大慧宗杲禪師，說他雖是靈龜，卻不免被天童禪師預記「患背」痛苦而亡：「**鈍鳥離巢易，靈龜脫殼難**。」藉以貶低大慧宗杲的證量；同時又將天童禪師實證如來藏的證量，曲解爲意識境界的離念靈知。自從大慧禪師入滅以後，錯悟凡夫對他的不實毀謗就一直存在著，不曾止息，並且捏造的假事實也隨著年月的增加而越來越多，終至編成「鈍鳥與靈龜」的假公案、假故事。本書是考證大慧與天童之間的不朽情誼，顯現這件假公案的虛妄不實；更見大慧宗杲面對惡勢力時的正直不阿，亦顯示大慧對天童禪師的至情深義，將使後人對大慧宗杲的誣謗至此而止，不再有人誤犯毀謗賢聖的惡業。書中亦舉出大慧與天童二師的證悟內容，證明宗門的所悟確以第八識如來藏爲標的，詳讀之後必可改正以前被錯悟大師誤導的參禪知見，日後必定有助於實證禪宗的開悟境界，得階大乘眞見道位中，即是實證般若之賢聖。全書459頁，售價350元。

**我的菩提路**第一輯：凡夫及二乘聖人不能實證的佛菩提證悟，末法時代的今天仍然有人能得實證，由正覺同修會釋悟圓、釋善藏法師等二十餘位實證如來藏者所寫的見道報告，已爲當代學人見證宗門正法之絲縷不絕，證明大乘義學的法脈仍然存在，爲末法時代求悟般若之學人照耀出光明的坦途。由二十餘位大乘見道者所繕，敘述各種不同的學法、見道因緣與過程，參禪求悟者必讀。全書三百餘頁，售價300元。

**我的菩提路**第二輯：由郭正益老師等人合著，書中詳述彼等諸人歷經各處道場學法，一一修學而加以檢擇之不同過程以後，因閱讀正覺同修會、正智出版社書籍而發起抉擇分，轉入正覺同修會中修學；乃至學法及見道之過程，都一一詳述之。其中張志成等人係由前現代禪轉進正覺同修會，張志成原爲現代禪副宗長，以前未閱本會書籍時，曾被人藉其名義著文評論 平實導師（詳見《宗通與說通》辨正及《眼見佛性》書末附錄…等）；後因偶然接觸正覺同修會書籍，深覺以前聽人評論平實導師之語不實，於是投入極多時間閱讀本會書籍、深入思辨，詳細探索中觀與唯識之關聯與異同，認爲正覺之法義方是正法，深覺相應；亦解開多年來對佛法的迷雲，確定應依八識論正理修學方是正法。乃不顧面子，毅然前往正覺同修會面見平實導師懺悔，並正式學法求悟。今已與其同修王美伶（亦爲前現代禪傳法老師），同樣證悟如來藏而證得法界實相，生起實相般若眞智。此書中尚有七年來本會第一位眼見佛性者之見性報告一篇，一同供養大乘佛弟子。全書四百頁，售價300元。

**我的菩提路**第三輯：由王美伶老師等人合著。自從正覺同修會成立以來，每年夏初、冬初都舉辦精進禪三共修，藉以助益會中同修們得以證悟明心發起般若實相智慧；凡已實證而被平實導師印證者，皆書具見道報告用以證明佛法之眞實可證而非玄學，證明佛法並非純屬思想、理論而無實質，是故每年都能有人證明正覺同修會的「實證佛教」主張並非虛語。特別是眼見佛性一法，自古以來中國禪宗祖師實證者極寡，較之明心開悟的證境更難令人信受；至2017年初，正覺同修會中的證悟明心者已近五百人，然而其中眼見佛性者至今唯十餘人爾，可謂難能可貴，是故明心後欲冀眼見佛性者實屬不易。黃正倖老師是懸絕七年無人見性後的第一人，她於2009年的見性報告刊於本書的第二輯中，爲大眾證明佛性確實可以眼見；其後七年之中求見性者都屬解悟佛性而無人眼見，幸而又經七年後的2016冬初，以及2017夏初的禪三，復有三人眼見佛性，希冀鼓舞四眾佛子求見佛性之大心，今則具載一則於書末，顯示求見佛性之事實經歷，供養現代佛教界欲得見性之四眾弟子。全書四百頁，售價300元，已於2017年6月30日發行。

**我的菩提路**第四輯：由陳晏平等人著。中國禪宗祖師往往有所謂「見性」之言，所言多屬看見如來藏具有能令人發起成佛之自性，並非《大般涅槃經》中如來所說之眼見佛性。眼見佛性者，於親見佛性之時，即能於山河大地眼見自己佛性，亦能於他人身上眼見自己佛性及對方之佛性，如是境界無法爲尚未實證者解釋；勉強說之，縱使眞實明心證悟之人聞之，亦只能以自身明心之境界想像之，但不論如何想像多屬非量，能有正確之比量者亦是稀有，故說眼見佛性極爲困難。眼見佛性之人若所見極分明時，在所見佛性之境界下所眼見之山河大地、自己五蘊身心皆是虛幻，自有異於明心者之解脫功德受用，此後永不思證二乘涅槃，必定邁向成佛之道而進入第十住位中，已超第一阿僧祇劫三分有一，可謂之爲超劫精進也。今又有明心之後眼見佛性之人出於人間，將其明心及後來見性之報告，連同其餘證悟明心者之精彩報告一同收錄於此書中，供養眞求佛法實證之四眾佛子。全書380頁，售價300元，已於2018年6月30日發行。

**我的菩提路**第五輯：林慈慧老師等人著，本輯中所舉學人從相似正法中來到正覺同修會的過程，各人都有不同，發生的因緣亦是各有差別，然而都會指向同一個目標——證實生命實相的源底，確證自己生從何來、死往何去的事實，所以最後都證明佛法眞實而可親證，絕非玄學；本書將彼等諸人的始修及末後證悟之實例，羅列出來以供學人參考。本期亦有一位會裡的老師，是從1995年即開始追隨 平實導師修學，1997年明心後持續進修不斷，直到2017年眼見佛性之實例，足可證明《大般涅槃經》中世尊開示眼見佛性之法正眞無訛，第十住位的實證在末法時代的今天仍有可能，如今一併具載於書中以供學人參考，並供養現代佛教界欲得見性之四眾弟子。全書四百頁，售價300元，已於2019年12月31日發行。

**我的菩提路**第六輯：劉惠莉老師等人著，本輯中舉示劉老師明心多年以後的眼見佛性實錄，供末法時代學人了知明心之異於見性本質，足可證明《大般涅槃經》中世尊開示眼見佛性之法正眞無訛。亦列舉多篇學人從各道場來到正覺學法之不同過程，以及如何發覺邪見之異於正法的所在，最後終能在正覺禪三中悟入的實況，以證明佛教正法仍在末法時代的人間繼續弘揚的事實，鼓舞一切眞實學法的菩薩大眾思之：我等諸人亦可有因緣證悟，絕非空想白思。約四百頁，售價300元，已於2020年6月30日發行。

**勝鬘經講記**：如來藏為三乘菩提之所依，若離如來藏心體及其含藏之一切種子，即無三界有情及一切世間法，亦無二乘菩提緣起性空之出世間法；本經詳說無始無明、一念無明皆依如來藏而有之正理，藉著詳解煩惱障與所知障間之關係，令學人深入了知二乘菩提與佛菩提相異之妙理；聞後即可了知佛菩提之特勝處及三乘修道之方向與原理，邁向攝受正法而速成佛道的境界中。平實導師講述，共六輯，每輯三百餘頁，售價各250元。

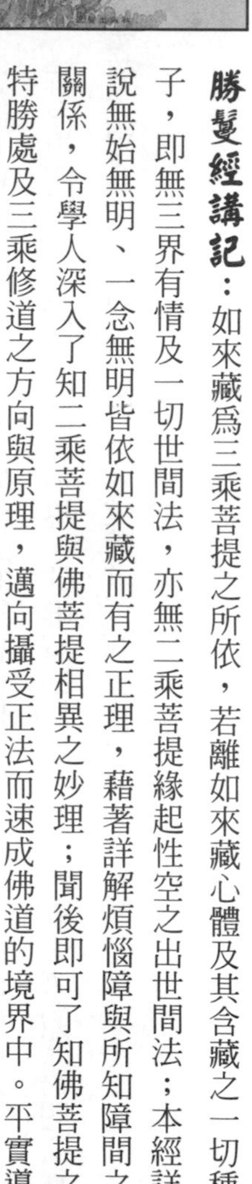

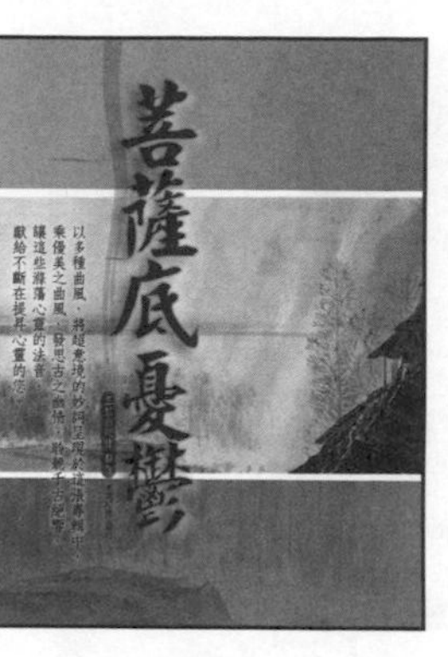


**菩薩底憂鬱**CD將菩薩情懷及禪宗公案寫成新詞，並製作成超越意境的優美歌曲。1.主題曲〈菩薩底憂鬱〉，描述地後菩薩能離三界生死而迴向繼續生在人間，但因尚未斷盡習氣種子而有極深沈之憂鬱，非三賢位菩薩及二乘聖者所知，此憂鬱在七地滿心位方才斷盡；本曲之詞中所說義理極深，昔來所未曾見；此曲係以優美的情歌風格寫詞及作曲，聞者得以激發嚮往諸地菩薩境界之大心，詞、曲都非常優美，難得一見；其中勝妙義理之解說，已印在附贈之彩色小冊中。2.以各輯公案拈提中直示禪門入處之頌文，作成各種不同曲風之超意境歌曲，值得玩味、參究；聆聽公案拈提之優美歌曲時，請同時閱讀內附之印刷精美說明小冊，可以領會超越三界的證悟境界；未悟者可以因此引發求悟之意向及疑情，眞發菩提心而邁向求悟之途，乃至因此眞實悟入般若，成眞菩薩。3.正覺總持咒新曲，總持佛法大意；總持咒之義理，已加以解說並印在隨附之小冊中。本CD共有十首歌曲，長達63分鐘，附贈二張購書優惠券。每片280元。

**禪意無限**CD平實導師以公案拈提書中偈頌寫成不同風格曲子，與他人所寫不同風格曲子共同錄製出版，幫助參禪人進入禪門超越意識之境界。盒中附贈彩色印製的精美解說小冊，以供聆聽時閱讀，令參禪人得以發起參禪之疑情，即有機會證悟本來面目，實證大乘菩提般若。本CD共有十首歌曲，長達69分鐘，每盒各附贈二張購書優惠券。每片280元。

**明心與眼見佛性**：本書細述明心與眼見佛性之異同，同時顯示了中國禪宗破初參明心與重關眼見佛性二關之間的關聯；書中又藉法義辨正而旁述其他許多勝妙法義，讀後必能遠離佛門長久以來積非成是的錯誤知見，令讀者在佛法的實證上有極大助益。也藉慧廣法師的謬論來教導佛門學人回歸正知正見，遠離古今禪門錯悟者所墮的意識境界，非唯有助於斷我見，也對未來的開悟明心實證第八識如來藏有所助益，是故學禪者都應細讀之。游正光老師著　共448頁　售價300元

**見性與看話頭**：黃正倖老師的《見性與看話頭》於《正覺電子報》連載完畢，今結集出版。書中詳說禪宗看話頭的詳細方法，並細說看話頭與眼見佛性的關係，以及眼見佛性者求見佛性前必須具備的條件。本書是禪宗實修者追求明心開悟時參禪的方法書，也是求見佛性者作功夫時必讀的方法書，內容兼顧眼見佛性的理論與實修之方法，是依實修之體驗配合理論而詳述，條理分明而且極爲詳實、周全、深入。本書內文375頁，全書416頁，售價300元。

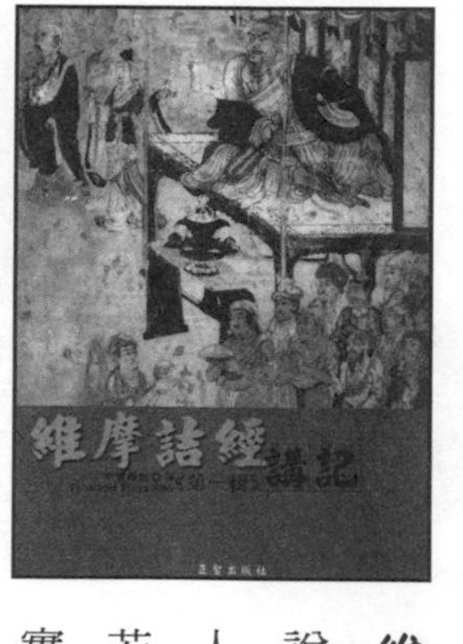


**維摩詰經講記**：本經係 世尊在世時，由等覺菩薩維摩詰居士藉疾病而演說之大乘菩提無上妙義，所說函蓋甚廣，然極簡略，是故今時諸方大師與學人讀之悉皆錯解，何況能知其中隱含之深妙正義，是故普遍無法爲人解說；若強爲人說，則成依文解義而有諸多過失。今由平實導師公開宣講之後，詳實解釋其中密意，令維摩詰菩薩所說大乘不可思議解脫之深妙正法得以正確宣流於人間，利益當代學人及與諸方大師。書中詳實演述大乘佛法深妙不共二乘之智慧境界，顯示諸法之中絕待之實相境界，建立大乘菩薩妙道於永遠不敗不壞之地，以此成就護法偉功，欲冀永利娑婆人天。已經宣講圓滿整理成書流通，以利諸方大師及諸學人。全書共六輯，每輯三百餘頁，售價各250元。

**真假外道**：本書具體舉證佛門中的常見外道知見實例，並加以教證及理證上的辨正，幫助讀者輕鬆而快速的了知常見外道的錯誤知見，進而遠離佛門內外的常見外道知見，因此即能改正修學方向而快速實證佛法。游正光老師著　。成本價200元。

**金剛經宗通**：三界唯心，萬法唯識，是成佛之修證內容，是諸地菩薩之所修；般若則是成佛之道（實證三界唯心、萬法唯識）的入門，若未證悟實相般若，即無成佛之可能，必將永在外門廣行菩薩六度，永在凡夫位中。然而實相般若的發起，全賴實證萬法的實相；若欲證知萬法的眞相，則必須探究萬法之所從來，則須實證自心如來—金剛心如來藏，然後現觀這個金剛心的金剛性、眞實性、如如性、清淨性、涅槃性、能生萬法的自性性、本住性，名爲證眞如；進而現觀三界六道唯是此金剛心所成，人間萬法須藉八識心王和合運作方能現起。如是實證《華嚴經》的「三界唯心、萬法唯識」以後，由此等現觀而發起實相般若智慧，繼續進修第十住位的如幻觀、第十行位的陽焰觀、第十迴向位的如夢觀，再生起增上意樂而勇發十無盡願，方能滿足三賢位的實證，轉入初地；自知成佛之道而無偏倚，從此按部就班、次第進修乃至成佛。第八識自心如來是般若智慧之所依，般若智慧的修證則要從實證金剛心自心如來開始；《金剛經》則是解說自心如來之經典，是一切三賢位菩薩所應進修之實相般若經典。這一套書，是將平實導師宣講的《金剛經宗通》內容，整理成文字而流通之；書中所說義理，迥異古今諸家依文解義之說，指出大乘見道方向與理路，有益於禪宗學人求開悟見道，及轉入內門廣修六度萬行。已於2013年9月出版完畢，總共9輯，每輯約三百餘頁，售價各250元。

**空行母—性別、身分定位，以及藏傳佛教**　本書作者爲蘇格蘭哲學家，因爲嚮往佛教深妙的哲學內涵，於是進入當年盛行於歐美的假藏傳佛教密宗，擔任卡盧仁波切的翻譯工作多年以後，被邀請成爲卡盧的空行母（又名佛母、明妃），開始了她在密宗裡的實修過程；後來發覺在密宗雙身法中的修行，其實無法使自己成佛，也發覺密宗對女性岐視而處處貶抑，並剝奪女性在雙身法中擔任一半角色時應有的身分定位。當她發覺自己只是雙身法中被喇嘛利用的工具，沒有獲得絲毫應有的尊重與基本定位時，發現了密宗的父權社會控制女性的本質；於是作者傷心地離開了卡盧仁波切與密宗，但是卻被恐嚇不許講出她在密宗裡的經歷，也不許她說出自己對密宗的教義與教制下對女性剝削的本質，否則將被咒殺死亡。後來她去加拿大定居，十餘年後方才擺脫這個恐嚇陰影，下定決心將親身經歷的實情及觀察到的事實寫下來並且出版，公諸於世。出版之後，她被流亡的達賴集團人士大力攻訐，誣指她爲精神狀態失常、說謊……等。但有智之士並未被達賴集團的政治操作及各國政府政治運作吹捧達賴的表相所欺，使她的書銷售無阻而又再版。正智出版社鑑於作者此書是親身經歷的事實，所說具有針對「藏傳佛教」而作學術研究的價值，也有使人認清假藏傳佛教剝削佛母、明妃的男性本位實質，因此洽請作者同意中譯而出版於華人地區。珍妮·坎貝爾女士著，呂艾倫 中譯，每冊250元。

**假藏傳佛教的神話—性、謊言、喇嘛教**　本書編著者是由一首名爲「阿姊鼓」的歌曲爲緣起，展開了序幕，揭開假藏傳佛教—喇嘛教—的神秘面紗。其重點是蒐集、摘錄網路上質疑「喇嘛教」的帖子，以揭穿「假藏傳佛教的神話」爲主題，串聯成書，並附加彩色插圖以及說明，讓讀者們瞭解西藏密宗及相關人事如何被操作爲「神話」的過程，以及神話背後的眞相。作者：張正玄教授。售價200元。

**霧峰無霧—給哥哥的信**　本書作者藉兄弟之間信件往來論義，略述佛法大義；並以多篇短文辨義，舉出釋印順對佛法的無量誤解證據，並一一給予簡單而清晰的辨正，令人一讀即知。久讀、多讀之後即能認清楚釋印順的六識論見解，與眞實佛法之牴觸是多麼嚴重；於是在久讀、多讀之後，於不知不覺之間提升了對佛法的極深入理解，正知正見就在不知不覺間建立起來了。當三乘佛法的正知見建立起來之後，對於三乘菩提的見道條件便將隨之具足，於是聲聞解脫道的見道也就水到渠成；接著大乘見道的因緣也將次第成熟，未來自然也會有親見大乘菩提之道的因緣，悟入大乘實相般若也將自然成功，自能通達般若系列諸經而成實義菩薩。作者居住於南投縣霧峰鄉，自喻見道之後不復再見霧峰之霧，故鄉原野美景一一明見，於是立此書名爲《霧峰無霧》；讀者若欲撥霧見月，可以此書爲緣。游宗明　老師著　已於2015年出版　售價250元。

**霧峰無霧**—第二輯—**救護佛子向正道**　本書作者藉釋印順著作中之各種錯謬法義提出辨正，以詳實的文義一一提出理論上及實證上之解析，列舉釋印順對佛法的無量誤解證據，藉此教導佛門大師與學人釐清佛法義理，遠離岐途轉入正道，然後知所進修，久之便能見道明心而入大乘勝義僧數。被釋印順誤導的大師與學人極多，很難救轉，是故作者大發悲心深入解說其錯謬之所在，佐以各種義理辨正而令讀者在不知不覺之間轉歸正道。如是久讀之後欲得斷身見、證初果，即不爲難事；乃至久之亦得大乘見道而得證眞如，脫離空有二邊而住中道，實相般若智慧生起，於佛法不再茫然，漸漸亦知悟後進修之道。屆此之時，對於大乘般若等深妙法之迷雲暗霧亦將一掃而空，生命及宇宙萬物之故鄉原野美景一一明見，是故本書仍名《霧峰無霧》，爲第二輯；讀者若欲撥雲見日、離霧見月，可以此書爲緣。游宗明　老師著　已於2019年出版　售價250元。

**達賴真面目—玩盡天下女人**：假使您不想戴綠帽子，請記得詳細閱讀此書；假使您不想讓好朋友戴綠帽子，請您將此書介紹給您的好朋友。假使您想保護家中的女性，也想要保護好朋友的女眷，請記得將此書送給家中的女性和好友的女眷都來閱讀。本書爲印刷精美的大本彩色中英對照精裝本，爲您揭開達賴喇嘛的眞面目，內容精彩不容錯過，爲利益社會大眾，特別以優惠價格嘉惠所有讀者。編著者：白志偉等。大開版雪銅紙彩色精裝本。售價800元。

**喇嘛性世界—揭開假藏傳佛教譚崔瑜伽的面紗**：這個世界中的喇嘛，號稱來自世外桃源的香格里拉，穿著或紅或黃的喇嘛長袍，散布於我們的身邊傳教灌頂，吸引了無數的人嚮往學習；這些喇嘛虔誠地爲大眾祈福，手中拿著寶杵（金剛）與寶鈴（蓮花），口中唸著咒語：「唵．嘛呢．叭咪．吽……」，咒語的意思是說：「我至誠歸命金剛杵上的寶珠伸向蓮花寶穴之中」！「喇嘛性世界」是什麼樣的「世界」呢？本書將爲您呈現喇嘛世界的面貌。當您發現眞相以後，您將會唸：「噢！喇嘛．性．世界，譚崔性交嘛！」作者：張善思、呂艾倫。售價200元。

**末代達賴—性交教主的悲歌**：簡介從藏傳僞佛教（喇嘛教）的修行核心—性力派男女雙修，探討達賴喇嘛及藏傳僞佛教的修行內涵。書中引用外國知名學者著作、世界各地新聞報導，包含：歷代達賴喇嘛的祕史、達賴六世修雙身法的事蹟，以及《時輪續》中的性交灌頂儀式……等；達賴喇嘛書中開示的雙修法、達賴喇嘛的黑暗政治手段；達賴喇嘛所領導的寺院爆發喇嘛性侵兒童；新聞報導《西藏生死書》作者索甲仁波切性侵女信徒、澳洲喇嘛秋達公開道歉、美國最大假藏傳佛教組織領導人邱陽創巴仁波切的性氾濫，等等事件背後眞相的揭露。作者：張善思、呂艾倫、辛燕。售價250元。

**黯淡的達賴—失去光彩的諾貝爾和平獎**：本書舉出很多證據與論述，詳述達賴喇嘛不爲世人所知的一面，顯示達賴喇嘛並不是眞正的和平使者，而是假借諾貝爾和平獎的光環來欺騙世人；透過本書的說明與舉證，讀者可以更清楚的瞭解，達賴喇嘛是結合暴力、黑暗、淫欲於喇嘛教裡的集團首領，其政治行爲與宗教主張，早已讓諾貝爾和平獎的光環染污了。本書由財團法人正覺教育基金會寫作、編輯，由正覺出版社印行，每冊250元。

**楞嚴經講記**：楞嚴經係密教部之重要經典，亦是顯教中普受重視之經典；經中宣說明心與見性之內涵極爲詳細，將一切法都會歸如來藏及佛性—妙眞如性；亦闡釋佛菩提道修學過程中之種種魔境，以及外道誤會涅槃之狀況，旁及三界世間之起源。然因言句深澀難解，法義亦復深妙寬廣，學人讀之普難通達，是故讀者大多誤會，不能如實理解佛所說之明心與見性內涵，亦因是故多有悟錯之人引爲開悟之證言，成就大妄語罪。今由平實導師詳細講解之後，整理成文，以易讀易懂之語體文刊行天下，以利學人。全書十五輯，全部出版完畢。每輯三百餘頁，售價每輯300元。

**第七意識與第八意識？**—**穿越時空「超意識」**　「三界唯心，萬法唯識」是佛教中應該實證的聖教，也是《華嚴經》中明載而可以實證的法界實相。唯心者，三界一切境界、一切諸法唯是一心所成就，即是每一個有情的第八識如來藏，不是意識心。唯識者，即是人類各各都具足的八識心王——眼識、耳鼻舌身意識、意根、阿賴耶識，第八阿賴耶識又名如來藏，人類五陰相應的萬法，莫不由八識心王共同運作而成就，故說萬法唯識。依聖教量及現量、比量，都可以證明意識是二法因緣生，是由第八識藉意根與法塵二法爲因緣而出生，又是夜夜斷滅不存之生滅心，即無可能反過來出生第七識意根、第八識如來藏，當知不可能從生滅性的意識心中，細分出恆審思量的第七識意根，更無可能細分出恆而不審的第八識如來藏。本書是將演講內容整理成文字，細說如是內容，並已在〈正覺電子報〉連載完畢，今彙集成書以廣流通，欲幫助佛門有緣人斷除意識我見，跳脫於識陰之外而取證聲聞初果；嗣後修學禪宗時即得不墮外道神我之中，得以求證第八識金剛心而發起般若實智。平實導師　述，每冊300元。

**人間佛教——實證者必定不悖三乘菩提** 「大乘非佛說」的講法似乎流傳已久，卻只是日本人企圖擺脫中國正統佛教的影響，而在明治維新時期才開始提出來的說法；台灣佛教、大陸佛教的淺學無智之人，由於未曾實證佛法而迷信日本人錯誤的學術考證，錯認爲這些別有用心的日本佛學考證的講法爲天竺佛教的眞實歷史；甚至還有更激進的反對佛教者提出「**釋迦牟尼佛並非眞實存在，只是後人捏造的假歷史人物**」，竟然也有少數佛教徒願意跟著「學術」的假光環而信受不疑，亦導致部分台灣佛教界人士，造作了反對中國大乘佛教而推崇南洋小乘佛教的行爲，使台灣佛教的信仰者難以檢擇，亦導致一般大陸人士開始轉入基督教的盲目迷信中。在這些佛教及外教人士之中，也就有一分人根據此邪說而大聲主張「大乘非佛說」的謬論，這些人以「人間佛教」的名義來抵制中國正統佛教，公然宣稱中國的大乘佛教是由聲聞部派佛教的凡夫僧所創造出來的。這樣的說法流傳於台灣及大陸佛教界凡夫僧之中已久，卻非眞正的佛教歷史中曾經發生過的事，只是繼承六識論的聲聞法中凡夫僧，以及別有居心的日本佛教界，依自己的意識境界立場，純憑臆想而編造出來的妄想說法，卻已經影響許多無智之凡夫僧俗信受不移。本書則是從佛教的經藏法義實質及實證的現量內涵本質立論，證明大乘佛法本是佛說，是從《阿含正義》尚未說過的不同面向來討論「人間佛教」的議題，證明「大乘眞佛說」。閱讀本書可以斷除六識論邪見，迴入三乘菩提正道發起實證的因緣；也能斷除禪宗學人學禪時普遍存在之錯誤知見，對於建立參禪時的正知見有很深的著墨。平實導師 述，內文488頁，全書528頁，定價400元。

**童女迦葉考—論呂凱文〈佛教輪迴思想的論述分析〉之謬**　童女迦葉是佛世率領五百大比丘遊行於人間的歷史事實，是以童貞行而依止菩薩戒弘化於人間的大菩薩，不依別解脫戒（聲聞戒）來弘化於人間。這是大乘佛教與聲聞佛教同時存在於佛世的歷史明證，證明大乘佛教不是從聲聞法中分裂出來的部派佛教的產物，卻是聲聞佛教分裂出來的部派佛教聲聞凡夫僧所不樂見的史實；於是古今聲聞法中的凡夫都欲加以扭曲而作詭說，更是末法時代高聲大呼「大乘非佛說」的六識論聲聞凡夫極力想要扭曲的佛教史實之一，於是想方設法扭曲迦葉菩薩爲聲聞僧，以及扭曲迦葉童女爲比丘僧等荒謬不實之論著便陸續出現，古時聲聞僧寫作的《分別功德論》是最具體之事例，現代之代表作則是呂凱文先生的〈佛教輪迴思想的論述分析〉論文。鑑於如是假藉學術考證以籠罩大眾之不實謬論，未來仍將繼續造作及流竄於佛教界，繼續扼殺大乘佛教學人法身慧命，必須舉證辨正之，遂成此書。平實導師　著，每冊180元。

**中觀金鑑—詳述應成派中觀的起源與其破法本質**　學佛人往往迷於中觀學派之不同學說，被應成派與自續派所迷惑；修學般若中觀二十年後自以爲實證般若中觀了，卻仍不曾入門，甫聞實證般若中觀者之所說，則茫無所知，迷惑不解；隨後信心盡失，不知如何實證佛法；凡此，皆因惑於這二派中觀學說所致。自續派中觀所說同於常見，以意識境界立爲第八識如來藏之境界，應成派所說則同於斷見，但又同立意識爲常住法，故亦具足斷常二見。今者孫正德老師有鑑於此，乃將起源於密宗的應成派中觀學說，追本溯源，詳考其來源之外，亦一一舉證其立論內容，詳加辨正，令密宗雙身法祖師以識陰境界而造之應成派中觀學說本質，詳細呈現於學人眼前，令其維護雙身法之目的無所遁形。若欲遠離密宗此二大派中觀謬說，欲於三乘菩提有所進道者，允宜具足閱讀並細加思惟，反覆讀之以後將可捨棄邪道返歸正道，則於般若之實證即有可能，證後自能現觀如來藏之中道境界而成就中觀。本書分上、中、下三冊，每冊250元，已全部出版完畢。

**實相經宗通**：學佛之目的在於實證一切法界背後之實相，禪宗稱之爲本來面目或本地風光，佛菩提道中稱之爲實相法界；此實相法界即是金剛藏，又名佛法之祕密藏，即是能生有情五陰、十八界及宇宙萬有（山河大地、諸天、三惡道世間）的第八識如來藏，又名阿賴耶識心，即是禪宗祖師所說的眞如心，此心即是三界萬有背後的實相。證得此第八識心時，自能瞭解般若諸經中隱說的種種密意，即得發起實相般若——實相智慧。每見學佛人修學佛法二十年後仍對實相般若茫然無知，亦不知如何入門，茫無所趣；更因不知三乘菩提的互異互同，是故越是久學者對佛法越覺茫然，都肇因於尚未瞭解佛法的全貌，亦未瞭解佛法的修證內容即是第八識心所致。本書對於修學佛法者所應實證的實相境界提出明確解析，並提示趣入佛菩提道的入手處，有心親證實相般若的佛法實修者，宜詳讀之，於佛菩提道之實證即有下手處。平實導師述著，共八輯，已於2016年出版完畢，每輯成本價250元。

**真心告訴您（一）——達賴喇嘛在幹什麼？**這是一本報導篇章的選集，更是「破邪顯正」的暮鼓晨鐘。「破邪」是戳破假象，說明達賴喇嘛及其所率領的密宗四大派法王、喇嘛們，弘傳的佛法是仿冒的佛法；他們是假藏傳佛教，是坦特羅(譚崔性交)外道法和藏地崇奉鬼神的苯教混合成的「喇嘛教」，推廣的是以所謂「無上瑜伽」的男女雙身法冒充佛法的假佛教，詐財騙色誤導眾生，常常造成信徒家庭破碎、家中兒少失怙的嚴重後果。「顯正」是揭櫫眞相，指出眞正的藏傳佛教只有一個，就是覺囊巴，傳的是　釋迦牟尼佛演繹的第八識如來藏妙法，稱爲他空見大中觀。正覺教育基金會即以此古今輝映的如藏正法正知見，在眞心新聞網中逐次報導出來，將箇中原委「眞心告訴您」，如今結集成書，與想要知道密宗眞相的您分享。售價250元。

**真心告訴您（二）**——**達賴喇嘛是佛教僧侶嗎？補祝達賴喇嘛八十大壽**：這是一本針對當今達賴喇嘛所領導的喇嘛教，冒用佛教名相、於師徒間或師兄姊間，實修男女邪淫，而從佛法三乘菩提的現量與聖教量，揭發其謊言與邪術，證明達賴及其喇嘛教是仿冒佛教的外道，是「假藏傳佛教」。藏密四大派教義雖有「八識論」與「六識論」的表面差異，然其實修之內容，皆共許「無上瑜伽」四部灌頂爲究竟「成佛」之法門，也就是共以男女雙修之邪淫法爲「即身成佛」之密要，雖美其名曰「欲貪爲道」之「金剛乘」，並誇稱其成就超越於（應身佛）釋迦牟尼佛所傳之顯教般若乘之上；然詳考其理論，則或以意識離念時之粗細心爲第八識如來藏，或以中脈裡的明點爲第八識如來藏，或如宗喀巴與達賴堅決主張第六意識爲常恆不變之眞心者，分別墮於外道之常見與斷見中；全然違背 佛說能生五蘊之如來藏的實質。售價300元。

**西藏「活佛轉世」制度**——**附佛、造神、世俗法**：歷來關於喇嘛教活佛轉世的研究，多針對歷史及文化兩部分，於其所以成立的理論基礎，較少系統化的探討。尤其是此制度是否依據「佛法」而施設？是否合乎佛法眞實義？現有的文獻大多含糊其詞，或人云亦云，不曾有明確的闡釋與如實的見解。因此本文先從活佛轉世的由來，探索此制度的起源、背景與功能，並進而從活佛的尋訪與認證之過程，發掘活佛轉世的特徵，以確認「活佛轉世」在佛法中應具足何種果德。定價150元。

**法華經講義**：此書為平實導師始從2009/7/21演述至2014/1/14之講經錄音整理所成。世尊一代時教，總分五時三教，即是華嚴時、聲聞緣覺教、般若教、種智唯識教、法華時；依此五時三教區分為藏、通、別、圓四教。本經是最後一時的圓教經典，圓滿收攝一切法教於本經中，是故最後的圓教聖訓中，特地指出無有三乘菩提，其實唯有一佛乘；皆因眾生愚迷故，方便區分為三乘菩提以助眾生證道。世尊於此經中特地說明如來示現於人間的唯一大事因緣，便是為有緣眾生「開、示、悟、入」諸佛的所知所見——第八識如來藏妙真如心，並於諸品中隱說「妙法蓮花」如來藏心的密意。然因此經所說甚深難解，真義隱晦，古來難得有人能窺堂奧；平實導師以知如是密意故，特為末法佛門四眾演述《妙法蓮華經》中各品蘊含之密意，使古來未曾被古德註解出來的「此經」密意，如實顯示於當代學人眼前。乃至〈藥王菩薩本事品〉、〈妙音菩薩品〉、〈觀世音菩薩普門品〉、〈普賢菩薩勸發品〉中的微細密意，亦皆一併詳述之，可謂開前人所未曾言之密意，示前人所未見之妙法。最後乃至以〈法華大義〉而總其成，全經妙旨貫通始終，而依佛旨圓攝於一心如來藏妙心，厥為曠古未有之大說也。平實導師述，共有25輯，已於2019/05/31出版完畢。每輯300元。

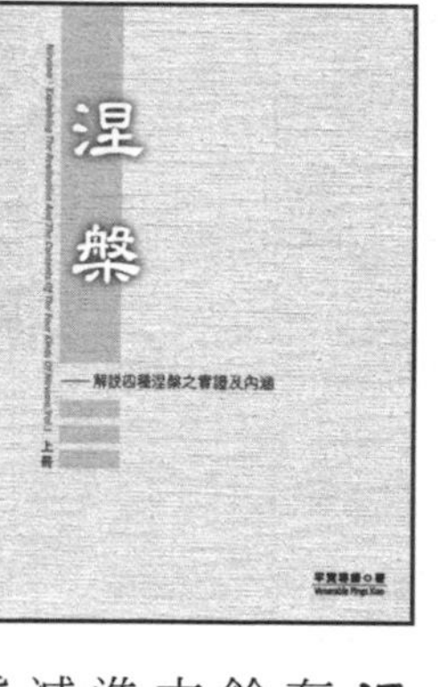


**涅槃—解說四種涅槃之實證及內涵**：真正學佛之人，首要即是見道，由見道故方有涅槃之實證，證涅槃者方能出生死，但涅槃有四種：二乘聖者的有餘涅槃、無餘涅槃，以及大乘聖者的本來自性清淨涅槃、佛地的無住處涅槃。大乘聖者實證本來自性清淨涅槃，入地前再取證二乘涅槃，然後起惑潤生捨離二乘涅槃，繼續進修而在七地心前斷盡三界愛之習氣種子，依七地無生法忍之具足而證得念念入滅盡定；八地後進斷異熟生死，直至妙覺地下生人間成佛，具足四種涅槃，方是真正成佛。此理古來少人言，以致誤會涅槃正理者比比皆是，今於此書中廣說四種涅槃、如何實證之理、實證前應有之條件，實屬本世紀佛教界極重要之著作，令人對涅槃有正確無訛之認識，然後可以依之實行而得實證。本書共有上下二冊，每冊各四百餘頁，對涅槃詳加解說，每冊各350元。

**佛藏經講義**：本經說明為何佛菩提難以實證之原因，都因往昔無數阿僧祇劫前的邪見，引生此世求證時之業障而難以實證。即以諸法實相詳細解說，繼之以念佛品、念法品、念僧品，說明諸佛與法之實質；然後以淨戒品之說明，期待佛弟子四眾堅持清淨戒而轉化心性，並以往古品的實例說明，教導四眾務必滅除邪見轉入正見中，然後以了戒品的說明和囑累品的付囑，期望末法時代的佛門四眾弟子皆能清淨知見而得以實證。平實導師於此經中有極深入的解說，總共21輯，每輯300元，於2019/07/31開始每二個月發行一輯。

**我的菩提路**第七輯：余正偉老師等人著，本輯中舉示余老師明心二十餘年以後的眼見佛性實錄，供末法時代學人了知明心異於見性之本質，並且舉示其見性後與平實導師互相討論眼見佛性之諸多疑訛處；除了證明《大般涅槃經》中世尊開示眼見佛性之法正眞無訛以外，亦得一解明心後尚未見性者之所未知處，甚為精彩。此外亦列舉多篇學人從各不同宗教進入正覺學法之不同過程，以及發覺諸方道場邪見之內容與過程，最終得於正覺精進禪三中悟入的實況，足供末法精進學人借鑑，以彼鑑己而生信心，得以投入了義正法中修學及實證。凡此，皆足以證明不唯明心所證之第七住位般若智慧及解脫功德仍可實證，乃至第十住位的實證與當場發起如幻觀之實證，於末法時代的今天皆仍有可能。本書約四百頁，售價300元，將於2021年6月30日發行。

**大法鼓經講義**：本經解說佛法的總成：法、非法。由開解法、非法二義，說明了義佛法與世間戲論法的差異，指出佛法實證之標的即是法第八識如來藏；並顯示實證後的智慧，如實擊大法鼓、演深妙法，演說如來祕密教法，非二乘定性及諸凡夫所能得聞，唯有具足菩薩性者方能得聞。正聞之後即得依於 世尊大願而拔除邪見，入於正法而得實證；深解不了義經之方便說，亦能實解了義經所說之眞實義，得以證法如來藏，而得發起根本無分別智，乃至進修而發起後得無分別智；並堅持布施及受持清淨戒而轉化心性，得以現觀眞我如來藏之各種層面。此爲第一義諦聖教，於末法最後餘四十年時，一切世間樂見離車童子將繼續護持此經所說正法。平實導師於此經中有極深入的解說，總共約六輯，每輯300元，於《佛藏經講義》出版完畢後開始發行，每二個月發行一輯。

**解深密經講義**：本經係 世尊晚年第三轉法輪，宣說地上菩薩所應熏修之唯識正義經典，經中所說義理乃是大乘一切種智增上慧學，以阿陀那識—如來藏—阿賴耶識爲主體。禪宗之證悟者，若欲修證初地無生法忍乃至八地無生法忍者，必須修學《楞伽經、解深密經》所說之八識心王一切種智；此二經所說正法，方是眞正成佛之道；印順法師否定第八識如來藏之後所說萬法緣起性空之法，是以誤會後之二乘解脫道取代大乘眞正成佛之道，尚且不符二乘解脫道正理，亦已墮於斷滅見中，不可謂爲成佛之道也。平實導師曾於本會郭故理事長往生時，於喪宅中從首七開始宣講，於每一七各宣講三小時，至第十七而快速略講圓滿，作爲郭老之往生佛事功德，迴向郭老早證八地、速返娑婆住持正法。茲爲今時後世學人故，將擇期重講《解深密經》，以淺顯之語句講畢後，將會整理成文，用供證悟者進道；亦令諸方未悟者，據此經中佛語正義，修正邪見，依之速能入道。平實導師述著，全書輯數未定，每輯三百餘頁，將於未來重講完畢後逐輯出版。

**修習止觀坐禪法要講記**：修學四禪八定之人，往往錯會禪定之修學知見，欲以無止盡之坐禪而證禪定境界，卻不知修除性障之行門才是修證四禪八定不可或缺之要素，故智者大師云「性障初禪」；性障不除，初禪永不現前，云何修證二禪等？又：行者學定，若唯知數息，而不解六妙門之方便善巧者，欲求一心入定，未到地定極難可得，智者大師名之為「事障未來」：障礙未到地定之修證。又禪定之修證，不可違背二乘菩提及第一義法，否則縱使具足四禪八定，亦不能實證涅槃而出三界。此諸知見，智者大師於《修習止觀坐禪法要》中皆有闡釋。作者平實導師以其第一義之見地及禪定之實證證量，曾加以詳細解析。將俟正覺寺竣工啓用後重講，不限制聽講者資格；講後將以語體文整理出版。欲修習世間定及增上定之學者，宜細讀之。平實導師述著。

**阿含經講記**——小乘解脫道之修證：數百年來，南傳佛法所說證果之不實，所說解脫道之虛妄，所弘解脫道法義之世俗化，皆已少人知之；從南洋傳入台灣與大陸之後，所說法義虛謬之事，亦復少人知之；今時台灣全島印順系統之法師居士，多不知南傳佛法數百年來所說解脫道之義理已然偏斜、已然世俗化、已非眞正之二乘解脫正道，猶極力推崇與弘揚。彼等南傳佛法近代所謂之證果者皆非眞實證果者，譬如阿迦曼、葛印卡、帕奧禪師、一行禪師……等人，悉皆未斷我見故。近年更有台灣南部大願法師，高抬南傳佛法之二乘修證行門爲「捷徑究竟解脫之道」者，然而南傳佛法縱使眞修實證，得成阿羅漢，至高唯是二乘菩提解脫之道，絕非究竟解脫，無餘涅槃中之實際尚未得證故，法界之實相尚未了知故，習氣種子待除故，一切種智未實證故，焉得謂爲「究竟解脫」？即使南傳佛法近代眞有實證之阿羅漢，尚且不及三賢位中之七住明心菩薩本來自性清淨涅槃智慧境界，則不能知此賢位菩薩所證之無餘涅槃實際，仍非大乘佛法中之見道者，何況普未實證聲聞果乃至未斷我見之人？謬充證果已屬逾越，更何況是誤會二乘菩提之後，以未斷我見之凡夫知見所說之二乘菩提解脫偏斜法道，焉可高抬爲「究竟解脫」？而且自稱「捷徑之道」？又妄言解脫之道即是成佛之道，完全否定般若實智、否定三乘菩提所依之如來藏心體，此理大大不通也！平實導師爲令修學二乘菩提欲證解脫果者，普得迴入二乘菩提正見、正道中，是故選錄四阿含諸經中，對於二乘解脫道法義有具足圓滿說明之經典，預定未來十年內將會加以詳細講解，令學佛人得以了知二乘解脫道之修證理路與行門，庶免被人誤導之後，未證言證，梵行未立，干犯道禁自稱阿羅漢或成佛，成大妄語，欲升反墮。本書首重斷除我見，以助行者斷除我見而實證初果爲著眼之目標，若能根據此書內容，配合平實導師所著《識蘊眞義》《阿含正義》內涵而作實地觀行，實證初果非爲難事，行者可以藉此三書自行確認聲聞初果爲實際可得現觀成就之事。此書中除依二乘經典所說加以宣示外，亦依斷除我見等之證量，及大乘法中道種智之證量，對於意識心之體性加以細述，令諸二乘學人必定得斷我見、常見，免除三縛結之繫縛。次則宣示斷除我執之理，欲令升進而得薄貪瞋痴，乃至斷五下分結…等。平實導師將擇期講述，然後整理成書。共二冊，每冊三百餘頁。每輯300元。

**總經銷： 聯合發行股份有限公司**

231 新北市新店區寶橋路 235 巷 6 弄 6 號 4F

Tel.02－2917-8022（代表號） Fax.02－2915-6275（代表號）

**零售：1.全台連鎖經銷書局：**

三民書局、誠品書局、何嘉仁書店

敦煌書店、紀伊國屋、金石堂書局、建宏書局

諾貝爾圖書城、墊腳石圖書文化廣場

2.**台北市**：佛化人生 **大安區**羅斯福路 3 段 325 號 6 樓之 4 台電大樓對面

3.**新北市**：春大地書店 **蘆洲區**中正路 117 號

4.**桃園市**：御書堂 **龍潭區**中正路 123 號

5.**新竹市**：大學書局 **東區**建功路 10 號

6.**台中市**：瑞成書局 **東區**雙十路 1 段 4 之 33 號

佛教詠春書局 **南屯區**永春東路 884 號

文春書店 **霧峰區**中正路 1087 號

7.**彰化市**：心泉佛教文化中心 南瑤路 286 號

8.**高雄市**：政大書城 **前鎮區**中華五路 789 號 2 樓（高雄夢時代店）

明儀書局 **三民區**明福街 2 號

青年書局 **苓雅區**青年一路 141 號

9.**台東市**：東普佛教文物流通處 博愛路 282 號

10.**其餘鄉鎮市經銷書局**：請電詢總經銷**聯合**公司。

11.**大陸地區請洽：**

**香港**：樂文書店

旺角店 :香港九龍旺角西洋菜街 62 號 3 樓

電話 :(852) 2390 3723 email: luckwinbooks@gmail.com

銅鑼灣店 :香港銅鑼灣駱克道 506 號 2 樓

電話 :(852) 2881 1150 email: luckwinbs@gmail.com

**廈門**：廈門外圖臺灣書店有限公司

地址:廈門市思明區湖濱南路809 號 廈門外圖書城3 樓 郵編:361004

電話：0592-5061658（臺灣地區請撥打 86-592-5061658）

E-mail：JKB118@188.COM

12.**美國：世界日報圖書部**：紐約圖書部 電話 7187468889#6262

洛杉磯圖書部 電話 3232616972#202

13.**國內外地區網路購書：**

**正智出版社** 書香園地 http://books.enlighten.org.tw/

（書籍簡介、經銷書局可直接聯結下列網路書局購書）

**三民** 網路書局 http://www.sanmin.com.tw

**誠品** 網路書局 http://www.eslitebooks.com

**博客來** 網路書局　http://www.books.com.tw
**金石堂** 網路書局　http://www.kingstone.com.tw
**聯合** 網路書局　http:// www.nh.com.tw

**附註：1.**請儘量向各經銷書局購買：郵政劃撥需要八天才能寄到（本公司在您劃撥後第四天才能接到劃撥單，次日寄出後第二天您才能收到書籍，此六天中可能會遇到週休二日，是故共需八天才能收到書籍）若想要早日收到書籍者，請劃撥完畢後，將劃撥收據貼在紙上，旁邊寫上您的姓名、住址、郵區、電話、買書詳細內容，直接傳眞到本公司 02-28344822，並來電 02-28316727、28327495 確認是否已收到您的傳眞，即可提前收到書籍。 **2.**因台灣每月皆有五十餘種宗教類書籍上架，書局書架空間有限，故唯有新書方有機會上架，通常每次只能有一本新書上架；本公司出版新書，大多上架不久便已售出，若書局未再叫貨補充者，書架上即無新書陳列，則請直接向書局櫃台訂購。 **3.**若書局不便代購時，可於晚上共修時間向正覺同修會各共修處請購（共修時間及地點，詳閱**共修現況表**。每年例行年假期間請勿前往請書，年假期間請見共修現況表）。 **4.**郵購：郵政劃撥帳號 19068241。 **5.**正覺同修會會員購書都以八折計價（戶籍台北市者爲一般會員，外縣市爲護持會員）都可獲得優待，欲一次購買全部書籍者，可以考慮入會，節省書費。入會費一千元（第一年初加入時才需要繳），年費二千元。**6.尚未出版之書籍，請勿預先郵寄書款與本公司，謝謝您！** **7.**若欲一次購齊本公司書籍，或同時取得正覺同修會贈閱之全部書籍者，請於正覺同修會共修時間，親到各共修處請購及索取；**台北市讀者**請洽：103 台北市承德路三段 267 號 10 樓（捷運淡水線 圓山站旁）請書時間：週一至週五爲 18.00~21.00，第一、三、五週週六爲 10.00~21.00，雙週之週六爲 10.00~18.00 請購處專線電話：25957295-分機 14（於請書時間方有人接聽）。

**敬告大陸讀者：**

大陸讀者購書、索書捷徑（尚未在大陸出版的書籍，以下二個途徑都可以購得，電子書另包括結緣書籍）：

1.**廈門外國圖書公司**：廈門市思明區湖濱南路 809 號 廈門外圖書城 3F
郵編：361004 電話：0592-5061658 網址：http://www.xibc.com.cn/

2.**電子書**：正智出版社有限公司及正覺同修會在台灣印行的各種局版書、結緣書，已有『**正覺電子書**』陸續上線中，提供讀者於手機、平板電腦上購書、下載、閱讀正智出版社、正覺同修會及正覺教育基金會所出版之電子書，詳細訊息敬請參閱『正覺電子書』專頁：
http://books.enlighten.org.tw/ebook

關於平實導師的書訊，請上網查閱：

成佛之道 http://www.a202.idv.tw
正智出版社 書香園地 http://books.enlighten.org.tw/

★ 正智出版社有限公司售書之稅後盈餘，全部捐助財團法人正覺寺籌備處、佛教正覺同修會、正覺教育基金會，供作弘法及購建道場之用；懇請諸方大德支持，功德無量。

## ★ 聲 明 ★

本社於 2015/01/01 開始調整本目錄中部分書籍之售價，以因應各項成本的持續增加。

＊ 喇嘛教修外道雙身法、墮識陰境界，非佛教 ＊

＊ 弘揚如來藏他空見的覺囊派才是真正藏傳佛教 ＊

# 換書及道歉公告

《法華經講義》第十三輯，因謄稿、印製等相關人員作業疏失，導致該書中的經文及內文用字將「**親近**」誤植成「清淨」。茲為顧及讀者權益，自 2017/8/30 開始免費調換新書；敬請所有讀者將以前所購第十三輯初版首刷及二刷本，攜回或寄回本社免費換新，或請自行更正其中的錯誤之處；郵寄者之回郵由本社負擔，不需寄來郵票。同時對因此而造成讀者閱讀、以及換書的困擾及不便，在此向所有讀者致上最誠懇的歉意，祈請讀者大眾見諒！錯誤更正說明如下：

一、第 256 頁第 10 行~第 14 行：【就是先要具備「**法親近處**」、「**眾生親近處**」；法**親近**處就是在實相之法有所實證，如果在實相法上有所實證，他在二乘菩提中自然也能有所實證，以這個作為第一個**親近**處——第一個基礎。然後還要有第二個基礎，就是瞭解應該如何善待眾生；對於眾生不要有排斥或者是貪取之心，平等觀待而攝受、親近一切有情。以這兩個**親近**處作為基礎，來實行其他三個安樂行法。】。

二、第 268 頁第 13 行：【具足了那兩個「**親近處**」，使你能夠在末法時代，如實而圓滿的演述《法華經》時，那麼你作這個夢，它就是如理作意的，完全符合邏輯去完成這個過程，就表示你那個晚上，在那短短的一場夢中，已經度了不少眾生了。】

正智出版社有限公司 敬啓

## 售後服務—換書啓事（免附回郵） 2017/12/05

**《楞伽經詳解》第三輯初版免費調換新書啓事**：茲因 平實導師弘法早期尚未回復往世全部證量，有些法義接受他人的說法，寫書當時並未察覺而有二處（同一種法義）跟著誤說，如今發現已將之修正。茲爲顧及讀者權益，已開始免費調換新書；敬請所有讀者將以前所購第三輯（不論第幾刷），攜回或寄回本公司免費換新；郵寄者之回郵由本公司負擔，不需寄來郵票。因此而造成讀者閱讀、以及換書的不便，在此向所有讀者致上萬分的歉意，祈請讀者大眾見諒！

**《楞嚴經講記》第 14 輯初版首刷本免費調換新書啓事**：本講記第 14 輯出版前因 平實導師諸事繁忙，未將之重新閱讀而只改正校對時發現的錯別字，故未能發覺十年前所說法義有部分錯誤，於第 15 輯付印前重閱時才發覺第 14 輯中有部分錯誤尚未改正。今已重新審閱修改並已重印完成，煩請所有讀者將以前所購第 14 輯初版首刷本，寄回本公司免費換新（初版二刷本無錯誤），本公司將於寄回新書時同時附上您寄書來換新時的郵資，並在此向所有讀者致上最誠懇的歉意。

**《心經密意》初版書免費調換二版新書啓事**：本書係演講錄音整理成書，講時因時間所限，省略部分段落未講。後於再版時補寫增加 13 頁，維持原價流通之。茲爲顧及初版讀者權益，自 2003/9/30 開始免費調換新書，原有初版一刷、二刷書籍，皆可寄來本公司換書。

**《宗門法眼》**已經增寫改版爲 464 頁新書，2008 年 6 月中旬出版。讀者原有初版之第一刷、第二刷書本，都可以寄回本公司免費調換改版新書。改版後之公案及錯悟事例維持不變，但將內容加以增說，較改版前更具有廣度與深度，將更能助益讀者參究實相。

**換書**者**免附回郵**，亦無截止期限；舊書請寄：111 台北郵政 73-151 號信箱 或 103 台北市承德路三段 267 號 10 樓 正智出版社有限公司。舊書若有塗鴨、殘缺、破損者，仍可換取新書；但缺頁之舊書至少應仍有五分之三頁數，方可換書。所有讀者不必顧念本公司是否有盈餘之問題，都請踴躍寄來換書；本公司成立之目的不是營利，只要能眞實利益學人，即已達到成立及運作之目的。若以郵寄方式換書者，免附回郵；並於寄回新書時，由本公司附上您寄來書籍時耗用的郵資。造成您不便之處，再次致上萬分的歉意。

正智出版社有限公司 啓

國家圖書館出版品預行編目資料

楞嚴經講記／平實導師述. —初版—
臺北市：正智，2009.11— 〔民98— 〕
冊； 公分

ISBN 978-986-6431-04-3 （第1輯：平裝）
ISBN 978-986-6431-05-0 （第2輯：平裝）
ISBN 978-986-6431-06-7 （第3輯：平裝）
ISBN 978-986-6431-08-1 （第4輯：平裝）
ISBN 978-986-6431-09-8 （第5輯：平裝）
ISBN 978-986-6431-10-4 （第6輯：平裝）
ISBN 978-986-6431-11-1 （第7輯：平裝）
ISBN 978-986-6431-13-5 （第8輯：平裝）
ISBN 978-986-6431-15-9 （第9輯：平裝）
ISBN 978-986-6431-16-6 （第10輯：平裝）
ISBN 978-986-6431-17-3 （第11輯：平裝）
ISBN 978-986-6431-22-7 （第12輯：平裝）
ISBN 978-986-6431-23-4 （第13輯：平裝）
ISBN 978-986-6431-25-8 （第14輯：平裝）
ISBN 978-986-6431-28-9 （第15輯：平裝）

1.秘密部
221.94 98019505

# 楞嚴經講記——第十一輯

著述者：平實導師
音文轉換：曾邱賢 劉惠莉
校對：章乃鈞 陳介源 蔡禮政 傅素嫻 王美伶
出版者：**正智出版社**有限公司
電話：〇二 28327495 28316727（白天）
傳眞：〇二 28344822
111台北郵政73-151號信箱
郵政劃撥帳號：一九〇六八二四一
**正覺講堂：**總機〇二 25957295（夜間）
總經銷：聯合發行股份有限公司
231新北市新店區寶橋路235巷6弄6號4樓
電話：〇二 29178022（代表號）
傳眞：〇二 29156275
初版首刷：二〇一一年七月三十日 二千冊
初版六刷：二〇二〇年十一月 二千冊
定價：三〇〇元